灾害风险科学系列专著型教材

灾害保险学

叶涛　刘新立◎著

DISASTER INSURANCE

北京师范大学出版集团
BEIJING NORMAL UNIVERSITY PUBLISHING GROUP
北京师范大学出版社

图书在版编目(CIP)数据

灾害保险学/叶涛,刘新立著. —北京:北京师范大学出版社,2024.6
灾害风险科学系列专著型教材
ISBN 978-7-303-29926-3

Ⅰ.①灾… Ⅱ.①叶… ②刘… Ⅲ.①灾害保险-教材
Ⅳ.①F840.64

中国国家版本馆 CIP 数据核字(2024)第 106800 号

图书意见反馈:gaozhifk@bnupg.com 010-58805079
营销中心电话:010-58802181 58805532

ZAIHAI BAOXIANXUE
出版发行:北京师范大学出版社 www.bnupg.com
　　　　　北京市西城区新街口外大街 12-3 号
　　　　　邮政编码:100088
印　　刷:北京虎彩文化传播有限公司
经　　销:全国新华书店
开　　本:787 mm×1092 mm 1/16
印　　张:11.25
字　　数:260 千字
版　　次:2024 年 6 月第 1 版
印　　次:2024 年 6 月第 1 次印刷
定　　价:59.00 元
审 图 号:GS(2022)713 号

策划编辑:刘风娟　　　　　责任编辑:刘风娟
美术编辑:焦　丽　李向昕　装帧设计:焦　丽　李向昕
责任校对:陈　昆　　　　　责任印制:陈　涛　赵　龙

灾害风险科学系列专著型教材编委会

序

　　2016 年是联合国开展世界减轻自然灾害风险活动的第 27 个年头，自然灾害对人类造成的影响并没有得到明显的缓解。2015 年 3 月联合国在日本仙台召开的第三次世界减轻灾害风险大会，通过了联合国减轻自然灾害风险的新行动框架——《2015—2030 年仙台减轻灾害风险框架》，明确到 2030 年，明显减轻自然灾害对人员伤亡、社会影响及 GDP 造成的损失。

　　中国是世界上自然灾害较为严重的国家之一，近年来，每年因灾死亡人口平均超过 2 000 人，造成的损失达到 3 000 亿元，特别是重大灾害会造成更大的损失。为此，中国政府每 5 年制定一次综合减灾规划，动员社会各界力量，以实现明显减轻自然灾害造成损失和影响的目标。

　　北京师范大学响应联合国减轻自然灾害风险的号召，于 1989 年率先成立对自然灾害开展研究的专门机构——中国自然灾害监测与防治研究室（民政部-教育部减灾与应急管理研究院的前身），开启了对中国和世界自然灾害与风险防范的系统研究。在国家科技攻关、863、973、重点科技专项、自然科学基金等有关科技计划与项目的支持下，先后完成了《中国自然灾害地图集》(中英文版，1992)、《中国自然灾害系统地图集》(中英文对照版，2003)、《中国自然灾害风险地图集》(中英文对照版，2010)、《世界自然灾害风险地图集》(英文版，2015)的编制。与此同时，还与国家基础地理信息中心等单位合作，完成了《汶川地震灾害地图集》(中文纸质版，英文数字版)和"十二五"国家重点图书出版规划项目——综合灾害风险防范关键技术研究与示范丛书(共 15 本)。这些地图集和系列专著的出版，不仅总结了北京师范大学与国内外合作者的相关研究成果，也为培养综合减灾与灾害风险防范领域的人才起到了重要的"参考教材"的作用。

　　然而，从建设和发展灾害风险科学的角度，这些专著还不能够很好地满足综合减灾和灾害风险防范领域人才培养对高质量教材的需求。为此，在北京师范大学系统开展灾害风险研究迎来 30 年（2019 年）之际，北京师范大学地表过程与资源生态国家重点实验室、环境演变与自然灾害教育部重点实验室、减灾与应急管理研究院、地理科学学部联合起来，在多年培养地理学（自然灾害学）和公共安全科学与工程一级学科硕士与博士生的基础上，利用所取得的大量研究成果，组织有关教师，撰写灾害风险科学系列专著型教材。北京师范大学出版社积极响应这一计划，并投入大量人力、物力和财力资源于这一系列专著型教材的出版之中。

　　这一系列专著型教材，包括《灾害风险科学》《灾害管理学》《自然灾害科学》《区域自然灾害》《灾害测量方法》《灾害模型与模拟》《灾害经济学》《灾害社会学》《灾害保险学》《灾害教育学》，初步覆盖了灾害科学、应急技术、风险管理等灾害风险科学领域的基本内容。

　　灾害风险科学、可持续性科学、全球变化科学与地球系统科学，是当今世界较活跃和较有广泛影响力的新型交叉性科学。到目前为止，还没有可资借鉴的、成熟的灾害风险科学教科书或专著型教材。承担这一系列专著型教材撰写的各位老师，克服困难，尽最大可能把自己开展相关研究的成果总结出来，形成逻辑严密、论述有据、系统性与代表性案例相结合的学术著作。作为专著，每本书都是作者开展相关研究后，取得创新成果的凝练，是对已发表相关成果和未发表相关研究结果的再升华、再分析、再思考后，进而撰写的研究成果总结；作为教材，每本书都是作者教授这一课程的实践总结，并尽可能吸收本领域国内外所取得的最新成果。这套系列专著型教材，从读者的角度出发，尽可能地做到通俗易懂，便于学习和掌握灾害风险科学知识、方法与技术的关键点；便于读者学习这些灾害风险科学知识、方法和技术，并熟练地应用到综合减灾与风险防范的广阔实践中。

作为这套系列专著型教材的编委会主任，我代表所有作者和编委，感谢30年来指导、支持、关心北京师范大学建立和发展灾害风险科学的所有尊敬的相关专家、同行、朋友及各相关单位。

我们铭记已故的周廷儒学部委员（现称院士）在北京师范大学率先发展古地理学的同时，关注对自然灾害的研究，把地理环境渐变与突变过程有机地联系在一起，全面认识地理环境的演变过程及其对人类的影响。

我们特别感谢赵济先生，在他任地理系主任时，于1989年创建北京师范大学中国自然灾害监测与防治研究室，并聘请时任北京师范大学教务长的张兰生先生担任研究室的主任。从此，开启了北京师范大学系统性开展自然灾害研究的时代。此后，继任地理系主任的邬翊光先生，以及张兰生先生、已故的武吉华先生的大力支持，为北京师范大学建立和发展灾害风险科学奠定了良好的基础。

我们非常感谢张新时院士、刘昌明院士、林学钰院士、安芷生院士、徐冠华院士、王永炎院士、周卫健院士在受聘北京师范大学双聘院士期间，对发展灾害风险科学的指导与支持。

我们诚挚地感谢孙鸿烈院士、李德仁院士、李吉均院士、郑度院士、石玉林院士、陈颙院士、秦大河院士、程国栋院士、陆大道院士、王颖院士、朱日祥院士、刘燕华研究员、蔡运龙教授、陶澍院士、叶嘉安院士、郭华东院士、姚檀栋院士、傅伯杰院士、王浩院士、龚健雅院士、夏军院士、周成虎院士、郭正堂院士、崔鹏院士、陈发虎院士、王光谦院士、杨志峰院士、倪晋仁院士对北京师范大学开展自然灾害综合研究的指导与关心。

我们还要感谢林海研究员、宋长青教授、冷疏影研究员、葛全胜研究员、李秀彬研究员、吴绍洪研究员、邬建国教授、刘宝元教授、宫鹏教授、梁顺林教授等对北京师范大学发展灾害风险科学的支持和关心。

我们感谢在北京师范大学近30年建立和发展灾害风险科学过程中，与我们共同努力从事地理学（自然灾害学）和公共安全科学与工程的所有硕士和博士研究生，以及博士后合作研究人员，他们与老师共同发表的论文和完成的学位论文，为这套系列专著型教材增添了丰富的内容，有的内容就是依据他们的成果改写而成的。

最后让我们共同努力，在从事中国减轻自然灾害的广阔实践与研究和人才培养过程中，吸收营养与智慧，发展具有深厚中国文化基础的灾害风险科学，为造福人类、减轻世界灾害风险做出贡献。

史培军　教授

北京师范大学地理科学学部

民政部-教育部减灾与应急管理研究院

前　言

北京师范大学于 1989 年率先在全国成立了对自然灾害开展研究的专门机构——中国自然灾害监测与防治研究室，开启了自然灾害风险研究与灾害风险科学学科建设的新历程。启动之初，灾害风险科学学科建设的先驱们就确立了依托地理学区域综合的优势，积极服务政府部门的综合防灾、减灾、救灾工作，以及以保险为代表的风险转移行业实践需求。1990 年，成立了"中国人民保险公司-北京师范大学农村灾害保险技术研究中心"（1990—2006，简称中心）。1992 年，中心发布了第一代《中国自然灾害地图集》（中英文版），编制了《中国农业自然灾害综合区划》方案，并在湖南、安徽、内蒙古等地开展了综合自然灾害风险与保险区划研究。随后，中心出版了《内蒙古自然灾害系统研究》（1993）、《湖南省自然灾害系统与保险研究》（1993）等专著。1998 年大洪水后，灾害风险科学学科开启了与瑞士再保险公司的合作，成立了"瑞士再保险公司-北京师范大学灾害风险与保险技术研究中心"（1999—2005），由史培军教授主编了《中国自然灾害系统地图集》（2003，中英文对照版）。本书作者之一的刘新立在这一时期完成了博士论文，在获得博士学位后加入了北京大学经济学院，长期从事专业必修课"风险管理学"的课程建设。

2006 年，原民政部-教育部减灾与应急管理研究院（简称研究院）正式成立，标志着北京师范大学灾害风险科学的学科建设上升到新的平台。2007 年，原"中国人民保险公司-北京师范大学农村灾害保险技术研究中心"调整为"中国保险行业协会-北京师范大学保险技术研究中心"。2008 年汶川地震后，研究院与美国阿姆斯巨灾风险模型公司和慕尼黑再保险公司合作，共同编制了关于中国开展居民地震巨灾保险的咨询报告，递交国家减灾委员会，对后续多部委共同研究确立地震巨灾保险制度起到了积极的推动作用。此外，研究院于 2008 年 8 月底与经济合作与发展组织（OECD）合作，在北京召开了"巨灾风险管理国际研讨会"；又于 2009 年在北京与日本京都大学共同主办了亚洲巨灾保险国际系列会议（ICACI）第二届会议（2009），受到国际和国内同行的高度评价。这一时期，为了进一步响应政府和行业对重大自然灾害损失评估与风险转移等科技支撑的需求，灾害风险科学学科体系进行了一次重要调整，"灾害经济学"作为一门专业课程列入教学体系。新的学科体系、丰富的实践项目和密切的国际合作为人才培养提供了极为有利的条件。

自 2010 年以来，灾害风险科学学科在自然灾害保险领域的科学研究、课程建设和人才培养方面进入了新的阶段。一方面，新一轮政策性农业保险试点，提出农业自然灾害风险评估与区划科技支撑的迫切需求；另一方面，国家和不同省、区、市紧锣密鼓地开展农业保险的试点工作。2010 年，灾害风险科学学科受原中国保险监督管理委员会委托，立足农业自然灾害风险区域规律的研究基础，进一步开展了全国七类主要粮油作物的自然灾害综合风险评估、费率厘定和保险区划工作。后续，灾害风险科学学科又在多方面开展了丰富的研究与实践，包括湖南和内蒙古等地的农业自然灾害保险区划，湖南、浙江、海南、内蒙古、西藏等地的农业自然灾害指数创新产品设计与定价，以及西藏等地的农牧民住宅地震巨灾风险转移体系设计等。这些工作进一步深化了灾害风险科学学科在灾害保险领域"灾害研究-产品实践-人才培养"的产学研一体化模式。2010 年，本书作者之一的叶涛获日本京都大学防灾所博士学位后返回北京师范大学工作。为了满足行业对灾害风险科学学科毕业生的需求，在"灾害经济学"课程中增加了保险转移风险的基本原理、灾害保险产品设计与定价等模块。

2016年，在灾害风险科学学科体系进一步完善之际，北京师范大学在地理学(自然灾害学)和公共安全科学与工程专业中开设了研究生学位基础课程"灾害保险"。"灾害经济学"与"灾害保险"课程分别从灾害保险的经济原理和保险实践的角度切入，为广大地理学(自然灾害学)和安全科学与工程背景的研究生提供了从事灾害保险相关研究的重要基础知识，也促使更多从本学科毕业的硕士、博士研究生进入保险行业，并在自然灾害保险，特别是农业保险、巨灾保险和保险信息技术等领域发挥重要作用。2018年，学生完成的"西藏自治区畜牧业'夏旱-冬雪'遥感指数保险产品设计"在全国大学生保险创新创意大赛中获得特等奖。

《灾害保险学》一书的编写工作在"灾害风险科学系列专著型教材"的总体部署下正式开启。本书面向的主要对象是风险管理与保险方向的研究生。此外，本书也可以作为保险学专业本科生的参考书。全书内容设计的核心是保险(主要是财产与责任保险)的一般原理在灾害保险问题上的具体阐释。本书主体框架采用了保险学的基本脉络，内容分为：灾害保险的基本原理、灾害保险产品体系、灾害保险经营、灾害保险定价、灾害保险市场与巨灾风险证券化6章。在此总体框架下，充分运用灾害风险科学的理论、技术方法和研究案例，阐述灾害保险的原理与实践，从而使读者能够高效地掌握跨学科专业的连接点，更好地发挥专业优势，进行与灾害保险相关的研究和实践工作。本书中的与灾害风险科学相关的理论、技术方法和研究案例来自本学科过去的研究和实践工作的积累。多数成果已在国内外刊物上发表，在本书中进行了系统的归纳、总结，并增加了大量未发表的研究成果和补充材料。

本书的总体设计是在丛书主编史培军教授的指导下，由叶涛和刘新立共同完成。各章的具体撰写人员均在各章脚注列出。全书的最终审订由刘新立和叶涛共同完成；地图插图由杨婷婷统一设计和绘制；组织撰写和出版工作由叶涛完成。

借本书出版之机，我们郑重感谢在北京师范大学从事灾害保险的研究与实践过程中，秦道夫先生、王宪章先生、刘恩正先生、姜继东先生、江命友先生、Peter Fostmoser 教授、董为民博士、高瑫博士、王和教授、庹国柱教授、孙祁祥教授、胡武阳教授给予的指导与支持。

在本书的编写过程中，除得到前述保险行业的课题支持外，还得到了国家自然科学基金委员会与美国比尔及梅琳达·盖茨基金会联合资助研究项目"咖啡天气指数保险产品设计偏好分析与政策效果评价"(722b1147759)、国家重点研发计划"全球变化人口与经济系统风险全球定量评估研究"(2016YFA0602404)、国家自然科学基金青年基金"自然灾害风险的空间依存性对损失可保性的影响研究：以湖南省水稻为例"(41001357)、国家社科基金青年基金"基于农户福利、公司成本和政府补贴效率的指数农业保险与损失补偿型农业保险比较研究"(16CJY081)的支持。

限于作者水平，书中不足之处在所难免，敬请读者和各位同行专家批评指正。

叶涛　刘新立

2024 年 3 月　于北京

目　录

第1章　灾害保险的基本原理[①]

1.1　风险管理与保险概述

1.1.1　风险的含义与分类

1.1.1.1　风险的含义

不同的领域面临的风险各不相同，关于风险的定义也有许多不同的表述。进入 21 世纪以来，风险管理的理念发生了很大变化，由关注单一风险转变为从整合角度关注风险，由主要关注防范损失，转为更加关注机会，尤其是对于未来可能出现收益的风险。因此，风险概念的内涵也反映了这些理念的转变。总体而言，风险具有以下三个特性。

第一，风险的客观性，即风险是一种客观存在的状态。无论人们是否意识到，风险都客观存在。例如，今天我们知道石棉环境会损害健康，增加人们感染石棉沉着病的可能性。但是在多年前，石棉沉着病是一种尚未查明的疾病，人们对这种疾病及其成因缺乏了解。然而，无论人们是否对这种疾病有足够的了解，都不能改变石棉从一开始就是致害物质的事实。现实中，不同的人除了因认知不同而对同一种风险有不同的解读之外，还可能因风险态度、风险承受能力等不同而对同一风险产生不同的反应，这是风险感知的范畴。风险感知是主观的，但风险本身是客观的。

第二，风险的损失性，即风险是与损失相关的一种状态。很多时候，如一项投资，既可能给投资者带来收益，也可能带来损失。此时人们所谈论的风险是指收益或者损失的不确定性。对于灾害风险来说，我们所关注的仅指与损失相联系的不确定性，如果离开未来可能发生的损失，那么讨论灾害风险没有意义。

第三，风险的不确定性，即风险的发生具有不确定性。在与损失相关的客观状态中，如果人们能够准确预测到损失将会发生，甚至预测到损失程度，就可以采取相应措施来应对。此时也就不存在风险，因为结果是确定的；如果可以肯定不会发生损失，那么也不存在风险，因为其结果也是确定的。当损失是否发生、在何时何地发生、大小程度如何无法预料的时候，损失具有不确定性，风险就会产生。

1.1.1.2　风险的分类

由于依据不同，风险有很多种分类。按照风险的损害对象分类，风险可以分为人身风险、财产风险与责任风险；按照风险的来源和影响分类，风险可以分为基本风险和特定风险；按照风险所导致的后果分类，风险可以分为纯粹风险和投机风险；按照损失的原因分类，风险可以分为自然风险、社会风险、经济风险、政治风险、技术风险。

(1)按照风险的损害对象分类

人身风险是指人们因为早逝、疾病、残疾、失业或年老无依无靠而遭受损失的不确

定性状态。财产风险是指因财产发生损毁、灭失和贬值而使财产的所有人遭受损失的不确定性状态。责任风险是指因人们的过失或侵权行为造成他人的财产损毁或人身伤亡，在法律上必须负有经济赔偿责任的不确定性状态。

（2）按照风险的来源和影响分类

基本风险是指由非个人的或者至少是个人无法阻止的因素所引起的、损失通常波及范围很大的不确定性状态。例如，失业、战争、地震、洪水、通货膨胀等都属于基本风险。基本风险不是影响一个人或者一个组织，而是影响很大的一组人群，甚至是整个人类社会。

特定风险是指由特定的因素所引起的，通常是由某些个人、家庭或组织来承担损失的不确定性状态。例如，火灾、爆炸、盗窃等所引起的财产损失的风险，对他人财产损失或人身伤害所负的法律责任的风险等都属于特定风险。

由于基本风险不在个人的控制之下，大多数情况下也不是由某个特定的人或单位的过错造成的。因此，基本风险应当由社会而不是个人去应对，这就产生了社会保险存在的必要性。由于特定风险通常被认为是在个人或单位的责任范围以内，因此个人或单位就应当通过保险、损失防控和其他管理工具来应对这一类风险。

（3）按照风险所导致的后果分类

纯粹风险是指只有损失机会而无获利机会的不确定性状态。纯粹风险所导致的后果只有两种：损失，或者无损失。它没有获利的可能。例如，财产所有者经常面临的可能损失。又如，一个人买了一辆汽车，会面临汽车的碰撞或丢失等风险，对这个车主来说，结果只有两种：发生损失，或者无损失。

投机风险是指那些既存在损失的可能性，也存在获利可能性的不确定性状态，它所导致的可能结果有三种：损失、无损失、获利。例如，人们在购买股票以后，会面临三种可能发生的结果：股票价格下跌，持股人遭受损失；股票价格不变，持股人无损失亦无收益；股票价格上涨，持股人获利。

对纯粹风险和投机风险做出区分是非常重要的，因为一般来说，只有纯粹风险才是可保风险，但并不是所有的纯粹风险都是可保风险。通过保险管理的风险通常是纯粹风险中的可保风险。

（4）按照损失的原因分类

自然风险是指因自然力的不规则变化产生的现象所导致的生命健康、财产等遭受损害的不确定性状态，如地震、洪水、冻灾、旱灾等。社会风险是指因各种社会冲突所导致损失的不确定性状态。经济风险是指因经济前景的不确定性所导致损失的不确定性状态。政治风险是指因政治环境发生改变所导致损失的不确定性状态。技术风险是指因技术故障等所导致损失的不确定性状态。

灾害风险一般是指由于灾害的发生造成人员伤亡、财产损失和生态环境破坏等不利后果的不确定性。灾害风险属于基本风险，它是一种纯粹风险，既可以带来人身风险，也可以带来财产与责任风险。自然灾害属于自然风险，人为灾害则属于社会风险。

1.1.1.3　风险的本质

风险本质上是由风险因素、风险事故和损失三者构成的统一体，这三者之间存在一种因果关系：风险因素增加或产生风险事故，风险事故引起损失。换言之，风险事故

是损失发生的直接与外在原因，风险因素是损失发生的间接与内在原因。三者的串联构成了风险形成的全过程。

(1) 风险因素

风险因素(hazard)是促使和增加损失发生的频率或严重程度的条件，它是事故发生的潜在原因，是造成损失的间接与内在原因。在致灾因子、孕灾环境和承灾体中，都可能包括风险因素。构成风险因素的条件越多，损失发生的概率或损失幅度就可能越大，或者对这二者都有影响。例如，气候变化带来的极端天气和气候事件，是很多气象灾害风险的风险因素；地球上板块与板块之间相互挤压碰撞造成板块边沿及板块内部产生错动和破裂，是地震风险的风险因素；防洪堤坝年久失修、巡堤人员粗心大意、河道挤占等都是增加水灾损失概率和损失幅度的条件，是水灾风险的风险因素。

根据风险因素的性质，可以将其分为有形风险因素和无形风险因素。

有形风险因素是指直接影响事物物理功能的物质性风险因素，又称实质性风险(physical hazard)因素。例如，建筑物的结构对于地震风险来说就属于有形风险因素。假如有两个建筑物，一个是砖混结构，另一个是钢混结构，在其他条件相同的情况下，在一次强震下，砖混结构的房子显然比钢混结构的房子发生损毁的可能性要大。

无形风险因素是指文化、习俗、生活态度等非物质的、影响损失发生可能性和损失程度的因素，可以进一步分为道德风险(moral hazard)因素和心理风险(morale hazard)因素。道德风险因素是指人们通过不良企图、欺诈等行为故意促使风险事故发生，或扩大已经发生的风险事故造成的损失这样的因素。在保险的语境下，道德风险因素主要表现为投保人利用保险牟取不正当利益，如虚报保险财产价值、对没有保险利益的标的进行投保、制造虚假保险理赔案等。心理风险因素是指由于人们行为上的粗心大意和漠不关心，容易引发风险事故发生的机会和扩大损失程度的因素，如当堤坝存在蚁穴时巡堤人员因为粗心大意未发现，这便增加了河道洪水到来时溃坝的可能性等。

通过规避或对部分风险因素加以控制，可以降低灾害风险。

(2) 风险事故

风险事故(peril)又称风险事件，它是损失的直接与外在原因。自然灾害方面的风险事故主要包括地震、暴雨、台风、干旱、风暴潮、低温冷害等。对于有的风险，可以有一些办法控制风险事故，但对于自然灾害来说，这些风险事故较难控制。

(3) 损失

损失(loss)是指价值的消灭或减少。损失必须能够以一种便于计量的经济单位(如人民币)来表示。由于亲人死亡所导致其家人精神上的打击和痛苦是很难用货币来衡量的，因此在衡量人身伤亡时须从由此引起的对本人及其家庭产生的经济困难或其对社会创造经济价值的能力减少的角度来给出一个用货币进行衡量的评价。

通过科学的预案、保险等方法，可以在风险事故发生后，尽可能地降低损失。

1.1.2　风险管理的基本方法

风险管理的基本方法包括控制型风险管理措施和融资型风险管理措施。

1.1.2.1　控制型风险管理措施

控制型风险管理措施通过避免、消除和减少意外事故发生的机会以及控制损失幅度来减少期望损失成本。主要的控制型风险管理措施包括风险规避和损失控制。

(1)风险规避

风险规避(risk avoidance)是指将某种事故发生的可能性降低到零,即完全避免参加某项活动。这种对付风险的方法具有以下特点:有时是不可行的;有时回避某一类风险可能面临另一类风险,比如不坐船就要坐汽车、火车、飞机;可能造成利益受损,比如回避开发新药品的风险就要放弃开发成功可能带来的巨额利润。

(2)损失控制

损失控制(loss control)是指通过降低损失频率或损失幅度来降低损失的期望成本,包括防损(loss prevention)和减损(loss reduction)两种方法。

防损主要影响损失频率,比如飞机机械故障的定期检修可以降低飞机飞行时发生意外的概率;减损主要影响损失幅度,比如自动灭火系统可以减少火灾造成的损失。也有很多损失控制方法同时影响损失频率和损失幅度,不能明确归于一类,比如消费品的安全检查。

1.1.2.2 融资型风险管理措施

融资型风险管理措施的着眼点在于获得损失一旦发生后用于弥补损失的资金,常被称为损失融资(loss financing)或风险融资(risk financing),其核心在于将消除和减少风险的成本分摊在一定时期内或转移给其他方,以避免因随机的巨大损失发生而引起财务上的波动,进而造成更大幅度的间接损失。融资型风险管理措施主要包括风险自留(risk retention)和风险转移(risk transfer)。

(1)风险自留

风险自留是指损失由个人或组织的自有资金(基金)来支付。人们选择风险自留往往有三种情况:对潜在损失估计不足;损失金额相对较低,经济上微不足道;通过对风险和风险管理方法的认真分析,决定全部或部分承担某些风险。

当一个组织对某种可保风险采取了高度正式化的自留方法时,有时我们说这个组织已对风险"自保"(self-insure)了。有些大公司还建立了专业自保公司(captive insurance company)。

(2)风险转移

风险转移是指通过一定的方式,将风险从一个主体转移到另一个主体。风险转移的方式包括保险(insurance)、对冲(hedging)以及其他合同性方式风险转移(contractual risk transfers)。

保险是指保险购买者向保险公司缴纳保费,保险公司接受其投保,建立基金以赔付特定损失。对冲是指利用各种金融衍生工具来管理风险(主要是价格风险,如商品价格、利率、汇率),比如远期、期货、期权、互换等。现在,一些金融衍生工具也开始用于管理纯粹风险(如巨灾债券、巨灾期货、巨灾期权等),被称为"风险证券化"或"保险证券化"。合同性风险转移方式指的是销售合同中的保证条款、保修条款等。

1.1.3 保险的特征与原则

1.1.3.1 保险的特征

保险是一种通过损失融资来管理风险的方法,它所管理的对象是纯粹风险的一部分。

《中华人民共和国保险法》(以下简称《保险法》)关于"保险"的定义为：本法所称保险，是指投保人根据合同约定，向保险人(又称原保险人、直保人)支付保险费，保险人对于合同约定的可能发生的事故因其发生所造成的财产损失承担赔偿保险金的责任，或者当被保险人死亡、伤残、疾病或者达到合同约定的年龄、期限等条件时承担给付保险金责任的商业保险行为。

根据以上定义，保险是一种以经济保障为基础的风险管理制度安排。它通过对不确定事件发生的数理预测和收取保险费的方法建立保险基金，以合同的形式，由大多数人来分担少数人的损失，实现保险购买者的风险分散目标。经济保障是保险的本质特征；经济保障的基础是数理预测和合同关系；经济保障的费用来自由投保人缴纳的保险费所形成的保险基金；经济保障的结果是风险的转移和损失的共同分担；保险由经济保障的作用衍生出资金融通的功能。

1.1.3.2　保险的基本分类

(1)根据保险标的的不同分类

根据保险标的的不同，保险可分为人寿与健康保险(life and health insurance)和财产与责任保险(property and casualty insurance)。人寿与健康保险是以人的生命、身体或健康作为保险标的的保险。财产与责任保险是以财产及其有关利益为标的的保险。

(2)根据投保人的不同分类

根据投保人的不同，保险可分为个人保险(personal insurance)和企业(机构或团体)保险(business insurance)。个人保险是以个人或家庭的财产、生命、健康等作为保险标的的保险。企业(机构或团体)保险是以工厂、商店等经营单位的财产、责任等作为保险标的的保险。

(3)根据保险实施形式的不同分类

根据保险实施形式的不同，保险可以分为强制保险(compulsory insurance)和自愿保险(voluntary insurance)。强制保险又称法定保险，它是由国家颁布法令强制被保险人参加的保险。自愿保险是在自愿协商的基础上，由当事人订立合同而实现的保险。

(4)根据业务承保方式的不同分类

根据业务承保方式的不同，保险可分为原保险(direct insurance)和再保险(reinsurance)。原保险是指保险人对被保险人因保险事故所致的损失承担直接的、原始的赔偿责任的保险。再保险是原保险人以其所承保的风险再向其他保险人进行投保并与之共担风险的保险。

(5)根据是否以营利为目的分类

根据是否以营利为目的，保险可分为商业保险(commercial insurance)和社会保险(social insurance)。商业保险是以营利为目的的保险。社会保险是不以营利为目的的保险。

上述各种保险的分类可能存在交叉。例如，再保险既可以是财产再保险，也可以是人寿与健康再保险；社会保险和商业保险都可以包括人寿与健康保险；财产保险既可能是个人保险，也有可能是企业(机构或团体)保险；社会保险也是一种强制保险。

1.1.3.3 保险的基本原则

（1）最大诚信原则

最大诚信原则（principle of the utmost good faith）是保险合同的一项基本原则，保险双方当事人从订立到履行保险合同的整个过程都必须遵循最大诚信原则。

诚实、守信是世界各国民事立法对民事、商事活动的基本要求，诚信原则是民事法律关系的基本原则之一，任何一项民事活动，各方当事人都应当遵循诚信原则。订立保险合同作为一项民事活动也应当遵守诚信原则，但由于保险经营的特殊性，一般的诚信要求不足以保障交易的公平性。因此，对保险合同当事人提出了比一般民事活动更严格的诚信要求，要求保险当事人在保险活动中，在合理的范围内，尽自己一切可能做到诚信。在合同订立时、合同有效期内依法向对方提供足以影响对方做出缔约与影响履约决定的重要事实，不发生隐瞒、欺骗的行为，并在整个合同的履行过程中信守合同的约定与承诺，诚实地履行合同义务，即遵循最大诚信原则。如果一方当事人违反最大诚信原则，受害一方可以主张合同无效或解除合同、不履行保险合同约定的责任或义务，甚至有权要求对方赔偿因此造成的损害。

最大诚信原则包括告知、保证、弃权与禁止反言三方面的内容，其中告知又包含投保人告知和保险人说明两部分。最大诚信原则要求投保人履行告知义务和保证义务，对保险人的要求体现在说明和弃权与禁止反言两方面。

①告知。

告知（disclosure）是指保险合同当事人一方在合同缔结及履行的过程中就重要事实向对方所做的口头或书面的陈述。

投保人告知的形式有无限告知和询问告知两种。无限告知是指法律或保险人对告知的内容没有明确规定，凡是与保险标的的风险状况有关的任何重要事实，投保人都必须主动地如实告知，不得保留。询问告知是指投保人只认定保险人书面询问的问题是重要事实，因而应如实回答告知，对询问以外的问题则无告知的义务。

保险人说明的形式有明确列明和明确说明两种。明确列明是指保险人将保险的主要内容在保险合同中列明，即视为保险人已履行了对投保人的说明义务。明确说明是指保险人不仅应将保险的主要内容明确列明在保险合同之中，还必须对投保人进行明确提示，并加以适当、正确的解释。

②保证。

保证（warranty）是指保险双方在合同中约定，投保人或被保险人担保在保险期间对某一事项的作为或不作为。保证是保险人承保及承担保险责任所需投保人或被保险人履行的义务，是保险合同成立的基础，也是保险人控制风险的方式。

保证按照形式的不同可以分为明示保证和默示保证两种，明示保证是指以书面方式在保险合同中载明的保证，默示保证是指虽未在保险合同中以书面形式载明，但按照法律和惯例应该保证的事项。

③弃权与禁止反言。

弃权（waiver）是指合同一方以明示或者默示的形式放弃其在保险合同中可以主张的权利。禁止反言（estoppel）是指合同的一方既然已经放弃在保险合同中可以主张的某种权利，此后便不得再向他方主张该种权利。在实践中，它主要用来约束保险人，即只要保险人放弃了某种权利，未来就不得再主张该项权利。

（2）保险利益原则

保险利益原则是保险运行的一个基本原则。

①保险利益原则的含义及意义。

"保险利益"一词源于英国《海商法》中的"insurable interest"，我国学者将其译为可保利益或保险利益。我国《保险法》第十二条对保险利益的定义是："保险利益是指投保人或者被保险人对保险标的具有的法律上承认的利益。"

保险利益原则是指保险合同的生效及执行对保险利益的要求，具体表现为：人身保险的投保人在保险合同订立时，对被保险人应当具有保险利益；财产保险的被保险人在保险事故发生时，对保险标的应当具有保险利益。如果订立人身保险合同时投保人对被保险人不具有保险利益，则合同无效。对财产保险，如果保险事故发生时被保险人对保险标的不具有保险利益，则被保险人不能向保险人请求赔偿保险金。

遵循保险利益原则的意义一方面在于降低道德风险，另一方面在于防止被保险人通过保险获得超额收益，确保财产保险可以发挥损失补偿的作用。

②保险利益的构成条件。

保险利益的构成必须同时满足三个条件：合法性、确定性、货币性。

保险利益的合法性是指保险利益必须是合法的利益，即被法律认可并保护的利益才能成为保险利益。保险标的是保险利益的载体，不合法的保险标的所承载的保险利益是不被法律承认的，也就不能被保险保障。

保险利益的确定性是指保险利益必须是确定的利益，是客观存在的、可实现的利益，而不能是主观臆测或推断可能获得的利益。保险利益包括已经存在的利益和未来能够确认的利益两种。已经存在的利益是客观存在的利益，未来能够确认的利益是指在保险合同订立时不存在，但可以合理预见它在保险事故发生前或发生时必定具体存在的利益，通常包括预期利益、责任利益和合同利益。

保险利益的货币性是指保险利益必须是能够以货币形式计算或估价的经济利益。对于财产保险而言，其目的是对被保险人的经济损失提供补偿，因此要求保险标的具有可以以货币衡量的价值。对于人身保险而言，其保险利益是否能够以货币形式计算一直存在较大争议，本书暂不讨论此问题。

（3）损失补偿原则

损失补偿原则（principle of indemnity）是财产保险特有的原则，也是财产保险理赔的基本原则，直接体现了保险的经济补偿功能。

损失补偿原则是指在财产保险中，当保险事故发生并造成被保险人具有保险利益的保险标的的损失时，保险人应该按照保险合同对被保险人的损失进行赔偿，补偿的数额以恰好能够弥补被保险人所遭受的经济损失为限，补偿的最好结果是使被保险人可以恢复到遭受保险事故前的经济状况，但不允许被保险人因遭受损失而获得额外的收益。

损失补偿原则对保险人承担的赔偿责任设置了实际损失、保险利益和保险金额三个限额。上述三个限制在保险理赔时同时适用，即保险人应支付的赔偿金额以三者中最小者为限。

①损失补偿原则的实现方式。

损失补偿原则的实现方式通常有现金赔付、修理、换置三种。保险人对被保险人的现金赔付又可以分为比例赔偿、第一危险赔偿、限额赔偿三种。

a. 比例赔偿。不定值保险中的比例赔偿计算公式为

保险人的赔偿金额＝min{保险金额/保险价值，1}×损失金额。

定值保险中的比例赔偿计算公式为

保险人的赔偿金额＝损失比例×保险金额。

b. 第一危险赔偿。第一危险赔偿是指保险人对保险金额限度内的实际损失予以全额赔偿，对保险金额限度外的损失不予赔偿。

c. 限额赔偿。限额赔偿是指保险人在保险标的超过一定限度时才负责赔偿。它有两种表现方式，超过一定限额赔偿和超过一定限额不赔偿。

超过一定限额赔偿是指保险人事先规定一个免赔额度，只有当损失超过这个免赔额度时，保险人才予以赔偿。

超过一定限额不赔偿是指保险人在订立保险合同时规定一个保障的限额标准，保险人对标的实际价值低于保障的限额标准的差进行赔偿，通常适用于农业保险。

②损失补偿原则的派生原则。

在损失补偿原则的基础上还衍生出了代位原则和重复保险分摊原则，保证了损失补偿原则的实现。

a. 代位原则。代位原则(principle of subrogation)是财产保险损失补偿原则的一个派生原则，其含义是指保险人根据法律或保险合同的约定，对被保险人所遭受的保险事故所致的损失予以赔偿后，依法取得向对财产损失负有责任的第三者进行追偿的权利或取得被保险人对保险标的的所有权，前者为权利代位，后者为物上代位。

b. 重复保险分摊原则。重复保险(double insurance)是指投保人对同一保险标的、同一保险利益、同一保险事故分别与两个以上保险人订立保险合同，且保险金额总和超过保险价值的保险。

重复保险分摊原则是指在重复保险的情形下，当保险事故发生并造成保险标的的损失后，被保险人向数个保险人提出索赔时，应当将保险标的的损失赔偿责任在各个保险人之间进行分摊，使被保险人能够得到的赔偿金额不超过被保险人的实际损失。

重复保险分摊的方式一般有比例责任制、限额责任制和顺序责任制三种。

比例责任制是指按保险金额的比例进行赔偿责任分摊的分摊方式。计算公式为

某保险人分摊的赔偿责任＝(某保险人承保的保险金额/

各保险人承保的保险金额总和)×损失金额。

限额责任制是以假设没有重复保险的情况下，各保险人按其承保的保险金额独立自负的赔偿限额与所有保险人应负的赔偿限额的总和的比例承担损失赔偿责任的分摊方式。其计算公式为

某保险人分摊的赔偿责任＝(某保险人单独承保时的责任限额/

各保险人单独承保的责任限额总和)×损失金额。

顺序责任制是以保险合同的签订顺序为依据分摊损失，由先出单的保险人在其保险金额限度内赔偿，再由第二个保险人对超出第一个保险人保险金额的损失部分在其保险

金额限度内赔偿，依次类推，直至将被保险人的损失全部赔偿的分摊方式。

（4）近因原则

近因原则（principle of proximate cause）是世界各国在保险理赔过程中普遍遵循的原则，用以判断保险人承保风险与保险标的损失之间是否存在因果关系，进而确定保险人是否承担损失赔偿责任。

近因是指导致损失的最直接、最有效、起决定性作用的原因，但这个原因在时间上或空间上可能并不是最接近损失的原因。因此，近因的"近"并不是指形式上的近，而应该是指内容上的近，指的是原因与结果之间存在直接的、必然的联系，即近因能够引起一连串事件并造成最终的损失，而且人们可以在一连串事件的各个时间点上有逻辑地预见下一事件，直至发生预料中的损失。例如，某房屋在一场战争中被炸弹爆炸引起的火灾烧毁，从形式上看，火灾是离损失更近的原因，但火灾是由战争中的炸弹爆炸直接引起的，因此造成房屋损毁的决定性原因是战争，即战争是造成房屋损毁的近因。

保险法上的近因原则，是指在分析判断危险事故与损害结果之间的因果关系的基础上，确定何为近因，并在审核近因是否为保险事故的基础上，决定是否承担保险责任。具体来说，如果造成保险标的损失的近因属于保险责任，则保险人承担损失赔偿责任；如果造成保险标的损失的近因不属于保险责任，或者属于责任免除，则保险人不承担损失赔偿责任；如果造成保险标的损失的近因既包括保险责任范围内的原因，也包括责任免除范围内的原因，则需要分情况处理。

由于保险事故的发生可能存在单个或多个原因，多个原因也可能同时或不同时发生作用，使得状况变得更加复杂，这时就需要准确地分析、判断造成保险事故发生并产生损失的近因，进而根据近因原则来确定保险人是否应当对保险事故承担损害赔偿责任。因此，在保险理赔时要遵循近因原则的意义，就在于分清与风险事故有关的各方责任，明确保险人承保的风险与保险标的损失结果之间存在的因果关系，合理地确定保险人应该承担的赔偿责任，既避免让保险人承担不该由其负责的赔偿损失，也避免因保险人逃避责任造成被保险人的利益受损，从而能够有效维护保险双方的利益。

我国的《保险法》和《海商法》中没有"近因"字样的描述，但其中相关法律条文中体现了这一原则。例如，《保险法》第二条规定："本法所称保险……保险人对于合同约定的可能发生的事故因其发生所造成的财产损失承担赔偿保险金责任……"《保险法》第十六条规定："保险事故是指保险合同约定的保险责任范围内的事故。"由此可见，造成保险标的损失的近因是否属于合同约定的保险责任范围，与保险人是否承担该损失的赔偿责任之间具有密切的关系。

1.2　保险转移风险的经济原理

法国经济学家克里斯蒂安·戈利耶（Christian Gollier）将保险定义为保险消费者与供给者之间"互利共赢式的风险转移"（mutually advantageous risk transfer）。因此，保险实现风险转移有三个重要的条件：一是保险的消费者有动机并自愿支付一定的代价将自身承受的风险转出；二是保险的供给者有动机并自愿在获得一定经济利益的前提下接受转自他人的风险；三是存在一个合理的市场价格，使保险的消费者和供给者能够互利共赢。对上述三个重要条件的解释，需要分别从保险转移风险的经济原理和统计基础进行分析。

1.2.1 风险厌恶

1.2.1.1 风险偏好

风险偏好描述了决策者对待风险的不同态度，是保险消费者具有风险转移动机的重要前提。

什么是风险偏好呢？考虑一个简单的游戏：

选项 A：有 50% 的概率赢得 100 元，有 50% 的概率赢得 20 元；

选项 B：直接获得 60 元。

如果选择 A，则进入游戏。例如，通过抛硬币，依据正、反面来确定最终的收益。如果选择 B，则不进入游戏环节，直接获得 60 元的收益。这个游戏也可以解释为，是否愿意支付 60 元，从而获得一个参加如选项 A 描述的游戏。

在这样一个案例中，每个人的选择不尽相同。人们或喜欢游戏超过确定收益，或喜欢确定收益超过游戏，但少有人觉得二者是无差异的。在这个决策问题中，A 的期望收益与 B 的金额相同，上述情况表明，人们在某种不确定收益/损失与其期望值相同的确定收益/损失之间表现出不同的喜好程度，这种喜好特征被称为风险偏好。在一般的意义上，对于一个特定的游戏 $p \circ x \oplus (1-p) \circ y$（意即，有概率 p 收益为 x，概率 $1-p$ 收益为 y），其期望收益为 $px + (1-p)y$，以下决定表明人们有三种不同的风险偏好类型。

①$p \circ x \oplus (1-p) \circ y > px + (1-p)y$：喜欢游戏超过确定的期望收益，则该决策者是风险喜好的（risk-loving）；

②$p \circ x \oplus (1-p) \circ y < px + (1-p)y$：喜欢确定的期望收益超过游戏，则该决策者是风险厌恶的（risk-averse）；

③$p \circ x \oplus (1-p) \circ y \sim px + (1-p)y$：认为游戏与确定的期望收益之间无差异，则该决策者是风险中性的（risk-neutral）。

在上述三种偏好类型中，风险厌恶是保险转移风险最重要的前提。风险厌恶的决策者具有对不确定结果的厌恶感，总会在条件允许的情况下想办法减少或摆脱这种不确定性。

1.2.1.2 期望效用理论下的风险偏好

效用是经济学家用于描述偏好的工具，期望效用则是用于描述风险偏好的重要工具，定义一个函数（效用函数），使得

$$u(p \circ x \oplus (1-p) \circ y) > u(q \circ w \oplus (1-q) \circ z), \qquad \text{（式 1-1）}$$

当且仅当 $p \circ x \oplus (1-p) \circ y > q \circ w \oplus (1-q) \circ z$。

为了满足上述偏好表达的需求，约翰·冯·诺依曼（John von Neumann）和奥斯卡·摩根斯特恩（Oskar Morgenstern）最早于 1944 年提出了期望效用函数：

$$EU(p \circ x \oplus (1-p) \circ y) = p \cdot u(x) + (1-p) \cdot u(y)。 \qquad \text{（式 1-2）}$$

即一个游戏所带来的期望效用可以表达为不同收益结果所带来效用的加权平均值；$u(\cdot)$ 是与收益结果对应的效用函数，而权重则是收益结果出现的概率。通过定义恰当的效用函数 $u(\cdot)$，$u'(\cdot) > 0$，期望效用函数可以将任意游戏的概率-收益组合量化为简单的期望效

用值，从而通过期望效用的大小来表达对游戏的偏好特征。特别地，决策者表现出风险厌恶、风险喜好和风险中性时，分别有 $u''(\cdot)<0$、$u''(\cdot)>0$ 和 $u''(\cdot)=0$。

在效用函数的帮助下，可以更好地理解风险偏好，特别是风险厌恶者的行为特征。图 1-1 描述了一个风险厌恶的决策者，其效用函数是一个凹函数，$u'(\cdot)>0>u''(\cdot)$。前述游戏 $p\circ x\oplus(1-p)\circ y$ 带给该决策者的期望效用水平为 $A=p\cdot u(x)+(1-p)\cdot u(y)$。如果不参加游戏，直接获得与之相应的期望收益，效用水平为 $B=u(p\cdot x+(1-p)\cdot y)$。在凹函数的前提假设下，恒有 $A<B$。因此，对于风险厌恶者而言，总是喜欢与游戏期望收益水平相同的确定性收益。以此类推，对于风险中性者而言，恒有 $A=B$；而对于风险喜好者而言，恒有 $A>B$（效用函数是凸函数）。

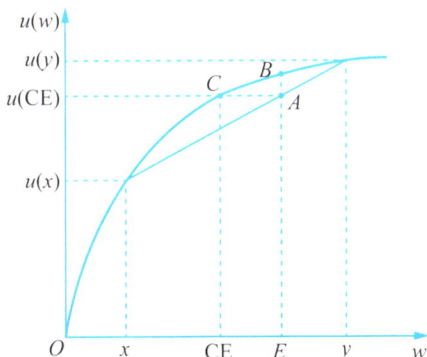

图 1-1 利用期望效用函数解释风险厌恶及风险溢价

注：图中，A 为某个特定的游戏 $p\circ x\oplus(1-p)\circ y$ 的期望效用；B 为该游戏期望收益对应的效用；CE 为该游戏对应的确定性等价；E 为该游戏的期望收益；$E-$CE 为与之对应的风险溢价。

1.2.1.3 确定性等价和风险溢价

从上述内容可知，风险厌恶者总是喜欢与游戏期望收益水平相同的确定性收益。换言之，游戏对于风险厌恶者的价值（或效用）低于与之期望收益水平相同的确定性收益的价值（或效用）。那么，这两种收益之间的价值究竟差多少呢？这首先需要将游戏价值进行货币化。为此，经济学家使用了确定性等价（certainty-equivalent）的概念。对于前述的游戏，其确定性等价可表达为

$$\text{CE}=\arg\{z;u(z)=p\cdot u(x)+(1-p)\cdot u(y)\}。 \tag{式 1-3}$$

即存在某个确定性收益能够提供与参加游戏相同的效用水平，该确定性收益称为游戏的确定性等价。

确定性等价的概念通过图 1-1 可以很容易来理解。在图 1-1 中，参加游戏的期望效用是 A；与该期望效用相同的效用水平，如果仅由一个确定性的收益来提供，则是 C；与 C 所对应的确定性收益 CE 就是相应的确定性等价。从图 1-1 中可以进一步看出，确定性等价是一个重要的分界线。该风险厌恶者在确定地获得 CE 和参加游戏之间是感觉无差异的。所有小于 CE 的确定性收益对于该风险厌恶者的价值或效用都不如该游戏，他将会选择接受游戏的风险。所有大于 CE 的确定性收益对于该风险厌恶者的价值或效用都将高于该游戏，他将选择放弃游戏。

因此，风险厌恶者的另一项重要特征是，愿意在期望收益的基础上放弃一部分收益，

以尽可能地降低自身的风险。风险厌恶者愿意为了消除风险而最多放弃的收益，亦即对风险消除的最大支付意愿，可以表示为 $\pi = E - CE$，即期望收益与确定性等价之差，其中，$E = px + (1-p)y$。这一最大支付意愿被称为风险溢价（risk premium）。

一般的，对于任意 x，其对应的风险溢价 π 可表达为

$$\pi = \arg\{x: E[U(x)] = u(E(x) - x)\}。 \tag{式 1-4}$$

式中，$E(x)$ 是风险 x 的期望值。

[案例 1-1]　计算确定性等价与风险溢价

假定某风险厌恶者的每月收入可能因市场波动而以均等概率上下浮动 α。同时已知他的风险偏好特征可以用常数相对风险厌恶特征的效用函数来表示，即 $u = (1-\alpha)^{1-\gamma}/(1-\gamma)$，$\gamma > 0$，$\gamma \neq 1$，或 $u = \ln \alpha$，$\gamma = 1$。试计算不同风险厌恶度（γ）和收入波动水平（α）条件下的风险溢价。

解：依据对风险溢价的定义与计算方法，可知风险溢价（π）应满足以下等式：

$$\frac{1}{2}u(1-\alpha) + \frac{1}{2}u(1+\alpha) = u(1-\pi)。 \tag{式 1-5}$$

通过代入特定的风险厌恶度（γ）和收入波动水平（α），对等式进行求解即可获得与之对应的风险溢价（π）。在此，给出的算例如表 1-1 所示。

表 1-1　风险溢价计算

风险厌恶度 γ	收入波动水平	
	$\alpha = 10\%$	$\alpha = 30\%$
0.5	0.3%	2.3%
1	0.5%	4.6%
4	2.0%	16.0%
10	4.4%	24.4%
40	8.4%	28.7%

总体而言，风险溢价与风险大小和风险厌恶度成正相关关系。对于轻度风险厌恶的决策者而言，只愿意放弃收入中很小的部分以消除风险。例如，当月收入的上下浮动为 10%（30%）时，风险厌恶度为 0.5 的决策者所愿意放弃的收入仅占平均收入的 0.3%（2.3%）。对于极端风险厌恶的决策者而言，愿意放弃的收入则较为可观。例如，当月收入上下浮动为 10%（30%）时，风险厌恶度为 40 的决策者愿意放弃高达 8.4%（28.7%）的平均收入以消除风险。

注：此案例引自 Gollier（2004）。

1.2.2　保险需求

1.2.2.1　保险需求模型

假定消费者初始时拥有货币财富 W，在概率 p 下，可能损失 L，如房屋遭遇地震或洪水灾害而受到损失。该消费者可以购买一份保险，在遭遇灾害损失时得到赔付金额 m。

购买保险的费用为 νm，ν 是对应的保险费率，即每单位的保险保障需要支付的保费。

此时，消费者应购买的最优保险保障可由如下优化问题求解：

$$\max_{m} pu(W-L-\nu m+m)+(1-p)u(W-\nu m)。 \tag{式 1-6}$$

对该优化问题进行求解，要求目标函数关于优化变量 m 的一阶导数为 0：

$$pu'(W-L-\nu m^*+m^*)(1-\nu)-(1-p)u'(W-\nu m^*)\nu=0。 \tag{式 1-7}$$

其中，m^* 是 m 在保险费率为 ν 时的最优解。整理后，可得

$$\frac{u'(W-L-\nu m^*+m^*)}{u'(W-\nu m^*)}=\frac{(1-p)\nu}{p(1-\nu)}。 \tag{式 1-8}$$

（式 1-8）对应的保险需求与保险费率之间的关系可用图 1-2 来表示。由图 1-2 可知：①保险需求是保险费率的减函数；②图中存在一个临界费率值。当保险费率正好等于灾害发生的概率时，最优保险需求 $m^*(p)=L$，恰好等于灾害造成的损失，拥有这一保额的保险也被称为足额保险。当保险费率高于这一临界值时，最优选择为购买不足额保险；如费率过高，则消费者停止购买保险。

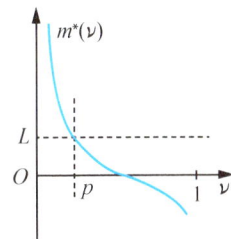

图 1-2　最优保险需求曲线

注：ν 为保险费率；$m^*(\nu)$ 为与之对应的最优保险需求；p 为灾害发生的概率；L 为灾害发生时造成的损失。

1.2.2.2　精算公平保费与足额保险

对于保险公司而言，其期望利润为 $(1-p)\nu m-p(1-\nu)m=\nu m-pm$。进一步假定，保险市场为完全竞争，所有公司的期望利润都为 0；不考虑任何交易费用，且信息完全对称。此时有

$$\nu m=pm。 \tag{式 1-9}$$

即消费者缴纳的保费正好等于其能够得到的期望赔付。这样的保费被称为精算公平保费（actuarially fair premium）。将精算公平保费代入（式 1-8），可得

$$u'(W-L-\nu m^*+m^*)=u'(W-\nu m^*)。 \tag{式 1-10}$$

即无论灾害是否发生，消费者的边际效用都相同。如该消费者是风险厌恶的，即 $u''(W)<0$，则有

$$W-L-\nu m^*+m^*=W-\nu m^*。 \tag{式 1-11}$$

进一步可得 $m^*=L$。即消费者购买的最优保险保障正好等于其受到的灾害损失，也即消费者此时的最优选择为购买足额保险。

在精算公平保费和足额保险的前提下，无论灾害是否发生，消费者最终的财富水平是相同的。因此，通过购买保险，消费者所有的风险均被消除，实现了风险的完全转移。

1.2.2.3　保险的支付意愿

从另一角度来思考前述保险需求的问题。假定保险公司愿意向该消费者提供保额为 m 的保险保障，该消费者最多愿意支付多少保费呢？

在期望效用理论的框架下，将该消费者的期望效用改写为

$$E[U(W,L,\pi,m)]=pu(W-L-\pi+m)+(1-p)u(W-\pi)。 \tag{式 1-12}$$

式中，π 是消费者缴纳的保费，m 是对应的保额。消费者参保的前提是，参加保险至少不

13

会导致福利的下降，即 $E[U(W，L，\pi，m)]\geqslant E[U(W，L，0，0)]$。由于 $u'(\cdot)>0$，$E[U(W，L，\pi，m)]$ 是关于 π 的减函数；即在相同的保额条件下，应缴保费越多，福利受损越大。因此，消费者愿意为特定保额支付的最大保费，是使参保与不参保无差异时的临界保费值：

$$E[U(W，L，\pi^*(m)，m)]=E[U(W，L，0，0)]，\qquad（式1-13）$$

$$pu(W-L-\pi^*(m)+m)+(1-p)u(W-\pi^*(m))=pu(W-L)+(1-p)u(W)。$$
$$\text{（式1-14）}$$

为了方便推导，假定保险公司提供的正好为足额保险，$m=L$，（式1-14）可化简为

$$u(W-\pi^*(m))=pu(W-L)+(1-p)u(W)。\qquad（式1-15）$$

在该消费者风险厌恶的前提下，有 $u''(\cdot)<0$ 且 $pu(W-L)+(1-p)u(W)<u(p(W-L)+(1-p)W)$，则有

$$u(W-\pi^*(m))<u(W-pL)。\qquad（式1-16）$$

由此可知：

$$\pi^*(L)>pL。\qquad（式1-17）$$

因此，风险厌恶的消费者对保险的支付意愿大于对应的期望赔付。换言之，风险厌恶的消费者总是愿意支付比期望赔付更多的保费用于转移自身的风险。这是保险实现风险转移在需求方的重要基础。

1.3 保险转移风险的统计原理

在本节中，我们将主要借助保险定价中的个体风险模型，并沿用卡明斯（Cummins，1991）论文的思路解释保险的风险汇聚（risk pooling）效果。

1.3.1 保险人风险的测度

假定保险人在特定保险期限内（如一个财务年度）、特定区域内（如一个省区）出售了 N 张保单（可以对应 N 个保险标的，或 N 个子保险区）。对于任意保单 $i\in 1，2，\cdots，N$ 而言，在该保险时期内的赔付金额可用随机变量 X_i 表示。同时假定：①个体保单赔付随机变量之间相互独立；②每张保单至多发生一次赔付；③保单总数 N 是事前确定的常数。此时，该保险人在该区域、该保险期限内的总赔付可表达为

$$L=X_1+X_2+\cdots+X_N=\sum_{i=1}^{N}X_i。\qquad（式1-18）$$

为了表述方便，假定个体赔付随机变量是同分布的，拥有共同的均值 μ 和标准差 σ。此时有

$$E[L]=\mu_N=N\mu，$$
$$\mathrm{var}L=\sigma_N^2=N\sigma^2+2\sum_{j=2}^{N}\sum_{i=1}^{j-1}\sigma_{ij}。\qquad（式1-19）$$

当个体赔付随机变量之间相互独立时，上式中的协方差项 σ_{ij} 为零。

保险人的风险可以由若干不同的方式定义。结合大数定律，保险人的风险测度可有如下两种方式。

1.3.1.1 保险人的相对风险

依据前述推导，进一步假定个体赔付之间相互独立。定义保单平均损失：

$$\overline{X} = \frac{1}{N} \sum_{i=1}^{N} X_i \text{。}$$ （式 1-20）

此时有

$$\mu_{\overline{X}} = \mu, \quad \sigma_{\overline{X}} = \frac{\sigma}{\sqrt{N}} \text{。}$$ （式 1-21）

依据切比雪夫不等式，$\forall \varepsilon > 0$：

$$\lim_{N \to \infty} \Pr\left[|\overline{X} - \mu_{\overline{X}}| < \varepsilon\right] \geq \lim_{N \to \infty}\left[1 - \frac{1}{\varepsilon^2} \frac{\sigma^2}{N}\right] = 1 \text{。}$$ （式 1-22）

即随着保单数量增大，保单平均损失的不确定性逐渐减少；当保单数量足够多时，保险平均损失与保单期望损失相同。为此，定义保险人的相对风险（insurers' relative risk）为保单平均损失的标准差 $\sigma / \sqrt{N}$。随着保单数量的增多，保险人的相对风险逐渐减少；在足够大的保险池（insurance pool）中，保险人的相对风险可忽略不计。

1.3.1.2 保险人的绝对风险

与相对风险类似，绝对风险要考虑总赔付与其期望值之间的关系。将（式 1-22）中不等式左右两边均乘 N，可得

$$\lim_{N \to \infty} \Pr\left[|N\overline{X} - N\mu_{\overline{X}}| < N\varepsilon\right] = \lim_{N \to \infty} \Pr\left[|N\overline{X} - N\mu_{\overline{X}}| < k\sqrt{N}\sigma\right] = 1 \text{。}$$ （式 1-23）

即样本均值位于真实期望两侧 k 倍标准差的概率随样本量的增大无限趋近于 1。同理，可定义保险人的绝对风险为总赔付的标准差 $\sqrt{N}\sigma$。显然总赔付的标准差会随着保单数量的增大而增大。因此，保险人的绝对风险也增大。

通过对比上述两个风险测度可知，大数定理只保证随着保单数目的增多，保险人的相对风险逐渐减少乃至消失，而保险人的绝对风险却是持续增大的。通常所谈到的"在大的市场中非系统性风险将消失"或"市场足够大以至于风险可以忽略不计"中的风险指的是相对风险。

在上述两种风险测度外，在实务中常用到的风险测度方式还包括如下内容。

1.3.1.3 破产概率（probability of ruin）/超越概率（exceedance probability）

破产概率是指保险人在特定期限内拥有赔付资金准备 A 的前提下，当期总赔付超过 A 的概率（因此也被称为"超越概率"），$\mathrm{PR} = \Pr\{L > A\}$。此处的"破产"是一种夸张的说法，因为当这一情况出现时，会导致公司盈余瞬时状态下小于零的情况，保险人需要及时追加资金来应付突然到来的保险责任，也许在考虑其他诸多因素后，完成赔付后保险人的财务状况不一定会很糟糕，更不一定会真正破产。

1.3.1.4 最大可能损失（probable maximum loss，PML）/重现期损失（return period loss，RPL）

最大可能损失是指在特定重现期（return period，RP）条件下，保险损失可能达到的水平，也被称为重现期损失。重现期与超越概率之间为倒数关系；特定重现期的损失则为在超越概率曲线上超越概率为 1/RP 对应的损失值。行业中通常关注的最大可能损失包括二十年一遇（1/20a）、五十年一遇（1/50a）、百年一遇（1/100a）和二百五十年一遇（1/250a）；对应的超越概率分别为 0.05、0.02、0.01 和 0.004。相应地，这些最大可能

损失也是保险损失概率分布上第 95、98、99 和 99.6 的百分位数。最大可能损失也可以使用标准化的概率分布来表示：

$$\mathrm{PML}_\alpha = \mathrm{EL} + z_\alpha \sigma_L 。 \tag{式 1-24}$$

即在其均值 EL 右侧 z_α 倍标准差 σ_L 处。其中，倍数 z_α 取决于特定的分布形态以及对应的超越概率 α。

1.3.2 保费与费率的基本构成

在最简化的条件下，保险人的赔付准备资金 A 主要包括三部分：保费收入 P、投资人提供的资本金 E，以及运行成本 C，即 $A = P + E - C$。

保险人为了控制风险，力图使其准备金足够将破产概率控制在一定的临界值 α 以下，即 $\Pr[L > A] \leqslant \alpha$。相应地，$A \geqslant \mathrm{PML}_\alpha$。因此：

$$P \geqslant \mathrm{EL} + z_\alpha \sigma_L - E + C 。 \tag{式 1-25}$$

在前述同分布的假设下，每张保单的应缴保费（π）应满足：

$$N \cdot \pi \geqslant \mathrm{EL} + z_\alpha \sigma_L - E + C ,$$

$$\pi \geqslant \mu + \left(\frac{z_\alpha \sigma_L}{N} - \frac{E}{N} \right) + c 。 \tag{式 1-26}$$

因此，保费共由三个部分组成（Wang and Zhang，2003）。

①精算公平保费

与该保单对应的期望损失，即 μ。

②巨灾风险附加保费

为了降低破产概率而额外缴纳的附加保费，即 $\frac{z_\alpha \sigma_L}{N} - \frac{E}{N}$（从此可以看出，巨灾风险附加保费与保险人的相对风险成正比关系）。

③费用

所有投保人共同分担的公司运行成本，即 $c = C/N$。

1.3.3 风险汇聚效果

为了便于说明保险的风险汇聚效果，假定所有保单之间相互独立，此时有 $\mathrm{var}L = N\sigma^2$，$\sigma_L = \sqrt{N}\sigma$。为便于计算，假定资本金 $E = 0$。（式 1-26）可进一步简化为

$$\pi \geqslant \mu + \frac{z_\alpha \sigma}{\sqrt{N}} + c 。 \tag{式 1-27}$$

依据中心极限定理，L 近似服从正态分布，倍数 z_α 相应变化为标准正态分布的 z 值。在给定破产概率的前提下，巨灾风险附加保费将随保单数量 N 的增加以 $1/\sqrt{N}$ 的速率减少；此种现象被称为保险的风险汇聚效果（risk pooling effect）。

[案例 1-2] 风险的汇聚效果

假定某保险公司出售了 N 份保单，对应 N 个彼此独立且同质的风险。假定每个个体风险均有 10% 的概率需赔付 1 000 元。试展示当破产概率为 1% 时巨灾风险附加保费随保单数量的变化规律。

解：假定个体风险之间为独立同分布，总赔付近似服从正态分布。破产概率1%对应的z值为2.33。依据计算可得表1-2。

表 1-2 风险汇聚效果算例

N	总赔付均值/元	总赔付标准差/元	总风险准备金/元	精算公平保费/元	巨灾风险附加保费/元
100	10 000	3 000	6 990	100	69.90
1 000	100 000	9 487	22 104	100	22.10
10 000	1 000 000	30 000	69 900	100	6.99
100 000	10 000 000	94 868	221 043	100	2.21
1 000 000	100 000 000	300 000	699 000	100	0.70

对于该公司承保的风险：

①单一保单的期望赔付$\mu=100$元，标准差为$\sigma=300$元；

②精算公平保费即为每个保单所对应的期望损失（100元）；

③当破产概率为1%时，$z_{\alpha=0.01}=2.33$。因此，总风险准备金为$2.33\times300\times\sqrt{N}$。每张保单需要贡献的风险准备金相应为$2.33\times300/\sqrt{N}$；

④每张保单需要贡献的风险准备金（巨灾风险附加保费）随保单数量的增加快速降低（图1-3）。当保单数量接近100万时，巨灾风险附加保费可降到1元以内。

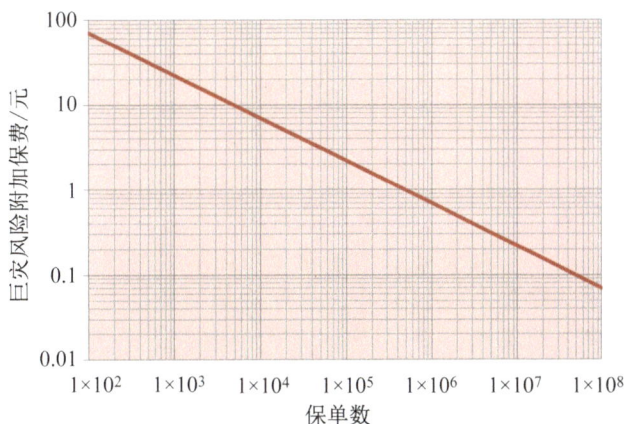

图 1-3 风险汇聚效果的示意图

综上，巨灾风险附加保费随保单数量N的增加以$1/\sqrt{N}$的速率减少。

从［案例1-2］中不难看出，当保险公司能够承保大量、同质且相互独立的风险时，投保人只需缴纳比其期望损失略高的保险费即可实现风险的转移。这对于风险厌恶的投保人而言是乐于接受的。因此，在上述相对理想的条件下，投保人与保险公司之间能够达到一个互利共赢的交易价格，实现风险的转移。

1.4 风险的可保性

1.4.1 可保性的基本概念

对灾害(巨灾)风险可保性(insurability)问题的探讨由来已久。1992年的飓风"安德鲁"、1994年的北岭地震,分别造成美国佛罗里达州和加利福尼亚州各有十余家直保和再保公司破产,引起了保险行业对可保性问题的高度关注。2001年的"9·11"恐怖袭击事件则进一步引发了对新兴风险可保性的探讨。法国经济学家克里戈利耶曾对上述问题引起的可保性探讨进行过总结。本节我们将沿用其框架进行介绍。

到底什么是可保性?哪些风险不可保?从不同的角度理解会有不同的答案。从传统的精算观点来看,可保的风险是指大数法则可以应用的风险(Berliner,1982)。这一前提条件意味着一系列的假设,包括:①最大潜在损失是有限的;②个体风险之间不能高度相关;③风险必须存在;④稳定或可预测的法律环境;⑤存在客观的分布函数可用于量化风险。

戈利耶(Gollier,2004)认为,上述从精算角度对可保性的解读太窄。他更倾向于使用"互利共赢的风险转移"作为风险是否可保的判断依据:对于任意风险,如果无法实现互利共赢式的风险转移,则是不可保的。而这一判断标准也有许多研究者支持和探讨,如Arrow(1965)、Borch(1962)、Raviv(1979)和Arrow(1996)等。本章前几节已重点讲解了在一系列特定的假设条件下,保险可以实现风险的有效转移。这些关键性假设包括:完全竞争的保险市场、交易费用为零、信息对称、风险事故的发生概率和损失分布是客观和已知的等。当沿用戈利耶的框架对可保性进行探讨时,前述无法满足有效风险转移的前提假设就相应地成为导致风险不可保的关键因素。

1.4.2 交易费用

在前述的理想保险模型中,我们假定交易费用为零。在现实中,保险的经营与运转必然涉及成本。无论是公共的还是私营的保险公司,都必须为监控个体保单、控制逆选择和道德风险、核准重大赔案等支付成本。这些成本对应的费用占总保费的30%左右。换言之,保险公司必须将简单赔付率(一定时期内的赔款支出占保费收入的百分比)控制在70%以下才能够保证收支平衡。

因此,对投保人来说,当保费高于精算公平保费时,购买足额保险不是最优选择,而选择一部分的风险自留才是最优的(Mossin,1968)。当交易费用存在时,最佳的风险自留方式是直接的免赔(Arrow,1965),即较大的风险被保险了,而较小的风险因为赔付额度太小、被纳入了免赔范围而不会被保险。例如,消费者会愿意为了重要的风险,如家人健康风险和房屋受损风险而购买保险,但不会为了眼镜损坏这样的小风险而购买保险;消费者也可能不愿意为常规性的医疗服务购买保险,但是可能为了重大疾病引起的较高的手续治疗费用而购买保险。德雷兹(Drèze,1981)的研究结果显示,风险厌恶度在[1,4]的区间内,最优的自留额度(直接免赔水平)通常介于投保人总财富的6%~23%。

1.4.3 逆选择

理想保险模型只考虑了单一类型的人群，且假定信息是对称的。而现实中，人群是异质的——不同的人发生事故的概率、可能遭受的损失不尽相同。与此同时，能够指示个体风险水平异质性的人群特征往往并不能直接被观测到。在此种条件下，保险公司很难按照理想模型来定价。由于信息的匮乏，也难以区分高风险人群和低风险人群并按照他们的风险水平制定对应的费率。此时，逆选择（adverse selection）问题就会出现。罗斯查德（Rothschild）和斯蒂格利茨（Stiglitz）（1976）在关于逆选择的模型中指出，如果保险公司按照期望出险概率来制订费率，那么低风险人群必然认为保费太高（相对于他们实际的风险水平而言）而只购买部分保障，甚至拒绝购买而退出市场。当最低风险的人群退出市场后，保险公司只能相应地重新计算期望出险概率并调高费率；此时次低风险的人群也会相应选择退出市场；如此往复，最终只有高风险的人群留在市场内，而其他人群都得不到对应的风险保障。戈利耶（Gollier，2004）认为，由于高风险人群的存在产生了负外部性，使得低风险人群难以在可接受的费率水平上参加保险。

1.4.4 事前道德风险

人群异质性和信息不对称引起的另一类问题是道德风险。在得到保险保障之后，人们可能不会像之前那样投入足够的时间、精力和金钱以防范风险，这种现象被称为事前道德风险（ex-ante moral hazard）。特别当人们对风险防范的投入水平和购买保险的费率水平不相关时，获得的保险保障越好，风险防范的投入相应越少。由于风险防范投入的减少，必然造成事故发生率和事故平均损失上升，而保险公司也会相应提高费率水平。这也是事故结果受到风险防范投入主观能动性影响很大的风险类型，如升职、失业，学生考试不通过以及由于人为因素引起的环境与技术事故，不具备可保性的主要原因。

1.4.5 事后道德风险

事后道德风险（ex-post moral hazard）主要指与保险相关的索赔欺诈。理想模型中，我们已假定事故的损失是客观可观测的。但事实上，有许多风险事故的结果是难以测量和验证的。这就是关于情感、身体感受等方面的风险不可保的原因。此外，还有许多风险的事故结果需要高昂的审计费用才能完成。如果保险公司对于欺诈性的索赔可以施以足够力度的惩罚，投保人的最优选择就是如实地报告损失程度，此时对应的风险将是完全可保的。然而，在现实生活中，足够力度的惩罚有时并不可行，主要有3方面的原因：①由于伦理原因而不被接受；②保险责任本身是有限的；③保险人本身可能也会在核损过程中犯错，而将这些错误都归结到投保人并施以惩罚是不合理的。因此，在实际操作中，防范事后道德风险更常见的做法是花更多的精力与成本确保损失评估准确。然而，当成本上升后，投保人可能再次发现费率过高而选择退出。

1.4.6 有限责任

人群中的个体有时可能会因自己的决策或行为而对他人造成伤害或损失。在通常情况下，该个体会被要求对这些伤害或损失进行赔偿，但这些赔偿往往都受限于该个体的经济能力，即责任是有限的。当有限责任条件存在时，一个不具备偿付能力的个体的最优选择恰恰是从事更多的风险活动。有限责任对投保人的保险需求产生的影响是模糊不清的，如果投保人是风险中性的，在任何情况下（即使保费是公平的）参保都不是最优选择。

1.4.7　已实现的风险

在许多情况下，风险事故的出现在时间维度上是具有相关性的。例如，明天发生事故的概率可能与今天的状况有关。极端的情况是"已实现的风险"（realized risk），即代表风险的随机变量在下一时期变为确定性。在此种条件下，不可能存在互利共赢式的风险转移。换言之，不可能在事后对风险进行保险。

1.4.8　社会救助

社会救助可以作为商业保险的替代品。当灾害发生后，灾民或多或少可以从政府获得一定的救助。如果人们认为政府会为灾害的损失提供救助，他们便会倾向于不对这些风险进行保险。相应地，在灾害发生之后，保险赔偿的缺乏又会迫使政府进行干预。因此，社会救助降低了商业保险的可能性。

1.5　灾害保险概述

1.5.1　灾害风险及其形成要素

自然灾害是指由于自然异常变化造成的人员伤亡、财产损失、社会失稳、资源破坏等现象或一系列事件。它的形成必须具备两个条件：一是要有自然异变作为诱因，二是要有受到损害的人、财产、资源等作为承受灾害的客体。

地球上的自然变异，包括人类活动诱发的自然变异，给人类社会带来危害时，即构成自然灾害。因为它给人类的生产和生活带来了不同程度的损害，损害的对象包括以劳动为媒介的人与自然之间，以及与之相关的人与人之间的关系。所以说，自然灾害是人与自然矛盾的一种表现形式，具有自然和社会两重属性，是人类过去、现在与将来所面对的最严峻的挑战之一。

灾害风险是指某区域在未来一定时期内发生灾害损失的不确定性。灾害风险的核心是未来致灾事件发生的可能性及其造成的影响。

1.5.2　灾害保险

灾害保险是指当合同规定的灾害事件发生时，保险人对由该灾害事件导致的财产损失或人员伤亡等损失承担赔偿或给付保险金的责任。灾害保险的核心在于灾害保险承保的风险是灾害风险，其风险事故应当是保险合同规定的灾害事件。

1.5.2.1　灾害保险的起源

（1）古代的灾害保险思想和形态

人类社会一直以来都遭受着自然灾害的侵扰，所以在古代社会就已经产生了抵御灾害事故的保险思想和原始形态的保险方法，这在中外历史上都有相关的记载。

①国外古代灾害保险思想和原始灾害保险形态。

根据相关史料记载，灾害保险的思想和形态源于西方，发源于地处东西方贸易要道上的文明古国。在公元前2500年，古巴比伦王国的国王下令让僧侣、法官等对所辖境内的居民赋金以筹集救济基金，用来救济遭受火灾及其他天灾的民众，这被公认为世界上最早的保险，因此保险的思想被认为发源于古巴比伦。

②我国古代灾害保险思想和救济后备制度。

在我国，灾害保险思想和救济后备制度有着悠久的历史。我国古代的救济后备一般采取实物的形式，即后备仓储制度。根据《周礼·大司徒》记载，从公元前11世纪的周朝开始，就已有后备仓储的制度，书中所称"县都之委积，以待凶荒"，即指集粮储谷以备荒年救灾之用。此外，还有西汉宣帝时的"常平仓"、隋文帝五年推行的"义仓"、宋朝和明朝时民间的"社仓"制度等。

（2）近代灾害保险的起源

①海上保险。

近代保险制度的发展是从海上保险开始的。

大多数学者认为，海上借贷是海上保险的前身，而海上借贷最初起源于中世纪意大利和地中海沿岸的城市中所盛行的商业抵押习惯，即冒险借贷。所谓冒险借贷是指船主或货主在发航之前，向金融业者融通资金。如果船舶、货物在航海中遭遇海难，依其受损程度可免除部分或全部债务；如果船舶和货物安全抵达目的地，船主或货主应偿还本金和利息。

②火灾保险。

继海上保险制度之后形成的是火灾保险制度，火灾保险是财产保险的前身。

近代火灾保险起源于英国。1666年的伦敦大火烧毁了许多建筑物，造成了不可估量的财产损失，这一场大火让人们意识到补偿火灾损失的重要性。次年，牙医巴蓬建立了第一家火灾保险公司。他所实行的差别费率制为：砖石结构房屋的保费为年房租的2.5%，木结构房屋的保费为年房租的5%。这种差别费率的方法被沿用至今，巴蓬因此赢得了"现代保险之父"的美誉。

1.5.2.2 灾害保险的分类

（1）根据保险标的分类

根据保险标的的不同，灾害保险可以划分为人身保险、财产保险和责任保险。灾害保险产品体系承保的损失包含了人员伤亡、财产损失以及责任损失。

（2）根据灾害事件导致的损失原因分类

根据灾害事件导致的损失原因，即灾因的不同，可以将灾害保险分为针对单一灾种的灾害保险和多灾因的综合保险。

单一灾种的灾害保险主要包括地震保险、洪水保险、台风保险等。

多灾因的综合保险主要包括多灾因农业保险和多灾因巨灾保险。多灾因的综合保险的保险责任通常由两种及以上的致灾因子构成，其承保的灾害种类可能涉及所有的灾害。

（3）根据保障程度分类

根据保障程度可以将灾害保险划分为重置成本保险、实物损失保险和营业中断（间接损失）保险。

重置成本保险是指为了满足被保险人对受损标的物进行重置或重建之需要，投保人以保险标的物重置成本为保险金额，在保险事故发生时，由保险人不扣除折旧，按保险金额为给付或恢复标的物原状的保险。

实物损失保险是依据保险标的实物量的损失和事前约定的单位实物量价值共同确定保险赔付的保险；其重要特征是保险赔付只与实物量损失有关而与市场价格波动无关。

营业中断保险(又称间接损失保险)是指对企业(被保险人)遭受自然灾害或意外事故等导致损毁后，在一段时间内因停产、停业或营业受影响而导致的间接经济损失及营业中断期间发生的必要的费用支出提供保障的保险。

(4)根据触发方式分类

根据触发方式的不同，可以将灾害保险分为损失补偿型保险和指数型保险。

损失补偿型保险是以实际勘定的损失为依据确定最终赔付的保险。实际勘定的损失可以是保险标的因自然灾害造成的减产、伤害/死亡等。损失补偿型保险是自然灾害保险中的传统类型，因此也被通俗地称为传统保险。

指数型保险是指依据合同中事先约定的、可客观观测、可靠测量、与保险标的损失高度相关且不受人为因素影响的保险指数来决定保险赔付的保险。

1.5.2.3 灾害保险的职能与作用

(1)灾害保险的职能

①灾害保险的基本职能。

灾害保险的基本职能是保险原始和固有的职能，包括分摊损失和补偿损失。该职能的含义包括：其一，将灾害事故造成的损失通过灾害保险进行分摊，分散灾害风险；其二，对灾害事故造成的损失进行赔偿，提供经济保障。

②灾害保险的派生职能。

灾害保险的派生职能是在基本职能的基础上产生的，包括防灾防损和融资。

a. 防灾防损。从承保前到承保后，均体现了灾害保险的防灾防损功能。例如，在承保农业旱灾风险后，是否可以免费为有需要的农户打一口深井？在决定承保农业旱灾风险前，是否可以通过设定差别费率来达到激励农户完善滴灌设备的目的？

b. 融资。灾害保险的融资功能是指保险人参与社会资金的融通，具体体现在两个方面：一方面，通过收取保险费体现筹资功能；另一方面，通过购买有价证券、购买不动产等投资方式体现投资功能。

(2)灾害保险的作用

①宏观作用。

灾害保险的宏观作用是对全社会和整个国民经济总体所产生的经济效应，主要体现在以下两个方面。

a. 有利于国民经济的持续稳定发展。由于灾害保险具有补偿损失的职能，因此任何单位在投保并履行合同的义务之后，一旦发生相应的灾害保险事故，便可得到经济补偿，降低因自然灾害造成经济损失引起企业经营中断的可能性，从而保证国民经济持续稳定地发展。

b. 有利于社会的安定。保险人是专业的风险管理机构，在被保险人由于灾害风险事故遭受财产损失和对他人承担赔偿责任时，能履行经济补偿的职能。长期来看，灾害事

故的发生是必然的，造成财产损失和人员伤亡是一定的。只要在保险责任范围内，保险人通过履行经济补偿的职能，就能使被保险人在最短的时间内恢复生产和经营，解除人们在经济上的各种后顾之忧，有利于社会的安定。

②微观作用。

灾害保险的微观作用是指其作为经济单位或个人风险管理的财务处理手段所产生的经济效应，主要体现在以下三个方面。

a. 有利于企业的稳定经营。任何企业在经营过程中都可能会遭受自然灾害的损害，而重大的损失会影响企业的正常生产和经营。每个经济单位都可以通过向保险人交付保险费的方式转移风险，一旦遭受保险责任内的损失，便可及时得到保险人相应的经济补偿，保证企业的持续经营，减少利润损失等间接损失。

b. 有利于促进风险管理。保险公司在经营过程中积累了丰富的风险管理经验，能够提供风险管理的咨询和技术服务。保险公司可促进企业加强风险管理，主要体现为：第一，通过合同的方式明确双方当事人对防灾防损所负的责任，促进被保险人加强风险管理；第二，指导企业防灾防损；第三，通过费率差异促进企业降低风险；第四，从保险费收入中提取一定的防灾基金，促进全社会风险管理工作的开展。

c. 有利于人民生活安定。灾害风险事故一旦发生，会给人民生命和财产带来严重的损害。因此，通过购买灾害保险，人们可以对灾害风险进行有效的管理，从而在心理上得到慰藉；灾害风险事故发生之后，人们可以得到保险人的经济补偿，不至于由于一场灾害事故而遭受太大的经济损失，从而得以维持日常生活水平。

1.5.3 灾害风险的可保性

1.5.3.1 个体风险的相关性

保险实现有效风险转移的重要条件之一是对"大量的独立同质风险"进行汇聚，使得每份保单需要为保障保险公司的偿付能力而支付的巨灾风险附加保费，随着保单数量的增加而相应降低，从而允许每个投保人在只需要缴纳比精算公平保费（期望损失）略多的保费，即可获得保险保障。

自然灾害风险的重要特征之一是单次事件影响的个体较多，个体损失之间具有较强的相关性。因此，自然灾害风险并不满足大量独立个体的条件具有很强的系统性。这种系统性的存在使得风险汇聚的效果在一定程度上受到影响，迫使保险公司要求更高的巨灾风险附加保费，这压缩了投保人与保险公司之间达成互利共赢的风险转移的价格空间，进而降低了可保性。

为说明个体风险相关性对可保性的影响，我们在1.3.2的基础上做进一步讨论。假定个体风险仍然是同分布的，但彼此之间并不相互独立。假定每个个体风险的期望损失为μ，标准差为σ。此时，总保险赔付的期望值和方差恰好为（式1-19）的定义。巨灾风险附加保费对应为

$$\lambda = \frac{z_\alpha}{N}\sqrt{N\sigma^2 + \sum_{j=2}^{N}\sum_{i=1}^{j-1}\sigma_{ij}}。 \qquad （式1-28）$$

为方便讨论，可将（式1-28）中的协方差项改写为相关系数与标准差的积，即$\sigma_{ij}=$

$\rho_{ij}\sigma^2$。进一步定义平均相关系数 $\rho = \dfrac{1}{N(N-1)}\displaystyle\sum_{j=2}^{N}\sum_{i=1}^{j-1}\rho_{ij}$，（式 1-28）可化简为

$$\lambda = \frac{z_a\sigma}{\sqrt{N}}\sqrt{1+(N-1)\rho}。 \tag{式 1-29}$$

依据定义，平均相关系数 $\rho\in[0,1]$。当 $\rho=0$，即个体风险间完全独立时，上式可进一步化简，保险取得最大的风险汇聚效果，巨灾风险附加保费随保单数量 N 的增长以其平方根的速率减小。当 $\rho=1$ 时，$\lambda=z_a\sigma$，巨灾风险附加保费为常数，风险汇聚效果消失。保单数量的增加无法降低投保人需要缴纳的巨灾风险附加保费，总保费可能过高而导致风险转移的交易失败，可保性受到严重损害。

在现实中，即使对于自然灾害风险而言，$\rho=1$ 都是一个过于极端的假设。风险汇聚效果通常存在，只是其效率要比相互独立的情况低。相应地，将巨灾风险附加保费减少到投保人可接受的程度，所需要的"风险池"的大小也要比相互独立的情况更大。Wang and Zhang(2003)曾以美国联邦种植业保险为例分析农作物单产的空间相关性对风险分散效率的影响。他们的研究结果表明，美国小麦、大豆和玉米的县级单产均存在显著的空间相关，但相关性水平随着空间距离的增加会有所衰减，3 种作物的单产相关性衰减到 0 的临界距离最多可达 570 英里(约 917 千米)。由于空间相关性的存在，如果美国所有县的 3 种农作物均参保，且设定超赔概率为 2.5%，则 3 种作物的巨灾风险附加保费分别对应精算公平保费的 61.3%、60.7%和 140%。如果要取得与相互独立的情况相同的分散效率(相同的巨灾风险附加保费水平)，小麦、大豆和玉米保险需要的保单数量分别需要达到完全独立假设条件下对应数量的 4.97、9.58 和 8.3 倍。

1.5.3.2 模糊性

模糊性(ambiguity)是指对于描述风险的随机变量，我们无法获知其概率分布情况。这种情况的出现可能是由于历史数据的缺乏或对风险的形成机制缺乏相关的科学知识等。模糊性在许多风险类型中均存在，例如，核事故风险、"疯牛病"以及一些新兴的传染病风险、恐怖袭击风险、卫星发射失败的风险以及气候变化风险等。对于灾害风险，由于其相对较低的发生频率，人们对其发生频率和损失的估计仍受限于历史数据量。同时，受限于对灾害形成机制与过程的科学理解，对灾害风险进行客观评估仍然存在很大的技术挑战。

风险的概率分布的模糊性可能带来一系列的问题。例如，如何准确计算精算公平保费？如何评估一份保险合同对被保险人的效益？怎样才是一个有效的风险分配？考虑 1.2.2 中的例子，假定在现有的信息和知识条件下，我们只能确定消费者遭遇损失的概率为 $[p_{\min},p_{\max}]$(对应的概率期望值为 $\bar{p}$)，但却无法确定其具体数值。从保险定价的角度而言，我们无法确定精算公平保费，因为这个概率是模糊的。但在实际操作中，并不代表保险公司无法给出一个价格，且也不代表投保人不存在对应的风险溢价以确定对转移该风险的最大支付意愿。

模糊性存在时的风险决策一直以来都是一个重要的研究问题。研究表明，决策者通常会表现出"模糊厌恶"(ambiguity aversion)的行为特征(Gilboa and Schmeidler，1989)。

模糊厌恶是指经济人在决策时会使用一个比期望概率 $\bar{p}$ 更高[①]的主观概率值。相应地，模糊厌恶将使保险公司要求更高的保费，而同时也会提高投保人对购买保险的最大支付意愿。与风险厌恶度类似，不同的经济人在模糊厌恶程度上也存在差异。如果投保人和保险公司的模糊厌恶度一致，那么模糊性将不影响1.2.2中的结果，因为投保人和保险公司对发生事故的主观概率完全相同。然而，当保险公司比投保人更加模糊厌恶时，主观概率值的差异会压缩风险转移成交价格的空间，从而影响可保性。事实上，保险公司的模糊厌恶度很高（Kunreuther，Hogarth and Meszaros，1993）。

除模糊厌恶外，模糊性还可能因激励机制问题压缩可保性空间。在行业中，由于模糊性的存在，核保人很难给出与真实风险水平相匹配的报价。在核保人面临的事后评估中，低估风险受到的处罚可能远高于高估风险的结果。而事实上，高估风险还可能为公司带来潜在的利润点。此种激励机制将诱导核保人在面临模糊性时尽可能高估，而非低估。

参考文献

［1］Gollier C. The Economics of Risk and Time［M］. Cambridge：The MIT Press，2004.

［2］Cummins J D. Statistical and Financial Models of Insurance Pricing and the Insurance Firm［J］. The Journal of Risk and Insurance，1991，58(2)：261-302.

［3］Berliner B. Limits of Insurability of Risks［M］. Upper Saddle River：Prentice Hall，1982.

［4］Borch K. Equilibrium in a Reinsurance Market［J］. Econometrica，1962，30(3)：424-444.

［5］Raviv A. The Design of an Optimal Insurance Policy［J］. The American Economic Review，1979，69(1)：84-96.

［6］Arrow K J. Aspects of the Theory of Risk Bearing［M］. Helsinki：Yrjö Jahnssonin Säätiö，1965.

［7］Arrow K J. The Theory of Risk-Bearing：Small and Great Risks［J］. Journal of Risk and Uncertainty，1996，12(2-3)：103-111.

［8］Mossin J. Aspects of Rational Insurance Purchasing［J］. Journal of Political Economy，1968，76(4-1)：533-568.

［9］Drèze J H. Inferring Risk Tolerance from Deductibles in Insurance Contracts［J］. The Geneva Papers on Risk and Insurance，1981，20：48-52.

［10］Wang H H，Zhang H. On the Possibility of a Private Crop Insurance Market：A Spatial Statistics Approach［J］. The Journal of Risk and Insurance，2003，70(1)：111-124.

［11］Gilboa I，Schmeidler D. Maxmin Expected Utility with Non-Unique Prior［J］.

[①]　在Gollier(2004)的原文中为"更低"，但其语境应指不确定收益的概率。由于此处探讨的是出现损失的概率，因此我们相应替换为"更高"。

Journal of Mathematical Economics，1989，18(2)：141-153.

[12]Kunreuther H，Hogarth R，Meszaros J.Insurer Ambiguity and Market Failure[J]. Journal of Risk and Uncertainty，1993，7：71-87.

[13]Rothschild M，Stiglitz J.Equilibrium in Competitive Insurance Markets：An Essay on the Economics of Imperfect Information[J]. The Quarterly Journal of Economics，1976，90(4)：629-649.

第2章 灾害保险产品体系[①]

2.1 依据损失标的划分

依据损失标的划分，涉及灾害风险保障的产品包括以人的生命健康为标的的人身保险（如寿险、意外伤害保险等），以及以财产与责任为标的的保险（如企业财产保险、家庭财产保险、机动车辆保险、工程保险、农业保险等）。

2.1.1 人身保险

人身保险是以人的寿命和身体为保险标的的保险。当被保险人在合同期限内发生死亡、伤残、疾病等保险事故或达到人身保险合同约定的年龄、期限时，由保险人依照合同约定承担给付保险金的责任。和灾害风险有关的人身保险包括人寿保险和人身意外伤害保险。

传统的人寿保险包括定期寿险、终身寿险、两全保险等。定期寿险是指在保险合同约定的期间内，如果被保险人死亡或全残，则保险公司按照约定的保险金额给付保险金。终身寿险是指不定期的死亡保险，保险合同订立后，被保险人无论何时死亡，保险人均应给付保险金。两全保险是指当被保险人在保险期间死亡时，保险人按合同约定支付死亡保险金，保险合同终止；若被保险人生存至保险期届满，保险人支付生存保险金。

人身意外伤害保险是指被保险人在保险有效期内，因遭受非本意的、外来的、突然发生的意外事故，致使身体受到伤害而残疾或死亡时，保险公司按照保险合同的规定给付保险金的保险。

一般来说，因自然灾害导致的身故或意外伤害，都在人身保险的赔偿范围内。

在人身保险合同中，因生命的价值无法衡量，保险金额是人身保险合同双方约定的，由保险人承担的最高给付的限额或实际给付的金额。

2.1.2 企业财产保险

2.1.2.1 定义

企业财产保险简称企财险，是以法人团体所有、占有或负有保管义务的财产物资和有关利益等作为保险标的，由保险人承担的，因火灾及有关自然灾害、意外事故所造成标的损失的赔偿责任的财产损失保险。

企财险是我国财产保险中的重要险种，其目的是通过转移风险的方式保障企业财产安全、降低企业因灾损失并维持企业经营的持续稳定。

2.1.2.2 承保风险

企财险有三个层次不同的主险，即基本险、综合险和一切险。

---

① 本章撰写人：叶涛，刘新立，杨婷婷，牟青洋。

基本险承保的风险主要包括火灾、雷击、爆炸和飞行物体及其他空中运行物体坠落。

综合险在基本险承保风险的基础上，扩展承保暴雨、洪水、暴风、龙卷风、冰雹、台风、飓风、暴雪、冰凌、突发性滑坡、崩塌、泥石流和地面突然下陷下沉等自然灾害，同时还扩展承保被保险人拥有财产所有权的自用的供电、供水、供气设备因保险事故遭受损坏而发生的停电、停水、停气的风险。

一切险的承保风险更为广泛，自然灾害方面增加了沙尘暴和其他人力不可抗拒的破坏力强大的自然现象，意外事故的保障范围泛指不可预料的以及被保险人无法控制并造成物质损失的突发性事件。

基本险、综合险及一切险均不承保地震、海啸及其次生灾害风险。

2.1.2.3　承保损失

企财险承保的损失主要有三类：第一类是由承保风险造成的保险标的的直接损失；第二类是在承保风险造成保险事故发生时，为抢救保险标的或防止灾害蔓延采取的必要的、合理的措施造成的保险标的的损失；第三类是在保险事故发生后，被保险人为防止或减少保险标的的损失所支付的必要的、合理的费用。

2.1.2.4　保险价值和保险金额

企财险保险标的的保险价值可以为出险时的重置价值、账面余额或市场价值等，由投保人与保险人协商确定，并在保险合同中载明。重置价值是指替换或重建受损保险标的，以使其达到全新状态而发生的费用，但不包括被保险人进行的任何变更、性能增加或改进所产生的额外费用。

企财险保险标的的保险金额由投保人参照保险价值自行确定，并在保险合同中载明，但保险金额不得超过保险价值。

此外，保险标的发生部分损失，保险人履行赔偿义务后，保险金额自损失发生之日起保险人的赔偿金额相应减少，保险人不退还保险金额减少部分的保险费，但投保人可以请求在损失发生后的任何时刻恢复保险金额，只需支付自请求恢复保额的日期至保险期间届满之日保额恢复部分的保险费即可。

2.1.2.5　损失赔偿

企财险中，保险人履行损失赔偿责任的方式有三种：现金赔偿、实物赔偿和实际修复。现金赔偿是指保险人以支付保险金的方式履行损失赔偿责任。实物赔偿是指保险人以实物替换受损标的来履行损失赔偿责任，该实物应具有保险标的出险前同等的类型、结构、状态和性能。实际修复是指保险人自行或委托他人修理修复受损标的。

2.1.3　家庭财产保险

2.1.3.1　定义

家庭财产保险简称家财险，是以城乡居民家庭的自有财产或代他人保管、与他人共有的财产为保险标的，以自然灾害或意外事故造成的损失为保险责任的一种财产保险，也是财产损失保险中的传统业务。

家财险的目的是为城乡居民的财产提供风险保障，让人们将生活中高额的、无法预料的灾害、事故损失转为固定的、少量的保费支出，并在财产遭受保险事故而受损时得到及时的经济补偿，进而降低风险损失对家庭带来的冲击。

2.1.3.2 承保风险

普通型家财险的基本责任通常包括火灾、雷击、爆炸、飞行物体及其他空中运行物体坠落、外来不属于被保险人所有或使用的建筑物和其他固定物体的倒塌等。

家财险可以扩展承保台风、龙卷风、暴风、暴雨、洪水、暴雪、冰雹、冰凌、泥石流、崩塌、突发性滑坡、地面突然下陷等自然灾害风险。

此外，家财险还可以选择诸多附加责任，和灾害有关的主要是地震风险。地震保险负责赔偿保险期间，保险标的因破坏性地震（国家地震部门公布的地震震级 M5 级且烈度达到Ⅵ度以上的地震）震动或由此引起的海啸、火灾、火山爆发、淹没、爆炸、地陷、地裂泥石流及滑坡而造成的直接损失，不负责赔偿被保险人的各种间接损失。同时，保险人不负责赔偿因保险标的未达到国家建筑质量要求（包括抗震设防标准）的损失和地震引发的核爆炸、核反应、核辐射或放射性污染而引起的损失。地震保险设置了 60 日的等待期，即自保险开始之日起 60 日内的地震造成的标的损失，保险人不负责赔偿，但续保不受此限制。地震保险还设置了 20％的单次事故绝对免赔率，并将保险标的在连续 72 小时内遭受一次或多次地震（余震）所造成的损失视为一次单独事故。

2.1.3.3 承保损失

家财险承保保险标的的直接损失，并负责承保保险事故发生时为抢救保险标的或防止灾害蔓延所采取的必要的、合理的措施而造成保险标的的损失，以及保险事故发生后，被保险人为防止或减少保险标的的损失所支付的必要的、合理的费用。

2.1.3.4 保险价值和保险金额

普通型家财险的可保财产主要包括被保险人自有的、在保险单中载明地址的房屋及室内附属设施（不包括房屋的附属建筑物）和室内财产两类。

家财险可承保的房屋结构类型有一定的限制，一般规定须是钢结构、钢筋混凝土结构、混合结构或砖木结构，而且不能是被政府有关部门征用、占用的房屋，也不能是违章建筑和危险建筑。

家财险可承保的室内附属设施是指固定于房屋内部的供暖、卫生、供水、管道煤气及供电设施等。房屋的附属建筑物不予承保，例如，附属于房屋外部或者独立于房屋的围墙、院门、车库、储物棚或储物室、游泳池、球场、喷泉、池塘等。

家财险可承保的室内财产包括室内装潢、家用电器和文体娱乐用品、衣物和床上用品、家具及其他生活用品，存放于院内室内的农机具、农用工具、生产资料、粮食及农副产品。

因家财险的标的种类较多，保险价值与保险金额的确定方式也随保险标的的不同而有所不同。房屋及室内附属设施通常采用不定值保险的方式承保，其保险金额由投保人参考财产的购置价或市场价自行确定，保险价值为出险时的重置价值。室内财产通常采用定值保险的方式承保。

[案例 2-1] 中国城乡居民住宅地震巨灾保险

（1）实施背景

2008 年汶川地震中，房屋损失占比很大，居民住房的损失占总损失的 27.4％，如何通过保险补偿巨灾发生导致的住宅损失，成为亟待解决的问题。2015 年 8 月，云南大理试点首个农房地震保险，同年 11 月，四川乐山、绵阳、甘孜、宜宾等地启动居民住房地震保险试点。2016 年 5 月，原保监会、财政部等部门印发了《建立城乡居民住宅地震巨灾保险制度实施方案》（以下简称《实施方案》），标志着我国巨灾保险制度建设迈出了关键一步。

（2）运作模式

《实施方案》指出，坚持"政府推动、市场运作"的原则，政府负责筹划顶层设计，制定地震巨灾保险制度框架体系，研究相关立法，制定支持政策；市场要在资源配置中发挥决定性作用，应引导商业保险公司积极参与地震巨灾保险制度建设，提高全社会地震灾害风险管理水平，应发挥商业保险公司在风险管理、专业技术、服务能力和营业网点等方面的优势，为地震巨灾保险提供承保理赔服务，利用保险产品的价格调节作用，通过风险定价和差别费率，引导社会提高建筑物抗震质量，运用国内外再保险市场和资本市场，有效分散风险。

《实施方案》明确，采取"整合承保能力、准备金逐年滚存、损失合理分层"的运行模式。

①选择偿付能力充足、服务网点完善的保险公司作为地震巨灾保险经营主体，提供地震巨灾保险销售、承保及理赔等服务。保险公司通过销售地震巨灾保险产品，将保费集中，建立应对地震灾害的损失分层方案，分级负担地震风险。计提地震巨灾保险专项准备金，作为应对严重地震灾害的资金储备。

②将地震造成的城乡居民住宅损失，按照"风险共担、分级负担"的原则分担。损失分层方案设定总体限额，由投保人、保险公司、再保险公司、地震巨灾保险专项准备金、财政支持等构成分担主体。投保人是地震巨灾保险产品的购买者，以自留的方式承担小额度的第一层损失。经营地震巨灾保险的保险公司，承担地震巨灾保险自留保费所对应的第二层损失。参与地震巨灾保险再保险经营的再保险公司，承担地震巨灾保险分入保费对应的第三层损失。地震巨灾保险专项准备金按照相关部门的具体管理办法提取，以专项准备金余额为限，承担第四层损失。当发生重大地震灾害，损失超过前四层分担额度的情况下，由财政提供支持或通过巨灾债券等紧急资金安排承担第五层损失。在第五层财政支持和其他紧急资金安排无法全部到位的情况下，由国务院保险监督管理机构会同有关部门报请国务院批准，启动赔付比例回调机制，以前四层分担额度及已到位的财政支持和紧急资金总和为限，对地震巨灾保险合同实行比例赔付。

运行初期，以"总额控制、限额管理"为主要思路：一方面，将全国范围内可能遭遇的一次地震损失控制在一定额度内，确保保险公司、再保险公司和专项准备金可以逐层承担；另一方面，对地震高风险地区实行保险销售限额管理，避免在遭遇特大地震灾害时，地震巨灾保险赔款超过以上各层可筹集到的资金总和。

（3）保障方案

保障对象原则上以达到国家建筑质量要求（包括抗震设防标准）的建筑物本身及室内附属设施为主，以破坏性地震震动及其引起的海啸、火灾、爆炸、地陷、泥石流及滑坡等次生灾害为主要保险责任。

保险金额方面，城镇居民住宅基本保额为每户 5 万元，农村居民住宅基本保额为每户 2 万元。每户可参考房屋市场价值，根据需要与保险公司协商确定保险金额，保险金额最高不超过 100 万元，以后根据运行情况逐步提高，100 万元以上部分可由保险公司提供商业保险补充。

理赔时，参照相关国家标准，根据破坏等级分档理赔：破坏等级在Ⅰ～Ⅱ级时，标的基本完好，不予赔偿；破坏等级为Ⅲ级(中等破坏)时，按照保险金额的 50% 确定损失；破坏等级为Ⅳ级(严重破坏)及Ⅴ级(毁坏)时，按照保险金额的 100% 确定损失。

（4）实践发展

为保障地震巨灾保险在实践中更好地推行，在两方面进行了创新，一是营运主体，二是营运平台。

住宅地震保险的营运主体，即城乡居民住宅地震巨灾保险共同体(简称"住宅地震共同体")于 2015 年 4 月成立。45 家财产保险公司根据"自愿参与、风险共担"的原则发起成立住宅地震共同体。建立住宅地震共同体有利于整合保险行业的承保能力，搭建住宅地震共同体业务平台，开发标准化地震巨灾保险产品，建立统一的承保理赔服务标准，共同应对地震灾害，集中积累和管理灾害信息。

由于住宅地震共同体牵涉的保险主体众多，需要面对电子保单、电子印章、专用资金账户等前所未有的问题，为此，住宅地震共同体与上海保险交易所合作，于 2016 年 12 月上线了地震巨灾保险营运平台，实现了住宅地震共同体业务的出单、业务财务清算等功能。无论投保人在哪座城市、哪个保险机构转售城乡居民住宅地震巨灾保险，包括转售、出单、赔偿等环节在内的全部流程都将由营运平台在后端统一操作。这是国内第一个巨灾保险经营管理平台，也是首个仅有行业集中出单的共保平台。

截至 2020 年 12 月，住宅地震保险累计为全国 1 273 万户家庭提供超过 5 250 亿元的风险保障。

2.1.4　机动车辆保险

2.1.4.1　定义

机动车辆保险(简称车险)，是负责赔偿机动车本身的损失及机动车对第三者和车上人员依法应负的赔偿责任的一种运输工具保险。

目前，我国的车险包括商业保险和强制保险两种，商业保险分为主险和附加险两部分，涉及灾害风险责任的主要是主险中的机动车损失保险(简称车损险)。

2.1.4.2　承保风险

车损险承保的风险包括自然灾害和意外事故两类。

车损险承保的自然灾害包括雷击、暴风、暴雨、洪水、龙卷风、冰雹、台风、热带风暴、地陷、崖崩、滑坡、泥石流、雪崩、冰陷、暴雪、冰凌和沙尘暴，载运被保险机动车的渡船遭受自然灾害也属于保险责任，但只限于驾驶人随船的情形。车损险不负责赔偿因地震及其次生灾害导致的损失和费用，也不负责自燃或不明原因的火灾风险。

2.1.4.3　承保损失

车损险承保的损失包括两个方面：一是被保险人或其允许的驾驶人在使用被保险机动车的过程中，因保险责任造成的机动车本身的损失；二是保险事故发生时，被保险人或其允许的驾驶人为防止或减少被保险机动车的损失所支付的必要的、合理的施救费用。

2.1.4.4 保险金额

理论上来说，车损险的保险金额可以按投保时的新车购置价或实际价值确定，也可以由被保险人与保险人协商确定，但保险金额不得超过保险价值，超过部分无效。投保人和保险人可根据实际情况，选择新车购置价、实际价值、协商价值三种方式之一确定保险金额。

根据我国《中国保险行业协会机动车商业保险示范条款（2020 版）》的规定，保险金额按投保时被保险机动车的实际价值确定。投保时被保险机动车的实际价值由投保人与保险人根据投保时的新车购置价减去折旧金额后的价格协商确定或按其他市场公允价值协商确定。折旧金额可根据机动车损失保险合同列明的参考折旧系数表确定。

2.1.5 工程保险

2.1.5.1 定义

工程保险是以工程项目在建设过程中因自然灾害和意外事故造成物质财产损失，以及对第三者的财产损失和人身伤亡依法应承担的赔偿责任为保险标的的保险。工程保险包括建筑工程保险、安装工程保险、家庭装修工程保险、船舶工程保险和高科技工程保险等多个险种。

在实际业务中，工程保险以建筑工程保险（简称建工险）和安装工程保险（简称安工险）为多。建工险适用于各种民用、工业用和公用事业用的建筑工程项目，包括房屋、工厂、仓库、道路、水坝、桥梁、港埠等建筑项目。安工险主要适用于各类安装工程，例如，成套设备、生产线、大型机器装置、各种钢架结构、管道安装等。

2.1.5.2 承保风险

建工险和安工险均包括物质损失保险和第三者责任保险两部分。承保灾害相关风险的主要是物质损失保险部分。

物质损失保险负责赔偿保险期间，保险合同分项列明的保险标的在列明的工地范围内，因保险合同责任免除以外的任何自然灾害或意外事故造成的物质损坏或灭失，其中自然灾害包括地震、海啸、雷击、暴雨、洪水、暴风、龙卷风、冰雹、台风、飓风、沙尘暴、暴雪、冰凌、突发性滑坡、崩塌、泥石流、地面突然下陷下沉及其他人力不可抗拒的破坏力强大的自然现象。

2.1.5.3 承保损失

物质损失保险的保险责任包括物质损失责任和相关费用责任，对于建工险，主要包括永久性和临时性工程及工地上的物料、施工用的各种机器设备、工地内已有的建筑物或财产等，以及发生保险责任范围内的风险所致损失后为清理工地现场所支付的费用；对于安工险，主要包括被安装的机器设备、装置、物料、基础工程（地基、机座）以及安装工程所需的各种临时设施，如水、电、照明、通信等设置，还包括新建、扩建厂矿必须有的工程项目，如厂房、仓库、道路、水塔、办公楼、宿舍、码头、桥梁等，安装工程施工用的承包人的机器设备等，以及场地清理费。

2.1.5.4 保险金额

建工险和安工险中物质损失保险的保险金额由投保人与保险人依据应保险金额确定，原则上保险金额不应低于应保险金额。建筑工程的应保险金额为保险工程建筑完成时的

总价值，包括原材料费用、设备费用、建造费、安装费、运保费、关税、其他税项和费用以及由工程所有人提供的原材料和设备的费用。

2.1.6 农业保险

2.1.6.1 定义

农业保险简称农险，是指保险机构根据农业保险合同，对被保险人在种植业、林业、畜牧业和渔业生产中因保险标的遭受保险合同约定的自然灾害、意外事故、疫病、疾病等保险事故所造成的财产损失，承担赔偿保险金责任的保险活动。农业保险有狭义和广义之分，上述定义为狭义的农业保险，广义的农业保险范围则涵盖农业生产的整个过程及相关财产和人员。本节主要讨论狭义的农业保险。

种植业保险以各种农作物、林木为保险标的，以生产过程中可能遭遇的某些风险为保险责任。其中，农作物保险可分为生长期农作物保险和收获期农作物保险。生长期农作物保险的保险期间通常自农作物出苗或移栽成活时起，至农作物成熟收割时止。如果农作物存在分期收获的情形，如棉花和烟草，保险期间通常至最后一批农作物成熟收割时止。收获期农作物保险的保险期间通常自农作物成熟收割时起，至碾打完毕入库时止。养殖业保险以有生命的畜禽类为保险标的，包括畜禽保险、水产养殖保险和特种养殖保险。

2.1.6.2 承保风险

农业面临的风险包括自然风险、技术风险、经济风险和社会风险，其中，自然风险主要表现在气象灾害和病虫害方面。农业气象灾害是指由于农业气候条件的异常变化给农业产业造成损失，包括低温冷寒、干旱、暴雨、洪涝、风灾、霜冻、冰雹等。

农作物保险所承保的风险，依保险责任的不同而不同。农作物保险的保险责任可分为单一风险责任、综合风险责任和一切风险责任三种类型。单一风险责任下，保险人只承保一种风险，例如，农作物雹灾保险只负责赔偿由于雹灾原因直接造成保险农作物的损失，林木火灾保险只承保林木因火灾而造成的损失。综合风险责任下，保险人承保列明的两种或两种以上风险，例如，玉米种植保险负责赔偿因暴雨、洪水（政府行蓄洪除外）、内涝、风灾、雹灾、冻灾6种风险直接造成的损失。一切风险责任下，保险人承保的风险包括责任免除以外的所有风险，如美国开办的农作物一切险。

林木保险主要有森林保险和果树保险。森林保险主要承保由于火灾直接造成保险林木流失、掩埋、主干折断、倒伏、烧毁或死亡的损失，也有些森林保险在承保火灾风险的同时承保暴雨、旱灾、暴风、洪水、泥石流、冰雹、霜冻、暴雪或病虫害等风险。果树保险通常主要承保风灾和火灾造成的果树直接损失。

畜禽养殖保险承保的自然灾害包括台风、龙卷风、暴风、暴雨、雷击、地震、冰雹、冻害、洪涝（政府行蓄洪除外）、泥石流、山体滑坡等。

水产养殖保险通常承保由于台风、龙卷风、海啸、洪水等自然灾害造成鱼塘、虾池的堤坝倒塌所引起的水产品流失。

2.1.6.3 承保损失

农业保险承保的损失主要是保险标的的直接损失。

2.1.6.4　保险金额

农作物保险中保险金额的确定方式包括按成本确定保险金额、按产量确定保险金额以及按协商价确定保险金额。按成本确定保险金额是指由投保人与保险人参照被保险农作物在生长期内所发生的直接物化成本或完全成本来协商确定其保险金额。直接物化成本包括种子、化肥、农药、灌溉、机耕和地膜等方面的成本，完全成本覆盖农业生产的总成本，包括了直接物化成本、土地和人工成本。按产量确定保险金额是指由投保人和保险人参照被保险农作物的当地平均产量协商确定保险产量，并约定农作物价格，将保险产量和约定价格的乘积作为每亩保险金额，再乘以保险面积即得到总保险金额。

森林保险和果木保险中保险金额的确定方式包括按造林成本确定和按产量确定。森林保险中，按造林成本确定保险金额是指由投保人和保险人参照林木在造林、育林过程中投入的直接物化成本协商确定保险金额。直接物化成本一般包括树种、整地、移栽、材料、运输、设备、防护、管理等方面的费用。按产量确定保险金额是指根据林木蓄积量与约定林木价格的乘积来确定保险金额。果木保险中，按成本确定保险金额即参照每株果树的再植成本或评估价值确定每株果树的保险金额，再乘以每亩果树的株数与保险面积，即得到总保险金额。

畜禽养殖保险通常采用估价承保和定额承保两种方式确定保险金额。估价承保是根据保险标的的具体状况通过协商估价来确定保险金额，估价后按照成数进行承保，这种方式适用于牧畜养殖保险。定额承保是根据保险标的的种类、用途、年龄、经济价值等制定不同档次的保险金额，投保人和保险人商定适当的保额档次进行承保。

水产养殖保险中保险金额的确定方式包括按成本确定和按产量确定。按成本确定，即按保险标的在生长期间投入的总成本确定保险金额。按产量确定，即以保险标的的市场价格或产品销售价格的一定成数确定保险金额。

2.1.7　货物运输保险

2.1.7.1　定义

货物运输保险简称货运险，它承保的是各种被运输货物在运输过程中因遭受自然灾害或意外事故而产生的损失。按适用范围分类，货运险主要包括海上货物运输保险和国内货物运输保险等。海上货物运输保险是指对通过海轮运输的货物，在海上航行中遭遇自然灾害和意外事故所造成的损失承担赔偿责任的保险。国内货物运输保险是指对国内运输过程中的货物，在运输过程中因自然灾害或意外事故而遭受损失承担赔偿责任的保险。

2.1.7.2　承保风险

海上货物运输险的承保风险中，与灾害相关的包括恶劣气候、雷电、海啸、地震、洪水五种。国内货物运输险与灾害相关的承保风险包括火灾、爆炸、雷电、冰雹、暴风、暴雨、洪水、地震、海啸、地陷、崖崩、滑坡、泥石流等。

2.1.7.3　承保损失

海上货物运输险的主险分为平安险、水渍险和一切险三种。对于自然灾害造成的损失，平安险的承保责任范围是因灾害造成整批货物全部损失或推定全损。水渍险在平安险的承保责任基础上增加承保标的由于上述自然灾害所造成的部分损失。一切险的承保责任范围在上述基础上，还增加了若干责任，包括淡水雨淋险等，承保了包括雨淋、冰

雪融化造成的货物损失。

国内货物运输险分为基本险和综合险。在基本险项下,当被保险货物因上述自然灾害遭受损失时,保险公司负责赔偿。综合险在承担基本险的保险责任基础上,还负责赔偿雨淋所致的损失,即被保险货物在包装、堆放和苫盖等操作符合安全运输的相关规定的前提下,遭受因雨水(包括人工降雨和雪融)而造成的湿损。

除货物损失之外,货运险还负责赔偿被保险人在遭受承保责任范围内的风险时对货物采取抢救、防止或减少货物损失等措施而支付的合理费用,但以不超过该批被救货物的保险金额为限。

2.1.7.4 保险金额

货运险通常采取定值保险的承保方式,保险金额由投保人参照保险价值自行确定,并在保险合同中载明,保险金额不得超过保险价值。

2.1.8 环境责任保险

2.1.8.1 定义

环境责任保险是以被保险人因污染水、土地、空气而影响环境功能及资源的有效利用或危害人体健康和人类生活,依法应承担的民事赔偿责任为保险标的的保险。

2.1.8.2 承保风险

环境责任保险的主险一般将自然灾害列为除外责任,但投保人可以选择承保因自然灾害而导致责任损失的附加险。在此附加险中,一般将地震及其次生灾害、海啸列为除外责任。

2.1.8.3 承保损失

自然灾害责任保险附加险中规定,在保险期间或保险单载明的追溯期内,被保险人在保险单载明的生产经营场所内依法从事生产经营活动时,由于自然灾害导致主险保险合同约定的环境污染事故,依照中华人民共和国法律(不包括中国港澳台地区法律)应由被保险人承担的经济赔偿责任、清污费用,以及紧急应对费用和法律费用,保险人按照主险保险合同约定负责赔偿。

2.1.8.4 保险金额

由于环境责任保险承保的是无形的责任风险,无法估价,难以确定保险金额,因此环境责任保险的保险单上并没有规定保险金额,而只有赔偿限额。保险人通常参考社会平均赔偿标准,对环境责任保险产品规定若干等级的赔偿限额,并据此确定不同等级的保险费率,由投保人选择或与保险人约定。

2.2 依据灾因划分

2.2.1 针对主要灾种的灾害保险

2.2.1.1 地震保险

地震是世界上给人类带来极大灾难的自然灾害之一,地震不仅导致严重的直接损失,还经常会因山体滑坡、海啸等次生灾害,带来极大的间接损失。为此,世界上许多国家都建立了地震保险制度,地震保险也成为减轻地震灾害风险的重要措施之一。

地震灾害风险属于全球性的巨灾风险，长期以来，各国家（地区）政府均在积极开展巨灾风险管理，特别是在地震保险制度的探索过程中，积累了丰富的经验，形成了有效模式（表2-1）。其中比较有代表性的是新西兰、土耳其、日本、美国加利福尼亚州以及中国台湾等国家和地区的地震保险。

表 2-1　全球主要地震保险模式横向对比

对比项目	国家（地区）				
	新西兰	土耳其	日本	美国加利福尼亚州	中国台湾
承保范围	地震及其引发的火山、海啸及其他自然灾害；地震造成失窃等除外	地震及其引发的火灾、爆炸及其他自然灾害	地震及其引发的火山、海啸	地震；地震引发的火灾、盗窃、爆炸等除外	地震及其引发的火灾、爆炸、滑坡、地陷、洪水、海啸等
承保对象	房屋、财产、土地、庭院等	仅房屋本身（限城市）	房屋及财产	房屋及修复重建费用	房屋及财产
承保方式	附加于火险	独立险种	附加于火险	附加于火险	附加于火险
是否强制	强制附加	强制购买	默认附加，非强制	强制提供，自愿购买	强制附加
赔偿方式	按实际损失赔偿	按实际损失赔偿，设置2%免赔	按全损100%、半损50%和部分损5%三档赔偿	按实际损失赔偿，设置15%免赔	鉴定全损按重置成本赔偿
单个限额	房屋最高责任限额为10万新西兰元，房内财产最高责任限额为2万新西兰元	房屋价值按政府发布单位成本测算，上限每户16万土耳其里拉	房屋5 000万日元	修复和重建费用；5 000美元修复费用，25 000美元额外生活费用	每户120万新台币
总赔偿上限	政府无限兜底	政府无限兜底	—	2017年年末最大赔偿能力为170亿美元	"台湾当局"财政兜底
费率	0.05%，统一费率	0.044%～0.55%，分区费率	0.05%～0.43%，分区费率	0.11%～0.525%，分区费率	0.1125%，单一费率；附加部分分区费率
政府角色	承担主要风险，参与运行管理	承担超赔风险，成立管理机构	承担部分风险	不承担风险，成立管理机构	承担部分风险，成立保险基金
分摊模式	四级分摊，地震委员会、再保人、保险人、自然灾害基金共同分摊	多层分摊，土耳其巨灾保险基金、再保人、保险人、世界银行、政府共同分摊	多层分摊，政府、日本地震再保险公司、保险人共同分摊	保险市场分摊	多层分摊，共保组织、地震保险基金、保险人、再保人、政府共同分摊

［案例 2-2］ 美国加利福尼亚州地震保险

（1）实践背景

美国加利福尼亚州（以下简称加州）地处北美大陆西海岸，位于北美大陆板块和太平洋板块的冲突区，是著名的地震灾害影响区域。早在 20 世纪 80 年代，加州就向公民提供地震保险。在 1994 年之前，加州地震保险由商业保险公司进行市场化运作。1994 年，发生在洛杉矶北部的北岭地震共造成 57 人死亡、200 亿美元的住宅损失和超过 400 亿美元的经济损失。此次地震共造成 153 亿美元（当年价）的保险损失。保险公司共受理了超过 30 万件索赔，支付的赔付远超过去 30 年积累的保费总和，十几家公司因此破产，其余保险公司则纷纷退出地震保险市场，或大幅提高费率。到了 1995 年 1 月，加州房屋保险市场 93％的公司完全限制或终止了承保房主地震保单的政策。至此，纯商业化运作的地震保险在加州陷入困境。

面对这种情况，1995 年，加州政府通过立法规定，凡在加州出售房主保险的保险公司必须同时出售地震保险。强制出售这种最低标准地震保险的目的是使加州居民在地震发生时能够得到最低保障。1996 年，加州州议会审核通过成立加州地震局（California Earthquake Authority，CEA），它是一个非盈利的、公共管理的、私人资助的公司化组织，它向加州居民提供价格适中的地震保险，使其免遭地震损失。

目前，CEA 是加州最大的地震保险公司之一，占加州住宅地震保险市场份额的 75％以上。CEA 几乎承担了加州 80％的住宅财产保险。2016 年，CEA 引入了新的保单，包括更多的保险选择、更多的免赔额选择和更合理的费率。2017 年 12 月 6 日，CEA 的保单数超过 100 万大关。

（2）保险产品

①承保范围和触发条件。

加州地震保险的承保范围为由于地震引起的房屋、室内财产损失以及地震造成的额外生活费用。

加州地震保险的触发条件为地震灾害；由于地震而引起的火灾、盗窃、爆炸等损失为除外责任。

②责任限额。

加州地震保险的责任限额于 1996 年 CEA 成立时确定，曾在 1999 年、2012 年和 2016 年进行了三次修订（CEA，2016）。特别是在 2012 年，CEA 引入了投保人自选的条款，允许房屋所有人自行选择不同的地震保障。

房屋结构：足额保险，包括修复和重建费用。

室内财产：创立之初为 5 000 美元；1999 年修订为 10 万美元；2016 年进一步调高至 20 万美元。

地震造成的额外生活费用：最初为 1 500 美元；2012 年提高至 2.5 万美元；2016 年进一步调高至 10 万美元。

免赔额：在 2016 年的最新版本中，允许房屋所有人自行选择 5％、10％、15％、20％和 25％五档不同免赔水平（地震造成的额外生活费用无免赔额）。

③费率制定。

为了确保差异化定价，避免保费负担不公平和逆选择问题，CEA 与风险模型公司合作，共同研发地震风险模型，并以此进行风险区划和定价。CEA 将加州划分为 19 个费率区，费率水平为 0.11％～0.525％。

④参与方式。

美国加州地震保险原则上自愿投保，政府并不强制投保。但是当房屋所有人向保险人投保住宅险时，保险人有义务告知有关地震保险的信息，并询问其是否投保，如果投保人不于 30 日内答复，则视为拒绝投保地震保险。

（3）巨灾风险分担机制

美国加州地震局是由私人融资、政府特许经营并参与管理，享有免税地位的组织。目前有 15 家保险公司加入该组织，其他未加入的保险公司需要根据法律规定向加州居民提供地震保险。参加 CEA 的保险公司需根据其市场份额支付资本资金，并且承诺在地震发生后无偿提供一定数量的资金用于赔付，但是他们可以通过为 CEA 提供承保、理赔等服务获得一定的收入，此外，通过 CEA 他们还可以分散单个公司积累的地震灾害风险。

CEA 的资金主要来自以下五项：初始资本金、保险费收入、投资收益（享受税收减免）、参与公司的资本征收、借款。尽管 CEA 由政府进行管理，但是政府并不对其进行资金投入，仅提供税收减免等优惠措施。截至 2021 年年末，CEA 约有 191.7 亿美元的偿付能力。

（4）其他特点

美国加州地震保险模式的其他主要特点为：

第一，共同保险。CEA 在保单中规定了免赔额，并且当地震损失超过 CEA 的赔偿能力时，启动回调机制，损失在投保人之间分担。通过这种机制能够很好地控制地震后损失理赔中的道德风险，更有效地利用 CEA 有限的经济资源。

第二，充分发挥市场机制。CEA 的保单通过参与保险公司渠道出售，投保人可以选择是否购买 CEA 的地震保险。来自市场需求和市场竞争的压力促使 CEA 更好地设计保险保障，有效降低经营费用，分散风险，最大限度地减轻政府与市场对资源配置的扭曲。

[案例 2-3] 土耳其地震保险

（1）实践背景

土耳其地处欧亚大陆交汇处，属于地震多发地带。据相关统计数据显示，20 世纪以来发生的严重破坏性地震达 40 余次，有据可查的地震灾害造成的死亡人口达 40 多万，是世界上受地震影响最严重的国家之一。土耳其约 70％的人口和 75％的工业设施暴露在大地震风险中。1984 年以来，土耳其地震每年造成的直接财产和基础设施损失经常超过50 亿美元（按美元当年价计算）。1999 年，马尔马拉大地震共造成 15 000 人丧生，给政府带来巨大的财政负担。在该地震之后，土耳其政府决定建立一种地震灾害的风险保险机制，以减少由政府资助私人财产重建所带来的财政风险。

针对这一情况，世界银行、土耳其政府和土耳其保险业共同合作，在全面研究的基础上成立了土耳其巨灾保险基金（Turkish Catastrophe Insurance Pool，TCIP），并在世界银行主导下成立了"马尔马拉地震应急重建项目"。该项目有两个目标：一是为土耳其政府建立 TCIP 并确保前 5 年的正常运转和管理提供技术帮助；二是通过应急贷款渠道为TCIP 提供初始资本。通过这一项目，世界银行帮助土耳其设计了能覆盖全国的地震保险计划，该项目也是世界银行第一个囊括金融风险管理、巨灾防范和应急响应等综合元素

的项目。

(2)保险产品

①承保范围和触发条件。

保险责任:地震以及由地震引发的火灾、爆炸和泥石流风险。

保险对象:a. 居民建筑物,建筑物必须位于城市;b. 建筑物必须属于个人所有;c. 建筑物必须拥有独立产权,包括居民区内用作商业经营用途的小企业建筑。不负责商业机构、政府机构和公共设施的建筑物,也不包括在建建筑以及 1999 年 12 月 27 日以后建成的、没有建筑许可证的独立建筑。此外,也不包括农村地区的建筑物。对于符合条件的建筑物,也只覆盖建筑物本身的建筑损失,不含建筑物内财产的损失,也不负责营业中断造成的收入、利润等损失,更不包括人身伤害赔偿、精神损害赔偿等。

土耳其地震保险不纳入农村建筑物的主要原因是:农村地区的房主可以通过购买商业保险来获取地震保障。商业和公共建筑物的所有者不能购买地震保险,只能通过商业市场解决自身需求。

②责任限额。

土耳其地震保险金额有上限规定,损失以重置成本计算。免赔额为保险金的 2%。保险金额的计算公式为

$$保险金额=建筑物总面积×单位建筑成本。$$

其中,单位建筑成本根据土耳其国家统计局每年发布的"建筑物建筑成本指数公报"中的比例变化来确定。

依据最新的土耳其地震保险年报(DASK-TCIP,2021),在 2021 年度土耳其地震保险中所采用的建筑物建筑成本如下:a. 钢结构、加固混凝土框架结构:每平方米 1 268 土耳其里拉;b. 其他结构:每平方米 874 土耳其里拉。

自 2016 年 1 月 1 日起,TCIP 向房主提供的地震保险最高保障金额为 16 万土耳其里拉(不分地震区和建筑类型),如果房主有更高的保险需求,则应向商业公司投保。2021 年,单位住宅的保险价值不能超过 268 000 土耳其里拉。

③费率制定。

土耳其全国共划分为 7 个地震带,其中地区Ⅰ的地震灾害风险最高;地区Ⅶ的地震灾害风险最低。TCIP 的费率由财政署确定,根据 7 个震区等级以及两种建筑类型共划分成 14 档费率,每年都要进行费率的修订,但需要财政署批准。2021 年度的费率情况如表 2-2 所示。

表 2-2 土耳其地震保险费率表

建筑结构形式	地区Ⅰ(‰)	地区Ⅱ(‰)	地区Ⅲ(‰)	地区Ⅳ(‰)	地区Ⅴ(‰)	地区Ⅵ(‰)	地区Ⅶ(‰)
A-钢筋混凝土,钢制框架结构	2.35	1.97	1.51	1.13	0.97	0.52	0.33
B-其他结构	4.14	3.35	2.64	1.98	1.47	0.91	0.5

土耳其地震保险的保单保费由基础保单保费和固定保费附加两部分组成。保费的计算公式为

$$保费=保险金额×费率+固定保费附加。$$

其中，伊斯坦布尔的固定保费附加为 15 土耳其里拉，其他城市则是 10 土耳其里拉。此外，TCIP 保单的最低保费下限为 25 土耳其里拉。

④参与方式

土耳其的地震保险对房屋所有者而言是强制投保的，主要执行手段具体体现在两个方面：在房地产登记办公室办理手续时，以及在签订水和天然气供应合同时，房主必须同时附上强制性地震保险单。

（3）巨灾风险分担机制

TCIP 是土耳其地震保险的专业运营机构。TCIP 是一个法人实体，但不是纯粹的政府机构，而是公私合营机构。土耳其的地震保险是集中式巨灾基金方式，基金的来源主要是地震保费收入以及投资收益，没有政府补贴或者政府资金的注入。在 TCIP 中，商业保险公司的主要职能为代理销售，所有风险由 TCIP 承担。TCIP 的总赔偿力由机构资金和再保险能力构成。截至 2021 年年末，TCIP 的总偿付能力约为 460 亿土耳其里拉（DASK-TCIP，2021）。

（4）其他特点

TCIP 拥有税收优惠。由于 TCIP 被认定为非营利企业，本身无须缴纳任何税，因此地震保险保费收入以及投资收益是免税的。此外，土耳其国内个人购买地震保险不享受任何税收优惠。

2.2.1.2 洪水保险

洪水是全球最主要的自然灾害之一。在各类自然灾害所造成的损失中，洪涝占 40%，为各种自然灾害之首。各国在设计洪水保险产品的过程中，也进行了广泛的尝试。

经济合作与发展组织（Organization for Economic Co-operation and Development，OECD）曾系统总结了全球范围内比较有代表性的洪水保险项目，包括美国、英国、法国、西班牙、瑞典等国的案例。在 OECD 调查的这些国家中（表 2-3），许多国家的洪水风险保险保障完全或主要由私营保险公司提供。就灾因而言，各国对洪水风险的定义和含义可能存在差异（如内陆与海岸带洪水，陆上与下水道洪水等）。就保险对象而言，私营保险公司所提供的保险多数包括居民住宅财产、商业地产以及机动车辆。此外，一些保险单可能涵盖在因洪水导致住宅结构损坏而妨碍进入情况下额外的生活费用等。

从保险保障的提供形式来看，一些国家将洪水保险作为标准住宅财产保险（如澳大利亚、奥地利、比利时、丹麦、芬兰、法国、冰岛、以色列、拉脱维亚、新西兰、挪威、波兰、俄罗斯、西班牙、瑞士和英国）的自动扩展，通常与其他自然灾害保障捆绑在一起。在日本和土耳其，洪水保险保障则通常包含在标准住宅财产保险中（尽管捆绑不是保险公司的正式要求）。

洪水保险在许多国家存在半强制性。例如，在瑞士 26 个州中有 22 个州强制要求住宅和商业建筑免受多种自然灾害（包括洪水风险）的保险（室内财产和机动车辆的保险保障不是强制性的，但仍被广泛使用）（Wharton Risk Management and Decision Processes Center，2016）。这种强制性也通常与房屋借款挂钩。一些国家（如捷克、葡萄牙、英国、美国），贷款提供方或立法通常要求抵押贷款的财产免受洪水风险的影响。在捷克、爱尔兰、新西兰、葡萄牙、瑞典和英国，抵押贷款机构一般要求借款人获得防洪保险。在美国，法律要求联邦监管的抵押贷款机构确保在洪水易发地区拥有房产的借款人受到洪水保险的保护。

就洪水保险的保费而言，在多数国家私营保险公司收取的保费均与风险水平挂钩，但挂钩的程度存在一些差异。而在其他国家，则受到评估洪水暴露及风险的能力的限制，以及将洪水保险保障与其他风险捆绑在一起的做法限制了费率水平与风险水平的一致性。

表 2-3　全球主要洪水保险模式的横向对比

国家	私营保险公司保险范围	国有保险公司保险范围	保险范围自动覆盖洪水风险	保险范围可选附加洪水风险	描述
澳大利亚	🚗🏠🏢		🚗🏠🏢	🚗🏠🏢	区分了突发性洪水和河流洪水。标准的保单一般包括突发性洪水。保险公司必须提供河流洪水保险作为标准保险的一部分。洪水保险基于风险定价
奥地利	🚗🏠🏢		🏠	🚗🏠🏢	洪水灾害的"第一风险"保险范围自动扩展到标准的住宅消防保险。扩展保障可选
比利时	🚗🏠🏢		🚗🏠🏢		保险公司可能不会将标准保单扩展到高风险的财产
加拿大	🚗🏠🏢	🚗		🚗🏠🏢	针对居民和居民财产的突发性洪水和河流洪水保险，不适用于所有的财产（海岸洪水风险还没有纳入到保险范围之内）。机动车保险在一些省份包含洪水风险
智利	🚗🏠🏢			🚗🏠🏢	洪水和其他自然灾害保险作为标准保险合同的可选附加条款
哥斯达黎加	🚗🏠🏢	🚗🏠🏢		🚗🏠🏢	大多数洪水保险都由国有保险公司提供，但不为高风险住宅提供洪水保险，如太靠近海岸和河流的建筑
捷克	🚗🏠🏢			🚗🏠🏢	保险公司不愿为易遭受洪水影响的地区提供保险
丹麦	🚗🏠🏢	🚗🏠🏢	🚗🏠🏢		所有消防保险均附加强制性风暴潮保险，向风暴潮和内陆洪水造成的损失提供保障
爱沙尼亚	🚗🏠🏢			🚗🏠🏢	该国有一个地区由于洪水频发，洪水保险受到限制

续表

国家	私营保险公司保险范围	国有保险公司保险范围	保险范围自动覆盖洪水风险	保险范围可选附加洪水风险	描述
芬兰	🚗🏠🏢		🚗🏠🏢		从2014年开始，洪水保险就已经纳入标准住宅保险中，但是当损失达到一定的数值之后才会赔付
法国	🚗🏠🏢	🚗🏠🏢	🚗🏠🏢		私营保险公司自动将保险范围扩大到包括自然灾害（按均一费率计算），并且可以通过公共再保险公司承保50%的自然灾害风险
德国	🚗🏠🏢			🚗🏠🏢	标准保单不包括风暴潮和山洪。多种自然灾害捆绑为一个可选附加责任
匈牙利	🚗🏠🏢	🏠		🚗🏠🏢	保险公司不愿意在洪水易发地区提供洪水保险。成立了公共财政保障基金，为洪水风险高的住宅提供保险
冰岛	🚗	🏠🏢	🏠🏢	🚗	为自然灾害风险（包括洪水）提供保险，作为所有住宅和商业财产保险政策的自动延伸。商业财产和住宅的火灾（以及洪水和其他自然风险）责任是强制的
爱尔兰	🚗🏠🏢			🚗🏠🏢	保险公司不愿在洪水易发地区提供洪水保险
以色列	🚗🏠🏢	🚗🏠🏢	🚗🏠	🏢	洪水保险是自然灾害保险的一部分
意大利	🚗🏠🏢			🚗🏠🏢	自然灾害风险保障可作为标准保单的可选扩展
日本	🚗🏠🏢			🚗🏠🏢	虽然洪水灾害保障是可选责任，但大多数标准火灾保险都在同一价格下包含了洪水保险
拉脱维亚	🚗🏠🏢	🏠	🚗🏠🏢		保险公司不愿在洪水易发区域提供洪水保障，或设置较高的免赔额

续表

国家	私营保险公司保险范围	国有保险公司保险范围	保险范围自动覆盖洪水风险	保险范围可选附加洪水风险	描述
墨西哥	🚗🏠🏢			🚗🏠🏢	洪水与其他水文气象风险（例如飓风）捆绑在一起，作为标准财产保险的可选附加条款
荷兰	🚗🏠🏢			🏠	私营住宅洪水保险刚刚开展且较为有限
新西兰	🚗🏠🏢	🏠	🚗🏠🏢		公共地震保险委员会提供面向居民财产附近的土地和道路保障；私营保险公司为结构破坏提供保险
挪威	🚗🏠🏢		🚗🏠🏢		建立了挪威自然灾害基金，以汇集私营保险公司的自然灾害损失
秘鲁	🚗🏠🏢	🏠		🚗🏠🏢	
菲律宾	🚗🏠🏢	🚗🏠🏢		🚗🏠🏢	仅有少数保险公司提供一般性保险保障。这些公司是高风险住宅的唯一洪水保险提供商
波兰	🚗🏠🏢		🚗🏠🏢		
葡萄牙	🚗🏠🏢			🚗🏠🏢	保险公司可能不提供洪水保险或保费过高难以负担
俄罗斯	🚗🏠🏢		🚗🏠🏢		不向洪泛区（违反施工许可证）的建筑物提供保险。保险公司可以在洪水易发区将洪水保障除外
西班牙	🚗🏠🏢	🚗🏠🏢	🚗🏠🏢		财产、人寿和意外保单中已强制包含一项特殊风险保险条款，并强制性征收附加保费。风险由保险赔偿联盟（CCS）承担。CCS在（保险公司）资源耗尽的情况下提供无限的国家保障（兜底）

续表

国家	私营保险公司保险范围	国有保险公司保险范围	保险范围自动覆盖洪水风险	保险范围可选附加洪水风险	描述
瑞士	🚗🏠🏢	🚗🏠🏢	🚗🏠🏢		26个州中的22个州的住宅和商业建筑强制实施自然灾害保险。在7个州中，建筑物的保险由州私营保险公司提供。在其他19个州，建筑物的自然灾害保险仅由州保险公司提供。室内财产保险由各州的私营保险公司提供。室内财产和机动车辆保险不是强制性的
土耳其	🚗🏠🏢			🚗🏠🏢	洪水风险保障不是标准消防保险的一部分，但大多数保单都会自动扩展以涵盖洪水风险。但在洪水易发区域，保险公司可能不提供洪水保障或指定额外条件
英国	🚗🏠🏢	🏠	🚗🏠🏢		私营保险公司可以将高风险转移到由保险行业建议的洪水再保险基金 Flood Re
美国	🚗🏠🏢	🏠	🚗	🏠🏢	国家洪水保险计划（National Flood Insurance Program, NFIP）为符合条件的社区的住宅提供洪水保险。私营保险公司还可以提供超过 NFIP 保障水平（超额洪水保险）的超额保险，以及保障额外生活费用的保险
越南	🚗			🚗	洪水保险通常仅适用于机动车辆

注：🚗代表机动车保险；🏠代表住宅保险；🏢代表商业建筑保险。空白表示无相关保险产品。
资料来源：依据 OECD(2016)重制。

[案例 2-4]　美国国家洪水保险计划

(1)历史沿革

美国国会于1956年通过了《联邦洪水保险法》，创立了联邦洪水保险制度。《联邦洪水保险法》规定全部洪水保险业务都由私营保险公司承保，并独自承担风险责任。政府既不承担洪水灾害的风险责任，也不向私营保险公司提供财政援助。这种不区分家庭财产和

企业财产，将所有财产的洪水保险作为一般商业保险的做法，无法解决大的洪水灾害所造成的损失巨大与保费收入规模过小的私营保险公司赔偿能力有限的矛盾。

1968年，美国国会通过了《全国洪水保险法》。第二年，美国制定了国家洪水保险计划（NFIP），并建立了国家洪水保险基金，由住宅与城市建设部组建的联邦保险局负责管理。具体的洪水保险业务由联邦保险局和洪水保险人协会联合经营，洪水保险人协会是120多家私营保险公司的联合体。自此，美国政府开始作为洪水保险的最终承保人介入洪水保险并对洪水保险的赔偿承担责任。政府以保险责任承担主体的身份参与洪水保险，解决了洪水灾害可能造成巨大损失与私营保险公司承受能力不足的矛盾，美国的国家洪水保险制度真正建立起来。然而，在这一阶段购买洪水保险仍是自愿的，在实施的第一年，只有4个社区有条件参加，仅售出20份保单。后来参保数量虽有增加，但仍未达到预期目标。直到1973年5月，在近2万个面临洪水风险的社区中，仅有3 000个参加了国家洪水保险计划，占应参加社区的15%。

1973年12月，为了加强NFIP的推进力度，美国国会通过《洪水灾害防御法》，将洪水保险计划由原来的自愿参加修改为强制参加。该法案规定：除非财产所在社区参加了NFIP或资助申请者已购买了洪水保险，否则联邦将不再向被认为有洪水风险的资产提供资助。强制性保险计划实施之初，激起了大量的矛盾和反对。国会不得不对该法的某些条款进行修改。1976年放宽了抵押贷款的禁令，1977年又通过了《洪水保险计划修正案》，取消了禁止由联邦保险的信贷机构向位于洪水风险区内未参加保险计划社区的资产所有者提供贷款的条款，但要求信贷机构告诉借贷人他将无权享受联邦的灾害救济和援助，在开发洪泛区时应自行采取相应的防洪保护措施。1979年NFIP正式移交给新成立的联邦应急管理署（Federal Emergency Management Agency，FEMA）管理。

2012年7月6日，时任总统奥巴马签署了《比格特-沃特斯洪水保险改革法案》（Biggert-Waters Flood Insurance Reform Act，BW-12），该项立法改变了NFIP的运作方式并提高费率以反映真实的洪水风险，使该计划具有更好的经济稳定性。随着BW-12的实施，人们对洪水保险保费上涨的担忧日益增加，促使立法机构修改BW-12法案。2014年3月21日，奥巴马总统签署《2014年房主洪水保险可承受性法案》，废除并修改了某些BW-12规定。法律规定对所有保单持有人实施附加保费，废除了已经生效的某些上涨费率。在BW-12法案的框架下，NFIP原定于2017年9月到期，直至2018年7月31日，NFIP被重新授权纳入特朗普总统签署的1.3万亿美元的综合支出法案。

截至2018年10月，NFIP共有510万个洪水保险保单，提供超过1.3万亿美元的洪水保险保障，对应每年约36亿美元的保费收入。截至2019年1月，全美56个州级行政区中共有22 355个社区参加了NFIP。依据FEMA的估计，因为NFIP的建筑与洪泛平原管理规定，该项目平均每年为美国减少约18.7亿美元的洪水损失（Congressional Research Service，2019）。

（2）保险产品

①承保范围和触发条件。

NFIP的保险对象包括居民和非居民由于洪水灾害导致的房屋及室内财产的损坏。

②责任限额。

NFIP的保额和占用类型与参保项目类别相关（Congressional Research Service，

2019)。对于1～4户的住宅，建筑物本身和室内财产的保额可达25万美元和10万美元；对于其他类型的住宅，建筑物本身和室内财产的保额可达50万美元和10万美元。商业及其他类型的非住宅建筑，建筑本身和室内财产的保额均可达50万美元。NFIP的保额设置如表2-4所示。

表2-4　NFIP的保额设置　　　　　　　　　　　　　单位：美元

	项目	应急项目保险限额	常规项目基础保险限额	常规项目附加保险限额	常规项目总保险限额
建筑类型	单户住宅	35 000	60 000	190 000	250 000
	2～4户住宅	35 000	60 000	190 000	250 000
	其他住宅	100 000	175 000	325 000	500 000
	非住宅（包括商业建筑和其他的非住宅建筑）	100 000	175 000	325 000	500 000
室内财产	住宅	10 000	25 000	75 000	100 000
	非住宅商业建筑和其他非住宅建筑	100 000	150 000	350 000	500 000

资料来源：FEMA 2021。

③费率制定。

NFIP的费率是在基于风险和可接受的精算原则基础上制定的，用于反映财产面临的真实的洪水风险大小。为了制定洪水风险费率，FEMA定期地开展美国全国范围的洪水风险评估与分区，绘制洪水保险费率地图。依据财产所在位置的地势高低、距离河道的远近等特征，FEMA将洪水风险区划分为5个大类，共17个小类，在费率表中将风险区作为一项重要的依据实施差别化费率。

NFIP的费率分为常规项目费率和应急项目费率两大类。应急项目的费率比较单一，仅依据占用类型（住宅/非住宅）和保险对象（建筑本身/室内财产）划分为4类（表2-5）。常规项目费率比较复杂，取决于建筑物所在的风险区域，建筑物的占用类型（住宅/非住宅），建成/加固时间，是否拥有地下室，是否做过底层抬升，是否为活动板房等。对于室内财产，则还取决于室内财产在建筑物内放置的位置（如是否在地下室）。

表2-5　NFIP应急项目的费率设置

建筑类型	建筑	室内财产
住宅	1.27	1.60
非住宅商业建筑或其他非住宅	1.38	2.70

资料来源：FEMA 2021。

④参与方式。

对于居住在美国联邦"洪水风险图"上高危区域的居民来说，NFIP采取强制的洪水保

险措施。

（3）经营模式

NFIP 是国家通过法律确立并采用一定的经济措施引导，以政府支持的保险为主，私营保险公司参与销售，在社区参与国家洪水保险计划的情况下居民及小型企业业主可以自愿为其财产购买防洪保险的一种强制性保险模式。

（4）巨灾分担机制

NFIP 的资金主要由国家洪水保险基金（National Flood Insurance Fund）进行管理。NFIP 的资金主要来自 3 个途径：①洪水保险的保费，包括手续费和附加费；②NIFP 经过授权的支出；③在洪水保险基金资金不足时向美国财政部进行的借款。美国国会曾批准 FEMA 可向美国财政部借不超过 304.35 亿美元的资金用于 NIFP 的运转。2017 年度，FEMA 曾在 1 月借了 16 亿美元用于支付 2016 年度路易斯安娜洪水和飓风"马修"造成的损失。后又于 2017 年中向财政部借款 58.25 亿美元以支付飓风"哈维""艾玛"和"玛利亚"的保险赔款。至此，FEMA 向财政部借款已达到上限。在 2017 年 10 月，美国国会取消了 NFIP160 亿美元的债务，以使其能够偿清飓风"哈维""艾玛"和"玛利亚"的保险赔款。这也是美国国会史上首次取消 NIFP 的债务。在偿清上述飓风的保险赔款后，截至 2017 年年末，NFIP 还有 99 亿美元借款额度。

除上述资金来源外，FEMA 在 2016 年开始使用再保险。该笔再保险的保险期限为 2016 年 9 月至 2017 年 3 月，共分为两层保障。第一层保障将在洪水保险赔付超过 500 万美元时为 NFIP 提供 100 万美元的赔款；第二层保障将在单次洪水事件损失超过 55 亿美元时为 NIFP 提供 100 万美元的资金。2017 年 1 月，FEMA 使用 1 500 万美元购买了保障额度达 10.42 亿美元的再保险。该合约覆盖 2017 年 1 月至 2018 年 1 月，并将为支付单次洪水灾害损失在 40 亿～80 亿美元损失中的 26%。截至 2018 年 4 月 2 日，在 FEMA 已支付的飓风"哈维"的 86 亿美元的赔款中，有 10.42 亿美元来自再保险公司。FEMA 购买再保险有效地降低了其向美国财政部借款的可能性，但是支付再保险保费的成本也显著地增加了投保人参加 NIFP 的成本。

2.2.1.3 台（飓）风保险

台风（飓风）属于特定风速等级的热带气旋，主要生成于全球热带或副热带 26℃以上广阔海面上（Glossary of Meteorology，2020）。当靠近海岸带或实际登陆时，台风（飓风）通常会通过强风、暴雨，以及引发的洪水和滑坡等地质灾害造成大量的人员伤亡以及重大的财产损失。针对台风（飓风）的严重威胁，世界上多个国家和地区长期以来均在积极开展台风（飓风）风险的管理，设计并销售台风保险产品，取得了卓有成效的经验和模式。其中比较有代表性的是美国佛罗里达飓风保险和加勒比地区飓风保险。

［案例 2-5］ 美国佛罗里达飓风保险

（1）实践背景

佛罗里达州地处美国东南部，墨西哥湾东侧，是加勒比海地区生成的热带气旋前往北美大陆的必经之地，是美国遭受飓风灾害最多的州。据不完全统计，佛罗里达的气旋已造成超过 10 000 人死亡，并累计造成 1 910 亿美元的损失（2017 年美元）。在美国历史上，造成经济损失最大的 10 场飓风中有 8 场都影响到了佛罗里达，其中有 6 场发生在

2005 年和 2006 年。1987—2016 年，佛罗里达的飓风保险总赔付达到了 708 亿美元，占全美巨灾总损失的 13％。1992 年的飓风"安德鲁"是在佛罗里达造成经济损失最大的飓风，造成了 150 多亿美元的保险损失和至少 11 家保险公司破产。

在飓风"安德鲁"过后，佛罗里达州立法机构认识到，住宅财产保险市场的不稳定威胁着本州的经济，必须制定一个方案为保险公司提供稳定且持续的赔偿来源。为此，佛罗里达飓风巨灾基金（Florida Hurricane Catastrophe Fund，FHCF）于 1993 年成立。FHCF 是一个州立信托基金，为住宅财产保险公司提供部分佛罗里达灾难性飓风损失的补偿，从而保护和提高该州针对飓风的保险能力。

（2）保险产品

①承保范围和触发条件。

FHCF 向在佛罗里达地区提供住宅财产保险的保险公司提供风险保障，其功能与再保险更为接近。佛罗里达地区的住宅财产保险中关于飓风的责任覆盖由飓风引起的房屋和屋内的住宅物品损失。

依据直保公司与 FHCF 签订的合同，FHCF 将偿付直保公司：a. 每次飓风灾害住宅损失中的特定百分比；b. 超过直保人自留部分的赔付；c. 提供 5％的补充资金以补充定损支出。

②责任限额。

FHCF 每年根据风险暴露的程度预设承保最高总限额（the claims paying capacity）以及行业免赔额（an aggregate industry retention），这是决定每个保险公司各自免赔额和承保最高额的基础。单个保险公司的免赔额在特定的合同年是固定的，所有保险公司免赔额之和等于行业免赔额。单个保险公司的承保最高限额和在合同中选择的再保障比例有关。保险公司在执行其 FHCF 赔偿合同时选择的当前承保比例为 90％、75％或 45％。保险公司的自留额是基于其在 FHCF 总保留额中的份额（2021—2022 年合同年度为 82 亿美元），最高责任限额是保险公司在法定保险范围（目前为 170 亿美元）中的份额。当发生一次飓风灾害后，保险公司承担的损失只有在其超过自留额且低于最高责任限额的部分才能根据再保比例获得赔偿。如果某一年的某个保险公司从 FHCF 获得的累计赔偿超过了它的承保限额，超过部分只能由它自己承担或通过其他方法解决。

③费率制定。

FHCF 的章程要求 FHCF 依据精算结果收取保费。根据该法令，精算保险费是根据精算科学原则确定的数额。为此，FHCF 委托独立精算顾问每年重新计算 FHCF 的保费。经 FHCF 咨询委员会审查后，特定合同年度的保费公式将提交给佛罗里达州行政理事会进行评估和投票通过。例如，在 2018 年度的费率制定公式报告中，再保险经纪公司使用了 5 家公司的巨灾风险模型对佛罗里达的飓风风险进行了评估，并修订了费率分区图（FHCF，2018）。2018 合同年度定价公式将产生 11.09 亿美元的 FHCF 保费，相比2017 合同年度整体保费下降 9.7％。相应地，总体费率也由 2017 合同年度的 0.518‰下降为 0.496‰。佛罗里达飓风风险与 FHCF 费率分区如图 2-1 所示。

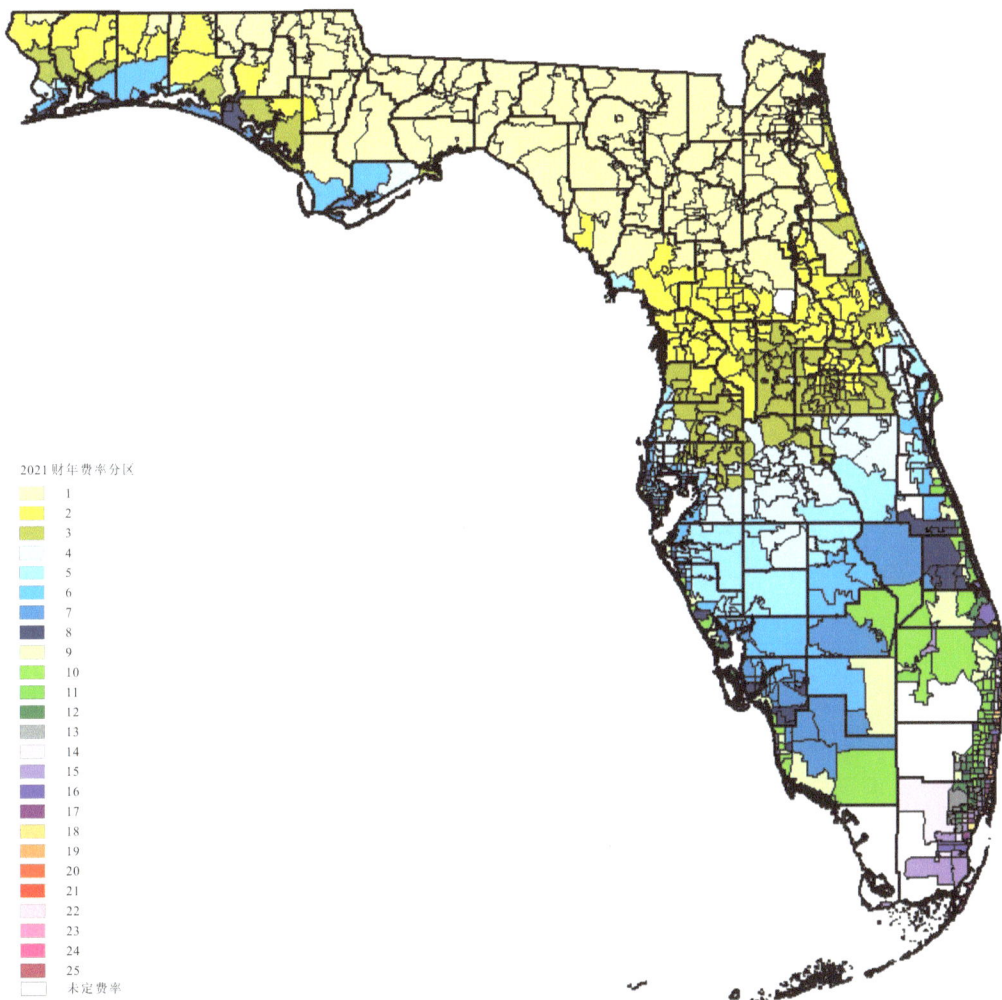

图 2-1 佛罗里达飓风风险与 FHCF 费率分区图(依据 FHCF, 2021, 重绘;
更大的数字表示更高的飓风风险)

④参与方式。

法律规定,每个持有佛罗里达州住房财产保险经营许可的保险公司都必须提供 FHCF 的保险保障(除非保险公司在佛罗里达州的风险暴露低于最低限额)。因此,该保险为强制性保险。

(3)巨灾风险分担机制

根据法律,FHCF 赔偿的最高限额为 170 亿美元。参与保险公司支付的保费是 FHCF 偿付能力的主要资金来源。在 2017—2018 合同年度,FHCF 实际向直保人支付的赔款为 11.28 亿美元(截至 2017 年 12 月 31 日;未包含飓风"艾玛"的赔付)。由于佛罗里达从 2006 年到 2015 年经历了 10 个无飓风年,截至 2021 年 10 月的估计,FHCF 具有大约 189 亿美元的偿付资金。

除了保费之外,其他 FHCF 赔偿资金来源包括投资收益、预售债券的收益、再保险和其他风险转移交易的赔付,以及事后债券的收益,以 2017—2018 财年为例,其资金安排的总体结构如图 2-2 所示。

由图 2-2 所示，损失 70 亿美元以下的飓风灾害赔付为直保企业自留额；损失在 70 亿～287 亿美元的部分，不论索赔额的多少，直保企业应支付 54 亿美元的共同赔付；损失在 70 亿～217 亿美元的部分，除上述共同赔付外，FHCF 将利用积累的资金支付 115 亿美元；损失在 217 亿～229 亿美元的部分，除上述共同赔付外，将由其他风险转移手段支付 10 亿美元；损失在 229 亿～273 亿美元的部分，除上述共同赔付外，FHCF 将利用积累的资金支付 35 亿美元；损失在 273 亿～287 亿美元之间的部分，除上述共同赔付外，将由 2013 年和 2016 年 FHCF 发行的事前债券的余额支付 10 亿美元。

	预计 2017—2018 合同年度的 FHCF 覆盖范围	损失/十亿美元	重现期/年	概率（%）
170亿美元的法定限额 / 行业共同支付——54亿美元	2013A 系列和 2016A 系列的事前债券——27 亿美元中的 10 亿美元	28.7	46	2.18
	预计 2017 年年底基金余额——150 亿美元中的 35 亿美元	27.3	43	2.35
	风险转移——10 亿美元	22.9	33	3.05
	预计 2017 年年终基金余额（飓风艾玛损失之前）——150 亿美元中的 115 亿美元	21.7	30	3.29
	行业保留额——82 亿美元	7.0	10	10.47

图 2-2　预计 2017—2018 合同年度的 FHCF 保障范围

资料来源：FHCF 2018。

2.2.2　针对多种灾因的综合保险

多种灾因的综合保险的保险责任通常由两种及以上的致灾因子构成，其承保的灾害种类基本囊括所有的灾害，例如，气象灾害、地震、滑坡、漏电、化工装置爆炸。在灾害保险中，比较典型的多种灾因的综合保险为多灾因农作物保险和多灾因巨灾保险。

2.2.2.1　多灾因农作物保险

多灾因农作物保险是当前全球农业保险最为主要的产品类型，其承保的灾害种类基本囊括所有的自然灾害，例如，气象灾害、地震、滑坡、泥石流、火山爆发、火灾、虫灾等（Barnett，2000）。多灾因农作物保险最为著名的例子是北美地区所开展的多灾种农作物保险（Multi-peril Crop Insurance，MPCI）。MPCI 最早可追溯到 1899 年，于 1938 年由美国联邦政府开始推行。在欧洲地区，保加利亚、捷克、匈牙利、波兰、斯洛伐克等国家均开办了多灾因的保险业务（European Commission，2006；Mahual and Stutley，2010）。在其他新兴农业保险市场国家，包括中国自 2007 年以来进行的农业保险试点工作中，也开办了多灾因保险业务。

[案例 2-6]　北美地区的多灾因农作物保险

（1）实践背景

美国 MPCI 的保险尝试最早始于 1899 年。在 1938 年《农业调整法》的第五款批准

下，美国正式成立了联邦农作物保险项目（Federal Crop Insurance Program，FCIP），并向农作物生产者提供多灾因产量保险。第一份保险保障的是1939年收获的小麦。随后，参与率逐步上升，产品保障范围也逐步扩展到棉花。然而，由于项目的精算表现较差，该项目在1943年被暂停。1945年，FCIP项目重启，并在随后逐步地向新的作物和新的县域进行扩展。到1979年时，FCIP的保单已经覆盖了29种作物，美国全国3 100个县域中的1 526个县中至少有一个作物被保险。1980年的《联邦农作物保险法案》（以下简称《法案》）进一步扩展了承保范围，承保的作物品种超过了100种，并且在全美3 088个县中每个县都至少有一种作物参保。该《法案》的另外一项重要举措就是通过了保费补贴。

（2）保险产品

FCIP包含针对若干农作物的各类产量保险、价格保险、收入保险以及指数保险产品，此外也包括针对畜牧的保险产品。此案例仅以其多灾因产量保险为例进行说明。

①承保范围与触发条件。

MPCI的保险标的包括主要的农作物品种，如玉米、小麦、大豆、棉花等。

在保险期间，保险责任包括由干旱、过量降雨、冰雹、风灾、霜冻、龙卷风、雷击、洪水、植物病虫害、授粉期间温度过高、野兽毁损、火灾、地震等自然灾害导致承保对象遭受的产量损失。由于被保险人疏于耕作、价格下跌、盗窃及一些特定风险造成的产量损失为除外责任。

MPCI的触发条件由两项指标共同确定：投保农户自身的历史单产水平，以及农户所选择的保障水平。当农户对某个农作物进行投保时，为了确定投保农户的正常产出水平，美国农业部要求该农户提供4年至10年的作物年均实际产量，以此作为该农户的实际历史产量。在此基础上，农户可选择一个保障水平（50%～75%，部分地区可达85%），从而确定赔付触发的关键单产水平。当农户的实际单产低于触发的单产水平时，保险赔付被触发。

除上述基本保障外，投保农户还可以通过"追加保险"获得更高的保险覆盖水平，同时支付额外的保险费用，有些地区会规定正常作物产出值的风险覆盖水平上限。

②责任限额。

对于MPCI而言，单位面积的保险金额由农户历史产量确定的正常产出水平、农户自行选择的保障水平以及每单位产量损失的赔付金额共同确定，但细分为实际产量历史（actual production history，APH）和单产保护（yield protection，YP）两个版本。在APH的机制下，单位产量损失的赔付金额依据美国农业部风险管理署（Risk Management Agency，RMA）制定的年度农产品价格表确定。投保农户可选择对应价格为55%～100%的一个保障水平。YP与APH的机制非常类似，但对应农产品的价格则依据商品交易所提供的预测价格来确定。

③费率制定。

美国法律要求RMA保证整个FCIP的精算公平性，即保费收入（包括保费补贴的部分）总体上应等于总的保险赔付（Shields，2013）。RMA必须使费率能够覆盖期望损失和相对合理的准备金，并定期地对FCIP的费率公平性进行检视，尽可能使其与平均历史损失率持平。

51

在费率制定过程中，RMA 主要使用历史保额损失率方法，搜集和整理县级水平的历史产量和保额损失率数据，通过统计分析以获得县级的"基准费率"（Coble, et al., 2010）。在确定上述基准费率后，RMA 将县级的纯风险损失率再依据县域内部农户单产的异质性"个体化"为单个农户水平的费率。在此基础上，还会加上包括该县所在州作为总体的巨灾附加费率、其他附加费率，以及灾害准备金提取因子等，但该费率制定的总体原则依然是每个农户面临的名义费率（享受补贴前的费率）与其自身的风险水平挂钩。

④参与方式。

MPCI 属于农户自愿购买的保险产品。美国政府为了提高参保率，最早于 1980 年就制定了保费补贴的政策，对于选择不同保障水平的投保农户给予不同比例的保费补贴。

（3）巨灾风险分担机制

FCIP 采用了联邦农作物保险公司（Federal Crop Insurance Corporation，FCIC）—直保公司—投保农户的三层运作机制。其中，私营直保公司直接负责向农户提供保险服务，包括保单销售、保费收取、查勘和理赔服务。FCIC 与参与 FCIP 的私营保险公司之间订立了标准再保险协议。该合约详细规定了 FCIP 运行中联邦政府与私营保险公司之间的风险分担方式、联邦政府对私营保险公司的经营管理费用补贴方式以及项目运行的一般规定。

[案例 2-7]　中国大陆的农作物综合保险

（1）实践背景

中国的农业保险于 20 世纪初期由西方国家传入，其发展始于 20 世纪 80 年代。1982 年，国务院批转中国人民银行《关于国内保险业务恢复情况和今后发展意见的报告》的通知，标志着中国农业自然灾害保险拉开了序幕。随后，中国人民保险集团股份有限公司开办了大规模的农业保险业务。期间，民政部、中华联合财险在新疆兵团（自 1986 年始）、黑龙江农垦集团（1993—2003 年）也开办了局部地区的保险业务。这些实践为我国农业保险的发展积累了丰富的经验，也培养了大批专业人才。

2007 年，中国开始进行财政支持下的农业保险试点工作，农业保险的规模不断扩大。从 2007 年到 2020 年，农业保险保费收入从 51.8 亿元增长至 815 亿元；全国各级财政共承担保费补贴 603 亿元，为农民提供的农业保险提供风险保障从 1 103.96 亿元增长到 4.13 万亿元，累计提供风险保障 9.4 万亿元，在抗灾救灾和灾后恢复生产中发挥了积极的作用。当前，中国农业保险保费规模已居全球第一。

（2）保险产品

中国农业保险产品主要采用了多灾因保险的责任框架。在试点之初，旱灾、病虫害等自然灾害因具有相对更高的巨灾风险，曾被作为除外责任，不予承保。随着试点项目的推进，中国农业保险形成了由自然灾害、各类疫病和疾病、意外事故和政府扑杀共同构成的多灾因综合保险责任，责任范围基本覆盖了标的所在区域内农业生产的主要风险。其中，自然灾害类包括可能影响农业生产的暴雨、洪水、内涝、干旱、台风、冰雹、霜冻等。行业内，影响种植业保险和森林保险的病虫害也归于自然灾害类别。

由于标的类型众多、产品设计也存在地域差异，在此以原中国保险监督管理委员会制定的全国种植业种植保险示范性条款进行介绍。

①承保范围与触发条件。

保险标的：经过政府部门审定的合格品种，符合当地普遍采用的种植规范标准和技术管理要求；种植场所在当地洪水水位线以上的非蓄洪行洪区；生长正常。

触发条件：在保险期限内，由于暴雨、洪水（政府行蓄洪除外）、内涝、风灾、雹灾、冻灾、旱灾、地震、泥石流、山体滑坡、病虫草鼠害造成损失，且损失率达到特定百分比以上时，触发赔付。

②责任限额。

每亩保险金额参照不同生长期内所发生的直接物化成本，包括：种子成本、化肥成本、农药成本、灌溉成本、机耕成本和地膜成本。具体金额由投保人与保险人协商确定。

③保险费率。

当前中国的农作物保险费率正努力改变一省（市、自治区）一个基准费率的模式。2021年，财政部印发的《中央财政农业保险保费补贴管理办法》中明确指出："承保机构应当公平、合理拟订农业保险条款和费率……属于财政给予保费补贴险种的保险条款和保险费率，承保机构应当在充分听取各地人民政府财政、农业农村、林草部门和农民代表以及财政部各地监管局意见的基础上拟订。"

④参与方式。

中国的农作物保险以自愿参保为基本原则，但中央至地方各级政府均匹配财政资金，向农户提供保费补贴，以鼓励自愿参保。

（3）巨灾风险分担机制

中国的农作物保险的巨灾（大灾）风险分担机制主要分为两个部分。一方面，各经营机构以市场方式自行购买再保险，防范大灾风险；另一方面，政府建立农业保险大灾风险准备金管理制度。2013年，根据财政部印发的《农业保险大灾风险准备金管理办法》要求，保险机构应当根据该办法规定，分别按照农业保险保费收入和超额承保利润的一定比例，计提大灾准备金（以下分别简称保费准备金和利润准备金），逐年滚存。保险机构相关省级分支机构或总部其当年6月末、12月末的农业保险大类险种综合赔付率超过75%（具体由保险机构结合实际确定，以下简称大灾赔付率），且已决赔案中至少有1次赔案的事故年度已报告赔付率不低于大灾赔付率时，可以在再保险的基础上，使用本机构本地区的保费准备金。如根据前款规定不足以支付赔款的，保险机构总部可以动用利润准备金，仍不足的，可以通过统筹其各省级分支机构大灾准备金，以及其他方式支付赔款。

2.2.2.2　多灾因巨灾保险

多灾因巨灾保险主要是指涵盖地震、洪水、台风等多项主要自然灾害责任的专业性保险。近年来，此类保险在中国市场较为常见，主要为地方政府发起的针对自然灾害造成的人员伤亡、财政损失、公共基础设施损坏以及相应导致的需要由政府支付的救灾、修缮、恢复等的财政支出。目前，我国比较典型的案例是深圳市、宁波市和广东省开办的巨灾保险实践，国际上较为典型的案例则是加勒比地区的巨灾风险保险。多灾因巨灾保险实践案例对比如表2-6所示。

表 2-6　多灾因巨灾保险实践案例对比

对比项目	中国宁波市巨灾保险	中国深圳市巨灾保险	加勒比地区巨灾风险保险
责任与触发	台风、强热带风暴、龙卷风、暴雨和洪水及其引起的各类次生灾害造成的家庭财产损失或人员伤亡	15 种主要自然灾害及其引发的次生灾害	地震、热带气旋、过量降水，达到事前约定的重现期时赔付触发
保额与赔付限额	人员伤亡：10 万元/人，3 亿元/事故 家庭财产：2 000 元/户，3 亿元/事故	人员伤亡抚恤：10 万元/人，20 亿元/事故 核应急救助：2 500 元/人，5 亿元/事故 住房损失补偿：2 万元/户，2 亿元/事故 一年内如有多次事故，每次事故的责任限额单独计算，不累计	保额依据成员国（地区）选定的触发点、限额点和共同赔付比例确定
理赔方式	人员伤亡抚恤：根据《人身保险伤残评定标准》制定 家庭财产损失救助：依据屋内进水深度或房屋受损程度确定	人员伤亡抚恤：根据《人身保险伤残评定标准》制定	参数化的保险赔付机制。保险赔付的触发取决于预先约定的风速、地震动或降雨量阈值。直接根据模型估计的索赔参数确定赔偿，不进行现场损失评估
承保方式	首年度由政府出资统保；后期鼓励居民自行购买	深圳市民政局进行统保	加勒比地区共同组成了加勒比巨灾风险保险机构，负责产品的承保与理赔工作
保费与费率	人员伤亡抚恤：4.17% 家庭财产损失救助：8.33%	2016 年保额达到 27 亿元	使用巨灾风险模型计算各成员国（地区）的保费。保险费由一个国家决定承保的保险金额（起赔点、限额点和分出比例确定）以及该国（地区）的风险状况决定
巨灾损失分摊	共分为 3 层： (1)赔偿金额≤3 亿元，由保险公司承担。 (2)赔偿金额＞3 亿元，启动巨灾基金进行补偿。 (3)鼓励居民自主购买商业巨灾保险，以增强保障程度	共分为 3 层： (1)政府巨灾救助保险。 (2)建立巨灾基金。用于承担在政府巨灾救助保险赔付限额之上，对居民进行人身伤亡救助和核事故应急转移救助。 (3)个人巨灾保险，居民自主购买	主要使用传统再保险进行巨灾风险的转移

[案例 2-8] 深圳市巨灾保险

(1)实践背景

深圳是中国南方滨海城市,自然条件特殊,既面临暴雨、地震等普遍性巨灾风险,也面临台风、海啸等滨海城市所特有的巨灾风险。深圳市周边建有大亚湾核电站,还面临着核事故风险。深圳市人口密度与财产密度位于全国前列,一旦发生地震等特大灾害,损失将十分巨大。潜在风险的可能性和多样性使得深圳开展巨灾保险及建立应对机制显得尤为重要。

2012年,原深圳保监局就深圳市建立巨灾保险制度提出了"引入巨灾基金制度、建立分层次的巨灾保障体系"等具体的建议实施方案。2013年,原中国保监会批复将深圳作为全国巨灾保险首批试点地区。2014年,深圳市民政局与中国人民财产保险股份有限公司深圳市分公司正式签订协议,从2014年6月1日起,深圳市巨灾保险正式实施。

深圳市巨灾保险的投保人为深圳市应急管理局,受益人为灾害救助保障对象,其目的是通过巨灾保险的保险赔付,对因台风、洪涝、地震等自然灾害导致的受灾人员实施一定的资金救助及物资帮助。2020年,由中国人民财产保险股份有限公司、中国太平洋财产保险公司、太平财产保险有限公司、中国人寿财产保险股份有限公司、中国平安财产保险股份有限公司5家保险公司组成的"共保体"承保深圳市巨灾保险,依托保险行业资源参与全市灾害救助服务,救助服务群众4 733人次,其中人身伤亡救助7人,灾前转移安置救助4 726人,安排防灾防损费用400万元用于开展防灾避险宣传、灾害研究、基层灾害信息员培训、社区防灾减灾救灾演练等,有效发挥社会力量在防灾减灾救灾工作中的作用。

(2)保险产品

①承保对象。

本产品的承保对象为当保险责任事故发生时处于深圳市行政区域范围及深汕特别合作区范围内的所有自然人,包括常住人口以及临时来深圳出差、旅游、务工等人员及灾害中的抢险救灾和见义勇为人员。

②保险责任。

基本责任:在保险期间,由于下列原因导致承保对象遭受人身伤亡事故的(包含普通伤害、伤残、死亡),保险承保机构按照协议约定负责赔付。a.暴风(扩展到狂风、烈风、大风)、暴雨、崖崩、雷击、洪水、龙卷风、飑线、台风、海啸、泥石流、滑坡、地陷、冰雹、内涝、主震震级4.5级及以上的地震及由以上15种灾害引发的次生灾害;b.在上述自然灾害中的抢险救灾和见义勇为行为。

扩展责任:a.在保险期间,发生基本责任列明的自然灾害、引发核事故的严重事件,影响或可能影响承保区域内人员的健康和安全以及周围环境时,由政府有关部门承担的用于隐蔽、撤离和安置人员的相关费用,保险承保机构按约定负责赔付。b.在保险期间,发生基本责任列明的自然灾害,导致承保区域内的住房全部或部分倒塌,或出现危及正常使用的房屋建筑或构建物结构安全隐患的,保险承保机构负责赔偿。

③保险期限。

被保险人或者受害方,向保险人请求赔偿或者给付保险金的诉讼时效期为两年,自其知道或者应当知道保险事故发生之日起计算。

④保障内容与限额。

深圳市巨灾保险的赔付主要用于对受灾人员的救助，主要的救助保障包括人身伤亡救助、转移安置和灾后救助。

人身伤亡救助是指对保险责任范围内的灾种导致的人身伤亡以及因抢险救灾和见义勇为行为造成的人身伤亡进行救助，包括医疗费用和残疾、死亡抚恤。

转移安置　a.核应急救助：因上述灾害导致核电事故需要转移安置群众时，政府隐蔽、撤离和安置人员等方面的救助，具体包括为灾民购买被服、食品、饮用水、帐篷等；b.其他紧急转移安置：因上述灾害需要转移群众到避难场所安置时（包括灾前转移安置），政府安置群众等方面的救助，具体包括为灾民购买被服、食品、饮用水等。

灾后救助　a.灾后人员救助：政府在保险灾害发生后支出的有关人员救助，包括对受灾人员的过渡期生活救助以及遇难人员亲属安置；b.居民住房倒损补偿：因保险灾害导致承保区域内的住房全部或部分倒塌，或出现危及正常使用的房屋建筑或构建物结构安全隐患时，政府对居住人的住房安置补偿。

深圳市巨灾保险各项保障项目和限额如表2-7所示。

表2-7　深圳市巨灾保险保障项目与限额

保障项目	保障内容及救助明细	每人每次责任限额	每次灾害责任限额
人身伤亡救助	自然灾害及其次生灾害导致人身伤亡以及抢险救灾和见义勇为行为导致的人身伤亡救助，包括普通伤害救助、残疾救助及身故救助。1.普通伤害救助包括医疗费（就医治疗所产生的挂号费、门诊费、检查费、手术费、治疗费、住院费、医药费、康复费、后续治疗费等包括自费部分在内的医疗费用）、误工费、护理费、交通费、住院伙食补助费、营养费。2.残疾救助包括残疾救助金、残疾辅助器具费、残疾鉴定费	35万元，抢险救灾和见义勇为人员70万元	地震、海啸及其次生灾害限额为15亿元；其他自然灾害及其次生灾害限额为1亿元
核应急救助	自然灾害导致核电事故需要转移安置受灾人员时，用于政府隐蔽、撤离和安置人员的相关救助所产生的费用，具体包括为受灾人员购买被服、食品、饮用水、帐篷、交通等费用	2 500元	5亿元
紧急转移安置补偿	自然灾害需要转移安置受灾人员到避难场所时（包括灾前转移安置），政府对受灾人员的食宿补偿	50元/天/人，每次最高补偿3天	1 500万元

续表

保障项目	保障内容及救助明细	每人每次责任限额	每次灾害责任限额
灾后人员生活救助	自然灾害导致受灾人员基本生活困难，政府对受灾人员的生活救助。其中，以下情形均属于救助范围： 1. 农作物因灾严重受损，或作为主要经济来源的牲畜、家禽等因灾死亡，导致受灾人员收入锐减，当前基本生活出现困难； 2. 受灾人员因灾丧失居住条件且无生活来源、无自救能力； 3. 冬令春荒期间，受灾人员因灾出现口粮、饮水、衣被、取暖、医疗等方面困难	每人每天定额救助100元，每次最高救助90天	1 000万元
住房安置补偿	自然灾害及其次生灾害导致受灾人员丧失居住条件，政府对受灾人员的住房安置补偿	每人每天定额补偿150元，每次最高补偿90天	地震、海啸及其次生灾害限额为2亿元；其他灾害限额为2 500万元

注：(1)救助保障费用以受灾人员实际发生的救助金额为准，在限额内按约定赔付，如一次灾害过程中各项保障责任实际总救助金额超过约定的总责任限额，则按照总责任限额与总救助金额的比例回调相应的每人(或每天)的责任限额，回调机制适用于所有保障对象。

(2)上述责任限额均为每次灾害的责任限额，一年内如有多次灾害，每次灾害的限额单独计算，不累计。

(3)普通伤害救助、残疾救助、身故救助三项费用可累加赔付但合计每人最高赔付35万元，其中抢险救灾和见义勇为人员三项费用合计每人最高赔付70万元。

(4)伤残鉴定标准：受灾人员根据《人体损伤致残程度分级》或《人身保险伤残评定标准(行业标准)》进行鉴定的结果均予以认可。

(3)巨灾损失分层分摊方案

深圳市巨灾保险制度由政府巨灾救助保险、巨灾基金和个人巨灾保险三部分组成。政府巨灾救助保险由政府出资向商业保险公司购买，用于巨灾发生时对所有在深圳人员的人身伤亡救助和核应急救助。巨灾基金是在政府巨灾救助保险的基础上，由深圳市政府每年另外拨付一定资金建立的，主要用于承担在政府巨灾救助保险赔付限额之上，对居民进行人身伤亡救助和核应急转移救助。个人巨灾保险由居民自主向商业保险公司购买。

2014年，巨灾保险试点首期，深圳市政府出资3 600万元购买巨灾保险服务，用于巨灾发生时所有在深圳人员的人身伤亡救助和核应急转移救助，每次灾害最高赔付达25亿元。除了商业保险外，深圳市政府还注资3 000万元成立巨灾基金，为受灾群众提供更为全面的保障。

(4)其他特点

深圳市巨灾保险具有很强的政府主导性。政府推进巨灾保险机制的建立，统一投保，全额负担保费。与此同时，还建立了深圳市巨灾保险工作联席会议制度，由发改部门、财政部门、民政部门、法制部门、应急管理部门、金融部门和保险监管机构等多个部门共同组成，每年度召开一次联席会议，听取保险公司关于灾害及赔付情况的分析报告和城市风险管理报告，并对保险方案进行修订。

除上述政府机关的投入外，深圳市巨灾保险还引入了第三方公估公司。公估公司受深圳市政府和保险公司的共同委托，在灾害发生后，奔赴救灾第一现场进行查勘和定损，出具公估报告等资料，提交政府部门和保险公司。公司还受政府部门委托，配合做好救助资金发放和支付应急救灾物资费用等相关工作事宜，并提供防灾防损、城市风险评估和灾害数据平台建设等服务。

[案例 2-9]　加勒比地区巨灾风险保险

(1)实践背景

加勒比地区位于中美洲，包括加勒比海及其周边的若干岛屿共同组成的区域。该地区包括古巴、海地、牙买加等在内的 37 个国家。受到其特殊地理位置的影响，加勒比地区常年受到多种自然灾害的影响，如热带气旋、洪水、火山、地震、干旱以及森林/灌丛火灾等。该地区典型的小岛屿国家通常疆域较小，自身分散能力有限，往往单个灾害就可能对一国造成沉重的打击。2004 年，飓风"伊万"引发了加勒比地区国家以及国际社会对建立巨灾保险制度的关注。在这个背景下，加勒比地区国家政府与捐助国家和世界银行探讨建立巨灾保险制度，经过两年多的努力，2007 年，加勒比地区巨灾风险保险机构(Caribbean Catastrophe Risk Insurance Facility，CCRIF)正式成立，成为世界上第一个多灾种、多国家风险池，也是第一个成功开发资本市场支持的参数化保险工具。它是加勒比地区各国政府的灾难基金，通过在保单触发时迅速提供金融流动性服务来限制破坏性飓风和地震的金融影响。

2014 年，该机构重组为一个独立的投资组合公司(Segregated Portfolio Company，SPC)，以促进新产品和地理区域的扩张，现已被命名为 CCRIF SPC。它通过一系列单独的投资组合提供产品，使得风险被完全隔离开。2015 年 4 月，CCRIF 与中美洲、巴拿马和多米尼加共和国财政部部长理事会签署了一项谅解备忘录，使中美洲国家能够正式加入该基金。截至 2018 年，加勒比地区巨灾保险包含 20 个国家的政府成员，其中包括一个中美洲国家。

CCRIF 有助于缓解小的发展中经济体在重大自然灾害后遭受的短期现金流问题。CCRIF 的参数化保险机制使其能够提供快速赔付，为成员国(地区)在灾难发生后提供最初的灾难反应资金，并维持政府的基本职能。该基金在 2007 年至 2018 年，已向 13 个成员国(地区)政府就其热带气旋、地震和多雨保单支付了 38 笔款项，总额达 1.388 亿美元(CCRIF 2017—2018 年报)。此外，CCRIF 在成员国(地区)政府合计可抵扣保险(aggregated deductible cover，ADC)项下共支付了 6 笔款项，总额超过 60 万美元。

(2)保险产品

①承保范围和触发条件。

CCRIF 为其成员国(地区)提供地震、热带气旋和过量降雨的参数化保险产品。其中，

热带气旋产品仅保障由于强风和风暴潮造成的损失，而与之相伴的降水损失不在热带气旋产品的保障范围内。CCRIF 的过量降雨保单为过量降雨事件提供保障，并与热带气旋保障分开购买。

CCRIF 使用参数化的保险赔付机制，为成员国（地区）政府在受地震或飓风影响时提供了快速的短期流动性。CCRIF 直接根据确认的损失索赔参数确定赔偿，而并不进行现场损失评估。保险赔付的触发取决于预先约定的风速或地震动阈值；支付的具体金额则是由 CCRIF 指定的灾害影响模型估计损失的一个百分比。为了避免基于指数的赔付可能超过实际损失的情况出现，CCIRF 仅允许其成员国（地区）购买保障上限为模型估计损失的 20％ 的保险。与此同时，CCRIF 所使用的灾害影响模型随时间不断更新。

②保险责任。

CCRIF 的保险责任采用了共同保险的机制。成员国（地区）从特定的保单中可以获得的赔付由三个关键参数确定：起赔点（attachment point）、限额点（exhaustion point）以及分出比例（ceding percentage）。其中，起赔点是单次事件损失能够触发赔付的最低额度，相当于标准保险合同中的免赔额。在选择起赔点时，CCRIF 的成员国（地区）应指定特定的重现期，CCRIF 则会依据巨灾风险模型测定的该国（地区）的风险状况，确定与重现期对应的等值美元金额作为起赔点。责任限额的确定与起赔点类似，也由 CCRIF 成员国（地区）指定重现期，CCRIF 依据模型测定的该国（地区）风险状况确定等值美元限额。分出比例则指损失介于起赔点和限额点之间的部分，成员国（地区）可从 CCRIF 获得的赔付的比例；分出比例按要求不超过 20％。成员国（地区）最多能够获得的保险赔付则是起赔点和限额点之差与分出比例的乘积。CCRIF 并未设置年度总赔偿的限额，一年之内可支付所有事件的赔付。

起赔额和责任限额的选择因灾种和国家（地区）而异。例如，在 2014—2015 年度，CCRIF 成员国（地区）通常选择的起赔点为：热带气旋 10～30 年一遇，地震 20～100 年一遇，过量降雨 5 年一遇。该时期成员国（地区）通常选择的限额点为：热带气旋 75～180 年一遇，地震 100～250 年一遇，过量降雨 25 年一遇。成员国（地区）的选择取决于各国（地区）自身的风险状况以及对保费的支付能力。

③费率制定。

CCRIF 使用巨灾风险模型计算各国（地区）的保费。保费由一个国家（地区）选定的保险金额（起赔点、限额点和分出比例确定）以及该国（地区）的风险状况决定。CCRIF 与其他保险公司一样，采用标准的基于风险的定价方法；但作为一个非营利组织，不在保费中附加任何盈利成分。CCRIF 定期更新巨灾风险模型所使用的数据信息，以使模型估计结果更好地贴近真实的风险水平。

（3）巨灾风险分担机制

CCRIF 的赔偿体系主要分为三层：

第一层，发生 10 年一遇到 20 年一遇的飓风灾害事件后，保险赔偿金额由加勒比地区巨灾风险保险基金来支付。

第二层，当第一层资金不足时，加勒比地区发生 75 年一遇到 200 年一遇的飓风灾害事件后，赔偿金额由分出比例来决定，它表示国家（地区）转移到 CCRIF 的免赔点和最高赔付点之间的风险比例，不同的保费对应不同的赔付金额。

第三层，超出第二层的赔付金额意味着超出了加勒比地区巨灾风险保险基金最大保险赔付金额，这一部分由各个国家(地区)自留额来进行赔付。

对于所承担的总体风险，CCRIF 主要使用传统再保险进行巨灾风险的转移(CCRIF SPC，2018)。对于加勒比地区的地震和热带气旋，CCRIF 自留 2 500 万美元的赔偿。在此基础上共购买了三层，累计限额为 1.45 亿美元的再保险保障。二者之和为 CCRIF 提供足以应对 1.7 亿美元，相当于重现期为 666 年一遇的累计赔付。对于加勒比地区的过量降雨，CCRIF 自留 770 万美元，并在此基础上购买了 3 650 万美元的再保险。二者之和为 CCRIF 提供足以应对 4 420 万美元，相当于重现期为 5 000 年一遇的累计赔付。中美洲地区的数据略有不同，但安排机制类似。

(4)其他特点

CCRIF 最大的特点是参数化方案，即根据预先定义的风险和影响程度支付资金，而无须等待现场损失评估。这一特点降低了运营成本、提高了赔款速度，对于其成员国(地区)政府在灾后急需的流动性而言具有很重要的意义。与此同时，也能够较少受到道德风险和逆选择问题的影响。该方法的主要缺点是会存在一定的基差风险。因此，需要设定相对较低的分出比例，并不断改进评估模型以提高损失估计的准确性。

2.3 依据保障类型划分

依据保障类型可将自然灾害保险划分为重置成本保险、实物损失保险、收入/收益保险和营业中断(间接损失)保险四类。

2.3.1 重置成本保险

重置成本保险，即为了满足被保险人对受损标的物进行重置或重建的需要，投保人以保险标的物重置成本为保险金额，当保险事故发生时，由保险人不扣除折旧，按保险金额给付或恢复标的物原状态的保险(康雷闪，2012)。重置成本保险的补偿方式因损失的程度不同而分为两种情形。

2.3.1.1 部分损失

在重置成本保险中，当保险标的物发生部分损失时，保险人以修理费用或新零部件的购置费用为补偿金额，二者只能选择其一。这些补偿金额包含零件的折旧费用，该做法一直为传统财产保险所沿用。在美国的保险判例中，法院通常会引用"价值增强原则"对此进行解释。"价值增强原则"规定，如果以新换旧并未增加相同部分的价值就不做折旧的扣减。我国台湾地区学者通过"新、旧轮胎单独估价时，价值相差悬殊"和"新、旧轮胎装上车辆时，价值近似"的例子说明若将轮胎与车体分开，因轮胎单独为交易客体，新轮胎的价值远远超过旧轮胎，但若将轮胎与车辆结合为一体，由于轮胎的新旧并不影响车辆的整体价值，故在部分损失时不发生是否扣除折旧的问题。例如，一栋房屋的重置成本为 10 万元，保险金额为 6 万元，被保险人修复房屋实际支出 4 万元，此部分损失扣除折旧后的实际现金价值为 2.5 万元，那么被保险人得到的保险金数额为：4 万元×6 万元/10 万元＝2.4 万元。

2.3.1.2 全部损失

如果保险标的物发生全部损失，重置成本保险的补偿金额为被保险人重置标的物所支出的成本。但是该重置成本以事故发生时当地标准计算。在重置成本中包括传统财产保险中之保险标的物的实际价值，亦包括标的物的折旧。实际价值部分为被保险人的损失，折旧部分的损失为被保险人必要的支出，故应由保险人予以补偿。在前述的产品案例中，土耳其地震保险和中国的农作物保险均是典型的重置成本保险。

2.3.2 实物损失保险

实物损失保险是依据保险标的实物损失和事前约定的单位实物价值共同确定保险赔付的保险。其重要特征是保险赔付只与实物损失有关而与市场价格波动无关（叶涛，等，2017）。前述的加州地震保险、美国国家洪水保险、美国多灾因农作物产量险等案例均属于此类。例如，加州地震保险和美国国家洪水保险中的保额均依据建筑物的价值确定，而美国多灾因农作物产量险则根据多年平均单产和事前约定的价格水平确定保险金额，保险的实际赔付水平由单产减产确定，与市场价格波动无关（Barnett，2000）。

2.3.3 收入/收益保险

收入/收益保险通常是农业保险中与实物损失保险相对应的一种产品。此类保险不仅保障保险标的实际损失带来的收入风险，还同时提供针对市场价格水平波动的风险保障。从某种意义上，收入保险可以被看作是实物损失保险的一个延伸。例如，在美国联邦农作物保险中，与多灾因产量保险 APH 和 YP 相对应的收入产品就是名为"实际收益历史"（actual revenue history）和"收益保护"（revenue protection）的农作物收益保险。其中，"收益保护"不仅保障农户因为多种自然灾害造成的减产，同时还保障由于收获时期价格低于预期价格而造成的收益减少。"实际收益历史"的试点项目则保障农户的收益不受低产、低价或低质等个别或组合因素造成收益减少。收入保险在全球范围内应用的国家和地区相对有限，主要制约因素是许多国家和地区尚未建立有效的农产品期货市场，因此难以在保险保障中利用期货市场价格实现对价格风险的保障（Mahual and Stutley，2010）。

2.3.4 营业中断保险

营业中断保险（又称利润损失保险或间接损失保险）是指对企业（被保险人）因物质财产遭受自然灾害或意外事故等导致损毁后，在一段时间内停产、停业或营业受影响的间接经济损失及营业中断期间发生的必要的费用支出提供保障的保险。营业中断保险属于财产保险的一种。与一般财产保险相比，营业中断保险的突出特点是其只对因保险标的物的毁损、灭失而导致的收入损失或费用增加的间接损失承担保险责任。

在营业中断保险的发展历史上，美国模式和英国模式占有主导地位，它们对世界其他各国营业中断保险的建立与发展起到重要的影响。从总体上来说，两种模式的保险原理是基本相同的，但两种模式的区别也很明显（表 2-8）。

表 2-8 美国和英国营业中断保险的模式差异

对比项目	美国营业中断保险	英国营业中断保险
承保方式	附加于商业财产保险	可单独承保,也可附加于火灾保险
保险标的	营业收入和营业费用;工资承保与否通过附加条款决定;不含审计师费用	毛利润、工资、会计师费用和额外费用等项目
保险金额	依据共保比例确定	依据保险标的分项确定
赔偿原则	限于损失恢复期间,也可通过附加条款保障恢复到损失前水平	使被保险人恢复到损失发生前的正常水平
赔偿期限	无明确的规定,但实际上则是通过共保比例确定的金额来限制	由被保险人根据实际营业需要选择;保险人赔付受期限和金额约束
免赔期	每次事故发生后的 72 小时	无免赔期规定

美国模式的主要特点包括以附加保单的形式在财产保险基础上投保、保险金额和赔偿基础的确定比较灵活、在承保中采用"共同保险原则";英国模式的主要特点是既可以单独承保也可以附加承保,并且规定了赔偿期限等。两种模式主要是基于各国的基本国情和保险行业的特点产生和运行的,在运行过程中两种模式都起到了为被保险人提供保障的作用。简言之,英国模式的承保方式操作简便,对营业中断损失的赔偿还包括会计师费用等项目,对被保险人的保障比较全面;美国的营业中断保险采用共保原则,既可以促使被保险人提高风险管理水平,也可以降低费率,其免赔期规定明确,有利于免赔额的计算。

我国营业中断保险起步较晚,保险产品主要依据国外相关条款设计,没有很好地与我国保险市场的实际情况相结合。此外,营业中断保险在产品定价、核保核赔等方面比一般财产保险的技术要求更高,保险公司在这些方面还有一定差距。除此之外,企业投保意识不强也是重要原因。目前,企业对于导致财产直接损失的风险具有一定保险意识,大都愿意通过投保企业财产保险加以规避,而对于间接损失则视为是一种机会成本,不愿意通过投保营业中断保险来转移。

2.4 依据触发方式划分

2.4.1 损失赔偿型保险

损失赔偿型保险(indemnity-based insurance),是指以实地勘定的损失为依据确定最终赔付的保险产品。实际勘定的损失可以是保险标的因自然灾害造成的减产、伤害/死亡等。损失赔偿型保险是自然灾害保险中的传统类型,因此也被通俗地称为传统保险。前述的保险案例中,除加勒比巨灾风险保险之外,均属于此类。

从定损和理赔过程上来讲(图 2-3),在损失赔偿型保险机制下,灾害事件发生、造成损失后,投保人或被保险人需要向保险人进行报案,由保险人派出专门的查勘、定损人员对实际灾损进行勘定，再依照合同确定最终的保险赔付金额，并在约定时间内将保险赔付支付给被保险人（或保险受益人）。

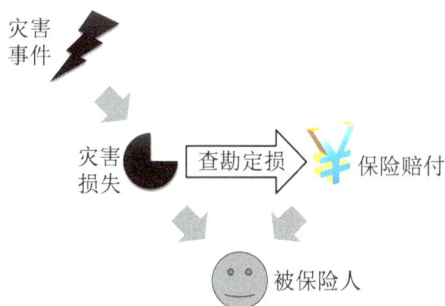

图 2-3　损失赔偿型保险的定损、理赔机制

2.4.2　指数型保险

指数型保险（index-based insurance）是指依据合同中事先约定的、可客观观测、可靠测量、与保险标的损失高度相关且不受人为因素影响的保险指数来决定保险赔付的一类产品（Miranda and Farrin，2012）。在指数型保险机制下（图 2-4），灾害事件发生并造成损失后，由公正的第三方首先发布保险合同中约定的表达灾害强度的特定参数，即灾害保险指数。保险人在此基础之上，依据灾害指数的实际观测值，结合保险合同中载明的赔付计算方法确定保险赔付，并支付给保险受益人。

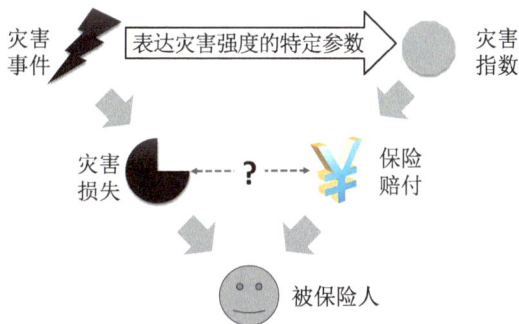

图 2-4　指数型保险的定损、理赔机制

此种机制下，保险赔付完全由灾害指数及赔付规则决定，保险公司可以省去逐个标的查勘、定损的工作，从而节约大量成本。但与此同时，如果灾害指数及赔付规则不能很好地表征个体标的的实际损失，则赔付与损失之间必然存在差异，即基差。而且，此种差异具有不确定性，是灾害指数所表达的风险与个体损失风险之间的差异，从而导致"基差风险"问题。指数型保险作为一种创新型的自然灾害风险转移工具，主要的应用领域是农业保险（Barnett，et al.，2008；Leblois，et al.，2014）。在巨灾（地震、洪水、台风等）的保险中，相对较为少见，比较有代表性的包括前述的加勒比地区巨灾风险保险，以及中国云南省开办的政策性地震巨灾保险。本节以印度基于天气的农作物保险计划对指数型保险进行说明。

63

[案例 2-10] 印度基于天气的农作物保险计划

(1)实践背景

印度在农业保险试点之初采用了一种改进型的区域产量指数保险的模式，名为国家农业保险计划（National Agricultural Insurance Scheme，NAIS）。农户的高脆弱性和NAIS持续的低参与率促使印度农业保险的天气指数保险创新。2007 年，印度在旁遮普邦、哈里亚纳邦、拉贾斯坦邦、中央邦和北方邦试行基于天气的农作物保险计划（Weather Based Crop Insurance Scheme，WBCIS）。2010—2011 年，超过 900 万名印度农民购买了 WBCIS 保险，保费超过 2.58 亿美元，保额超过 31.7 亿美元。2016 年，印度对 WBCIS 进行了结构化重新设计。

(2)保险产品

①承保范围与触发条件。

WBCIS 旨在减轻由于天气条件（包括降雨，温度，风，湿度等）的波动造成农作物减产而带来的经济损失。

保险标的：包括粮食农作物和 35 种多年生作物，如苹果、柑橘、葡萄、杧果、石榴、腰果和油棕榈等。

保险责任：WBCIS 提供多元化的风险保障，保障范围涵盖导致作物损失的主要天气灾害：降雨不足，非季节性降雨，降雨过多，雨天，连续干旱，旱天；高温（热），低温（霜冻）；大风；上述灾害的组合。

②责任限额。

WBCIS 的基本定位是"成本保险"，保险金额大体上基于"生产成本"来确定。债务人农民的保险金额是将预先定义的保险金额与农民填写的贷款申请表（用来从贷款银行获得季节性经营贷款）中的面积相乘得到的结果，非债务人农民可以灵活选择较小的保险金额，但不低于保险金额限额的 50%。

根据作物生长过程中的累计投入成本，保险金额可以在作物的关键时期分配。分配给后续阶段的保险金额可以是其前阶段的总和，以便对后期阶段作物的损害提供充分补偿。

③赔付计算。

WBCIS 运用观测指数值与触发值之间的差值来决定损失程度，如果观测指数值低于（或高于，视情况而定）触发值，则触发赔付。赔付并不基于单个农户的损失。

WBCIS 保险每单位的赔付根据指数定义计算公式为

每公顷赔付额＝标准损失率 1×（触发值 1−触发值 2）＋标准损失率 2×（触发值 2−终止值），

总体赔付＝每公顷赔付额×总公顷数。

下面以降水不足保险（保险期限：7 月 1 日—8 月 15 日）为例，说明 WBCIS 的赔付机制（表 2-9）。

表 2-9　降水不足保险

触发值1/mm	触发值2/mm	终止值/mm	标准损失率1ᵃ/（卢比/公顷）	标准损失率2ᵇ/（卢比/公顷）	低于终止值的保额/（卢比/公顷）	保额上限/（卢比/公顷）
200	150	100	50	80	0	6 500

注：a 指触发值1和触发值2之间的损失率；b 指触发值2和终止值之间的损失率。

假定某区域有 X、Y 和 Z 三名农户。保险期内根据参考气象站的数据，获得了 3 个保险区的实际观测指数值（表2-10）。

表 2-10　X、Y、Z 保险区实际的观测指数值

农户	参考气象站	触发值1/mm	触发值2/mm	终止值/mm	标准损失率1/（卢比/公顷）	标准损失率2/（卢比/公顷）	保额上限/（卢比/公顷）	观测指数值/mm
X	A	200	150	100	50	80	6 500	300
Y	B	200	150	100	50	80	6 500	120
Z	C	200	150	100	50	80	6 500	80

X、Y 和 Z 的赔付计算如下。

X：保险的触发水平为 200mm，观测指数值为 300mm。观测指数值没有达到触发水平，不予赔付。

Y：观测指数值为 120mm，达到了保险的触发水平。每公顷的赔付额为：（200－150）×50 卢比＋（150－120）×80 卢比＝4 900 卢比。

Z：观测指数值为 80mm，已经达到了终止值。此时将按保单的限额赔付，即每公顷赔付 6 500 卢比。

④费率水平。

WBCIS 采用基于精算结果的风险费率，其中粮食作物和油籽的精算费率在 Kharif 季节（雨季）时上限为 10%，在 Rabi 季节（冬种春收的季节）时上限为 8%，商业/园艺作物纯费率的上限为 12%。

在印度的保险体系中，设定费率上限是一大特色，这可以在很大程度上保障农户的购买能力。如果依据精算费率和保额计算得出的保费高于上限水平，则保险金额将按照上限水平成比例减少。例如：假设原始保额为 20 000 卢比/公顷，Kharif 季节（雨季）谷物的精算费率为 15%，而费率上限为 10%。保险公司按照精算费率有权收取 3 000 卢比保费。然而，由于设定了费率上限，它只能收取 2 000 卢比。所以保险金额按比例减少到 13 333 卢比/公顷，即 $20\,000\times\dfrac{10\%}{15\%}$。因此，事实上"费率上限"并不是依据农户的购买能力调整费率，而是调整保额。这与一些国家依据购买能力调整费率的做法相比，更好地保障了保险的精算公平性，维护了风险决定费率的重要原则。

⑤参与方式

在 WBCIS 的实施区域中，所有种植投保作物的农民，包括佃农和土地租赁者都有资

格参与保险。其中，所有使用金融机构的季节性农业操作贷款的农民（例如债务人农民）都是强制参加的，而非债务人农民则自愿参加。

（3）其他特点

①保费补贴。

WBCIS享有大量的政府补贴，农户承担的小麦保险费率上限为1.5%，谷物、豆类和油籽为2.0%，其他经济作物也享有规定的补贴率（表2-11）。

表2-11　WBCIS下的经济作物保费补贴

商业保险费率	经济作物保费补贴
<2%（含）	无补贴
2%~5%（含）	25%的保费补贴，农户承担最低费率为2%
5%~8%（含）	40%的保费补贴，农户承担最低费率为3.75%
>8%	50%的保费补贴，农户承担最低和最高费率分别为4.8%和6%

保费补贴由中央政府和州政府按50∶50分摊，超过正常保额的保费不享受补贴。

②无赔款优待。

印度政府提供无赔款优待，规定连续三个季节（仅包括Kharif季节或只有Rabi季节）无索赔的，保费可相应减少10%；连续四个季节无索赔的，保费可以减少15%；连续五个季节无索赔的，保费则可以减少20%，依次类推。

参考文献

[1]Munich Re. Geo Risks Research[R]. NatCatSERVICE 2018.

[2]California Earthquake Authority（CEA）. Report for Calender Year 2016［R/OL］［2017-08-01］. https：//www. earthquakeauthority. com/sites/default/files/document/annual-report-to-the-legislature-reporting-year-20. pdf

[3]Doğal Afet Sigortalar Kurumu（DASK）. Turkish Catastrophe Insurance Pool（TCIP）Activity Report 2021［R］. Turkish Catastrophe Insurance Pool（TCIP）activity report，2021.

[4]Organisation for Economic Co-operation and Development（OECD）. Financial Management of Flood Risks[R]. OECD Report，2016.

[5]Wharton Risk Management and Decision Processes Center. Flood insurance around the world：Understanding residential flood insurance markets［EB/OL］. ［2019-03-23］. https：//riskcenter. wharton. upenn. edu/flood-insurance-around-the-world/.

[6]Congressional Research Service. Introduction to the National Flood Insurance Program（NFIP）[R]. CRS Report，2019.

[7]Federal Emergency Management Agency（FEMA）. Flood Insurance Manual［R/OL］. ［2018-10-01］. https：//www. fema. gov/media-library/assets/documents/171681.

[8]Florida Hurricane Catastrophe Fund（FHCF）. 2018 Ratemaking Formula Report[R]. FHCF Report，2018.

［9］American Meteorological Society．"Hurricane"［R］．Glossary of Meteorology，2020，http：//glossary. ametsoc. org/wiki/Hurricane．

［10］Barnett B J．The U. S. federal crop insurance program［J］．Canadian Journal of Agricultural Economics，2000，48(4)：539-551．

［11］European Commission．Agricultural Insurance Schemes［R］．［2006-11-01］．http：//agriculture. ec. europa. eu/common-agricultural-policy/cap-overview/cmef/farmers- and-farming/agricultural-insurance-schemes-en．

［12］Mahul O，Stutley C J. Government Support to Agricultural Insurance：Challenges and Opportunities for Developing Countries［R］．Washington D. C. ：The World Bank，2010．

［13］Shields D A. Federal Crop Insurance：Background［R］．Agricultural and Food Sciences，2013．

［14］Coble K H，Knight T O，Goodwin B K，et al．A Comprehensive Review of the RMA APH and COMBO Rating Methodology：Final Report［R］．RMA Report，2010．

［15］郭永利，程弢，王安然，等．中国农业风险管理报告［M］．北京：中国财政经济出版社，2007．

［16］Shi P J，Tang D，Liu J，et al．Natural disaster insurance：issues and strategy of China［J］．Asian Catastrophe Insurance，2016，79-93．

［17］庹国柱．我国农业保险的发展成就、障碍与前景［J］．保险研究，2012(12)：21-29．

［18］CCRIF SPC. CCRIF SPC Annual Report 2017-2018［R］．CCRIF SPC Report，2018．

［19］康雷闪．重置成本保险：法理基础及制度建构——由"高保低赔"现象引发的思考［J］．法商研究，2012，29(3)：46-55．

［20］叶涛，史培军，王俊，等．综合风险防范：农业自然灾害风险评价与保险区划［M］．北京：科学出版社，2017．

［21］Mahul O，Stutley C. Government Support of Agricultural Insurance：Challenges and Option for Developing Countries［R］．Washington D. C. ：The World Bank，2010．

［22］陶存文，耿宇亭．国外营业中断保险制度及其启示［J］．保险研究，2008(4)：6-10．

［23］Miranda M J，Farrin K. Index insurance for developing countries［J］．Applied Economic Perspectives and Policy，2012，34(3)：391-427．

［24］Doherty N，Richter A. Moral hazard，basis risk，and gap insurance［J］．The Journal of Risk and Insurance，2002，69(1)：9-24．

［25］Miranda M J. Area-yield crop insurance reconsidered［J］．American Journal of Agricultural Economics，1991，73(2)：233-242．

［26］Barnett B J，Barrett C B，Skees J R. Poverty traps and index-based risk transfer products［J］．World Development，2008，36(10)：1766-1785．

［27］Leblois A，Quirion P，Alhassane A，et al．Weather index drought insurance：An ex ante evaluation for millet growers in Niger［J］．Environmental and Resource Economics，2014，57：527-551．

第3章　灾害保险经营[①]

和其他险种类似，灾害保险的经营也包括承保与理赔等环节，本章主要介绍这些环节的程序与做法。

3.1　承保

承保是保险经营的重要环节，是指保险公司在投保人提出投保申请后，经审核认为符合承保条件并同意接受投保人的申请、承担保险合同规定的保险责任的行为。保险经营的数理基础是大数法则，但保险经营除了要满足数量上的要求外，还必须满足质量上的要求。如果保险公司承保了大量高风险的业务，就会使它的赔付率提高，严重时甚至会危及其偿付能力。可见，承保工作的好坏是保险公司能否稳健经营的关键因素之一。

灾害保险的承保和大多数财产保险承保的过程一样，需要经过要约、承诺、核查、订费等签订保险合同的全过程。承保实质上就是保险合同双方就保险条款进行的谈判。

3.1.1　接受投保申请

投保人在投保灾害保险时，首先要提出投保申请，即填写投保单。投保单是投保人向保险人申请订立保险合同的书面要约。与其他保险不同，灾害保险的投保人除了个人及企业之外，政府也是常见的投保人之一。

保险合同中的要约是指当事人一方以订立合同为目的而向对方做出的意思表示。一个有效的要约应具备三个条件：①明确表示订约愿望；②须具备合同的主要内容；③在其有效期内对要约人具有约束力。保险合同的要约通常由保险人提出，保险公司或其代理人向投保人推销保险的实质是保险公司或其代理人在邀请或促成投保人做出订立合同的意思表示，可以认为是要约邀请，要约邀请是希望他人向自己发出要约的意思表示。

投保单通常由保险公司采用统一格式印刷，投保人依照投保单上所列项目逐一填写。投保单按不同险种包括不同内容，但基本上都包括：投保人和被保险人的资料、保险标的的资料、投保险种及适用条款、保险金额、保险期间、保费支付方式及日期、过去损失记录、投保人申明所填材料属实、投保人签章、投保日期等。

3.1.2　核保

保险公司在接到投保申请后，核保部门要对投保人的申请进行风险评估，决定是否接受这一风险，并在决定接受风险的情况下，确定承保的条件。核保是保险公司承保工作的核心，核保工作的好坏直接关系到承保的业务质量。

在核保过程中，核保人员会按标的物的不同风险类别给予不同的承保条件，保证业

---

① 本章撰写人：刘新立，叶涛。

务质量及保险经营的稳定性。核保内容具体包括承保选择和承保控制两个方面。

3.1.2.1　承保选择

保险公司进行承保选择出于两个目标：一是尽量选择承保同质风险标的，以期风险的平均分散；二是剔除那些超出可保风险条件的保险标的。对于强制性的灾害保险来说，核保的目标主要在于审核风险情况，根据评估结果以不同的条件进行承保。

承保选择又分为事前风险选择和事后风险选择两种。

(1)事前风险选择

事前风险选择是指保险公司在展业的风险选择基础上，对投保人和保险标的的进一步分析审核，以确定是否接受承保及其条件。事前风险选择可以使保险公司处于主动地位，如果保险公司在此环节发现投保人、保险标的或承保风险存在问题，可以采取拒保或限制条件承保，以保证保险公司的业务质量。

事前风险选择包括对"人"的选择和对"物"的选择。

对"人"的选择，即对投保人或被保险人的选择，这一环节是为了识别道德风险。虽然保险风险的大小与保险标的本身的关系最为密切，但由于保险标的始终处于投保人和被保险人的控制之下，投保人的品性、行为等都可能影响到保险事故发生的可能性及损失大小。保险公司在事前风险选择中必须对投保人及保险标的是否具有保险利益、投保人的资信情况等方面进行详细了解。

对"物"的选择，即对保险标的及其利益的选择，这一环节是为了更好地进行风险评估。保险标的自身的状态与风险大小及风险发生后所造成的损失程度直接相关，因此，保险公司在事前风险选择时需要对保险标的进行详细了解，尤其是要通过了解保险标的自身的风险因素来确定其发生损失的可能性大小。

在灾害保险核保过程中，需要对有些因素进行重点风险分析和评估，并实地查勘。其中，主要的核保要素有以下几个方面。

①保险标的物所处的环境。

保险标的物所处的环境不同，直接影响其出险概率的高低以及损失的程度。灾害保险的风险事故发生概率与承保地区的地理位置具有很强的关系，核保时需要了解承保区域发生相关灾害的概率及发生相关灾害后的历史损失情况。

②保险财产的占用性质。

查明保险财产的占用性质，有助于了解其可能存在的风险。此外，要查明建筑物的主体结构及所使用的材料，以确定其危险等级。如在地震保险中，需要了解建筑物的建筑质量等相关情况。

③投保标的物的主要风险隐患和关键防护部位及防护措施状况。

列举投保财产可能发生风险损失的风险因素，对投保财产的关键部位重点检查，严格检查投保财产的风险防范情况。

④有无处于危险状态中的财产。

正处在危险状态中的财产意味着该项财产必然或即将发生风险损失，这样的财产保险人不予承保。这是因为保险承保的风险应具有损失发生的不确定性，必然发生的损失属于不可保风险。如果保险人予以承保，就会造成不合理的损失分布，这对于其他被保险人是不公平的。

⑤检查各种安全管理制度的制定和实施情况。

健全的安全管理制度是降低风险发生概率的保证，可减少承保标的损失，提高承保质量。因此，核保人员应核查投保方的各项安全管理制度，核查其是否有专人负责该制度的执行和管理。如果发现问题，应建议投保人及时解决，并复核其整改效果。倘若保险人多次建议投保方实施安全计划方案，但投保方仍不执行，保险人可调高费率，增加特别条款，甚至拒保。

⑥查验被保险人以往的事故记录。

这项核保要素主要包括被保险人发生事故的次数、时间、原因、损失及赔偿情况。一般从被保险人过去3~5年的事故记录中可以看出被保险人对保险财产的管理情况，通过分析以往损失原因找出风险所在，督促被保险人改善管理，采取有效措施，避免损失。对于灾害保险，保险人需要了解更长时间段内的风险事故发生情况。

⑦调查被保险人的道德情况。

对于不同风险的标的，保险公司一般会做出如下四种核保决策。

正常承保：对于标准风险类别的保险标的，保险公司按标准费率予以承保。

优惠承保：对于优质风险类别的保险标的，保险公司按低于标准费率的优惠费率予以承保。

有条件地承保：对于低于正常承保标准但又不构成拒保条件的保险标的，保险公司通过增加限制性条件或加收附加保费的方式予以承保。

拒保：如果投保人投保条件明显低于承保标准，保险人就会拒保。

在做出决策时，必须同时考虑风险单位、风险因素、保单期限和条件以及保费等各种条件，不应该孤立地考虑单一要素。核保决策有两个非常重要的作用：第一，避免投保人的逆选择，减少公司不必要的损失；第二，对不同地理位置、不同业务的选择，扩大业务量，最大限度地获取利润。

(2) 事后风险选择

事后风险选择是指保险人对超出核保标准的保险合同做出淘汰选择，具体包括以下几种情形。

保险合同期满后，保险人不再接受续保。当保险人发现被保险人不履行如实告知义务或存在欺诈行为时，可解除保险合同。根据我国《保险法》的相关规定，投保人故意或者因重大过失未履行规定的如实告知义务，足以影响保险人决定是否同意承保或者提高保险费率的，保险人有权解除合同；未发生保险事故，被保险人或者受益人谎称发生了保险事故，向保险人提出赔偿或者给付保险金请求的，保险人有权解除合同，并不退还保险费；投保人、被保险人故意制造保险事故的，保险人有权解除合同，不承担赔偿或者给付保险金的责任。

3.1.2.2 承保控制

承保控制是保险人对可以承保的业务确定承保条件的过程，其实质是防止道德风险和逆向选择的出现。承保控制主要包括以下几种措施。

(1) 控制保险金额

控制保险金额是指控制保险损失赔偿的最高限额，使被保险人不能因保险而获得额外利益，以减少道德风险的发生。

（2）规定免赔额

规定免赔额是指保险人对保险标的在一定额度内的损失不承担赔偿责任。这样做有利于促进被保险人加强防灾防损工作，从而减少保险事故的发生或降低损失的幅度。

（3）订立保证条款

订立保证条款是指保险人和被保险人在合同中约定，被保险人只有尽到保证条款中的义务，保险人才承担保险责任。保证条款的规定可以在一定程度上约束被保险人的行为，有利于减少保险事故的发生。

（4）给予优质客户续保优惠

给予优质客户续保优惠是指对于过去未发生过赔款的被保险人，在续保时给予一定的费率优惠。这样做可以激励被保险人更好地管理个人行为，做好防灾防损工作，从而减少承保损失。

（5）规定共保条款

规定共保条款是指保险人和被保险人之间按约定比例共同承担责任，在合同中订立共保条款，约定由被保险人承担一定比例的损失。共保条款可以有效防范道德风险的发生。需要注意的是，若在合同中订有此条款，则对于未参加保险的部分，被保险人不得再向其他保险公司投保。

灾害保险核保的重点和难点主要在于财产保险。

［案例 3-1］　美国国家洪水保险核保流程

以美国国家洪水保险为例，事前风险选择主要包括对以下几个方面的审核。

首先，投保人所在社区是否参与了洪水保险计划。美国国家洪水保险计划仅适用于参与了该计划的社区，只有居住在参与社区中的户主才能进行投保。

其次，确定投保人房屋的建筑年份、建筑入住率、楼层数、承保物品的位置、洪水风险（如所处的洪水区）、与洪水地图上基准洪水高程相关的最低楼层。洪水危险性评估的横切面示意图如图 3-1 所示。

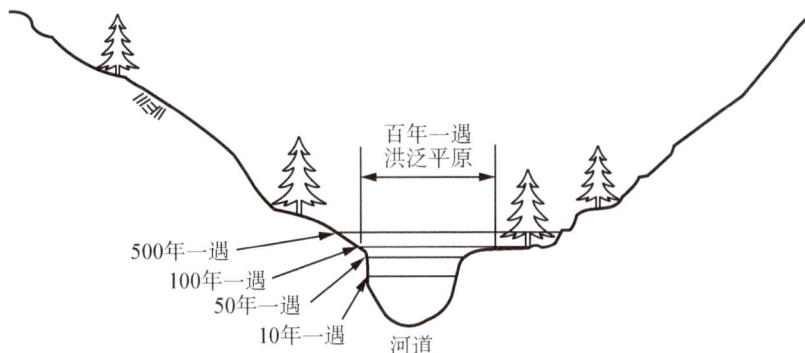

图 3-1　洪水危险性评估的横切面示意图

资料来源：美国联邦应急管理局。

根据历史受灾数据，美国联邦应急管理局绘制了不同地区的洪水危险图，据此确定不同地区的洪水保险费率，绘制成了洪水保险费率图，方便根据投保人投保房屋所在地区快速确定承保条件。

再次，确定房屋是否被首选风险政策覆盖。首选风险政策为中低洪水风险区域的住宅和公寓提供了较低成本的保护政策，即中低洪水风险区域的住宅和公寓可以以更低的费率购买美国国家洪水保险。

最后，投保标的所在社区是否建立了社区评估系统。社区评估系统承认社区管理洪泛区洪水风险的举措，根据社区对洪水风险的防范措施给予社区居民不同程度的保费优惠。

3.1.3 缮制保险单证

保险公司在确定承保业务及承保条件后，由出单部门经办机构缮制保险单证或发放保险凭证以及办理批单手续。保险单或保险凭证是载明保险合同关系中双方当事人的权利与义务的书面凭证，是被保险人索赔和保险人处理赔款的主要依据。因此，缮制保险单证是承保工作的重要环节，其质量的好坏直接关系到保险合同当事人双方的权利与义务能否顺利履行。为保证制单工作的质量，要求保险公司及时制单，内容完整、数字准确、不错不漏、无涂改。业务员要在保险单正副本上加盖公章、私章，且要注明缮制日期、保险单编号，对有附加险的要将附加条款粘贴在保险单正本背面，加盖骑缝章。此外，当被保险人提出更改保险合同有关内容时，承保人员应根据被保险人书面申请批改内容和业务负责人签署意见，及时、准确地办理批改手续，这也是缮制保险单证中的一个重要环节。

3.1.4 复核签章

制单完成后，保险公司的复核员要严格地进行单证复核工作。复核时，应注意审查以下内容。①投保单、保险单、批单以及其他各种单证是否齐全；②保险单、保险凭证等是否与投保单各项内容相符；③保险金额的确定是否符合规定；④分项保额总和是否和总保额一致；⑤费率确定是否准确；⑥保险费及大小写是否正确无误等。

经复核无误后，复核员要在保险单正本、副本上加盖公章及复核员名单。

3.1.5 收取保费

经办人员应该按照保险单等单证上载明的保险费数额填写保险费收据，由投保人据此缴纳保险费。保险公司的财会人员根据保险单及保险费收据，经复核无误后，核收投保人应缴纳的保险费。

3.1.6 单证清分

在完成以上工作后，保险业务内勤人员应对投保单及附表、保险单、保险凭证以及保费发票等进行清分归类。清分时按下列要求进行：
3.1.6.1 投保人留存
保险单正本、保费发票（发票联），投保清单复印件粘贴于保险单正本背面，并加盖骑缝章。

3.1.6.2 业务留存

保险单副本一份、保费发票（业务留存联）、投保单及附表（原件），其中投保单、投保清单粘贴于保险单副本，并加盖骑缝章。

3.1.6.3 财务留存

保险单副本一份、保费发票（记账联）。

3.1.6.4 登记归档

业务部门内勤应根据留存的相关单证，分项按保险单编号登记"承保登记簿"，之后将承保单证装订归档，以便日后查找，使理赔工作能够顺利进行。

3.2 理赔

保险理赔是指当保险标的发生保险责任范围内的保险事故并造成损失时，保险公司按照合同约定对被保险人提出的索赔进行处理的过程。保险理赔从接收被保险人的损失通知开始，经过审核和查勘、责任审定、赔款计算，到赔付结案、归档保管完成后结束。保险理赔是保险经营的重要环节。

接收被保险人的索赔申请后，保险公司最重要的工作是确定两个问题：是否应该赔付，赔付的金额应该是多少。首先应确定保险标的的损失是否属于保险责任，保险公司需要通过实地调查来掌握出险情况，确定保险标的的损失程度和损失金额，也就是根据出险的原因对照保险条款应该赔付多少。

保险理赔程序一般包括登记立案、单证审核、现场查勘、责任审定、赔款计算和赔付、损余处理与代位求偿、结案等过程。

3.2.1 登记立案

当保险标的发生保险事故时，被保险人有义务将事故发生的事件、地点、原因及其他有关情况及时通知保险公司。故意或者因重大过失未及时通知，致使保险事故的性质、原因、损失程度等难以确定的，保险人对无法确定的部分，不承担赔偿或者给付保险金的责任，但保险人通过其他途径已经及时知道或者应当及时知道保险事故发生的除外。

按照保险合同请求保险人赔偿或者给付保险金时，投保人、被保险人或者受益人应当向保险人提供其所能提供的与确认保险事故的性质、原因、损失程度等有关的证明和资料。

被保险人应当尽力采取必要的措施，防止或者减少损失。被保险人为防止或者减少保险标的的损失所支付的必要的、合理的费用，由保险人承担；保险人所承担的费用数额在保险标的的损失赔偿金额以外另行计算，最高不超过保险金额的数额。

损失通知的内容一般包括被保险人的姓名、地址、保险单编码、出险日期、出险原因、受损财产的名称及金额、责任事故发生的时间、地点等。

3.2.2 单证审核

保险公司在接到损失通知和索赔单证后，保险内勤人员要立即进行单证审核，以确定是否有必要全面开展理赔工作。

单证审核的目的是初步确定赔偿责任，审核工作具体包括以下几个方面。

3.2.2.1 审核损失财产是否为保险财产

对于被保险人提出索赔申请的财产，保险公司内勤人员必须根据保险单认真审核，判断其是否属于保险财产。

3.2.2.2 审核损失发生的原因是否在保险责任范围内

如果保险标的损失的原因不在合同约定的保险责任范围内，保险公司无须承担保险责任，也就无须开展理赔工作。

灾害保险对所承保的财产负赔偿责任的范围包括：因遇保险责任范围内的各种灾害而遭受的损失、进行施救或抢救而造成的损失以及相应支付的各种费用。

灾害保险在不同国家、地区的差异较大，人身、家庭财产、企业财产、巨灾责任是否在保险责任范围内，不同的灾害保险有不同的规定。例如，新西兰地震保险的保障范围就从地震扩大到了其他的灾害损失。

表 3-1 列举了具有代表性的保单的保险责任范围。

表 3-1　不同类型灾害保险的承保范围

保险类型	保险责任范围
地震保险	新西兰地震保险：扩大到地震之外的自然灾害损失，如塌方、火山、海啸等。 日本地震保险：赔付直接遭受地震、火山、海啸以及由此引起的火灾、掩埋、水土流失等造成的房屋建筑及财产的损害。 美国加州地震保险：以建筑物及家财作为保险标的，保障由地震直接或间接造成的损害。 中国平安保险公司地震险：因破坏性地震震动或由此引起的海啸、火灾、爆炸、滑坡、地陷所造成的直接财产损失；由破坏性地震震动或由此引起的海啸、火灾、爆炸、滑坡、地陷引起的意外身故/残疾/烧烫伤
洪水保险	美国国家洪水保险：由于江河泛滥、山洪暴发、潮水上岸及横泄使居民家庭的建筑物及其内部的财产因受到浸泡、淹没、冲散、冲毁等发生的损失
台风保险	美国佛罗里达飓风保险：飓风引起的房屋和屋内物品的损失。 加勒比地区飓风保险：为加勒比地区的成员国（地区）提供热带气旋、地震和过量降雨的参数保险产品
农业保险	北京：冰雹、火灾、六级及以上风、暴雨形成的洪涝、倒伏造成减产导致的经济损失。 江苏：暴雨、洪水、内涝、风灾、雹灾、冻灾、旱灾、病虫草鼠害等，对投保农作物造成的损失。 安徽：人力无法抗拒的自然灾害，如雨、洪、涝、旱、风、雹、冻、病、虫等，对投保农作物造成的损失
巨灾保险	宁波市巨灾保险：台风、暴雨和洪水等自然灾害及其次生灾害造成的人身伤亡、居民家庭财产损失以及突发重大公共安全事件造成的人身伤亡。 深圳市巨灾保险：暴风、暴雨、雷击等 15 种灾害及其引发的次生灾害所导致的人身伤亡事故和承保区域内的住房部分或全部倒塌事故，及相应的政府承担的用于撤离和安置人员的相关费用

3.2.2.3 审核损失是否发生在保险有效期内

保险单会明确载明保险有效的起讫时间，只有当损失发生在保险有效期内时，保险人才承担赔偿责任。

3.2.2.4 审核被保险人在损失发生时对保险标的是否具有保险利益

财产保险的被保险人在保险事故发生时，对保险标的应当具有保险利益。如果被保险人在损失发生时对保险标的物无保险利益，则其无权得到赔偿。

在初步确定赔偿责任后，保险公司应根据损失通知编号立案，将保单副本与出险通知单进行核对，为下一步现场查勘做准备。

3.2.3 现场查勘

3.2.3.1 查明出险的时间和地点

保险理赔人员应查明出险的时间，核实出险时间是否在保险单的有效期内。若出险时间在投保以前或者保险期满后，则保险公司可拒绝理赔。对于那些没有及时进行损失通知的被保险人，保险公司应更加仔细地核实出险时间，必要时要向公安部门进行核实，以确定是否存在"先出险，后投保"的行为。

保险公司应查明出险的地点，核实出险地点是否与保险单载明的地点或保险单载明的有关区域相一致。

3.2.3.2 查明出险的原因

保险理赔人员应查明出险的详细原因，核实出险原因是否属于保险责任范围内的风险。在实务中，该项工作非常复杂，对专业知识要求很高。

在判断出险原因是否属于保险责任范围时，应遵循近因原则。近因并不一定是一项结果的直接原因，它是指一项结果的主要的或有效的原因。按照这一原则，如果有两个以上造成损失的原因，并且各原因之间的因果链未中断，那么最先发生并造成一连串事故的原因可被认为是损失的近因。实践中判断近因是很复杂的事情，也是查明出险原因程序中的难点。

3.2.3.3 查清受损标的的名称、数量和施救过程

保险理赔人员应查清受损标的的名称、数量和施救的整个过程，并据此核实保险标的的损失程度以及施救过程中支出的相关费用。

3.2.3.4 妥善处理受损标的

保险理赔人员应妥善处理受损标的的损余物资，尽量避免损失的进一步扩大。

除此之外，在处理某些理赔工作时，保险理赔人员还要取得公安局、消防部门、交通管理部门等出具的事故证明。在现场查勘之后，保险理赔人员要出具保险事故的查勘报告。

3.2.4 责任审定

保险公司在现场查勘之后，要根据查勘报告审定损失责任。责任审定的内容具体包括以下几个方面。

3.2.4.1 审定保险责任

根据保险条款的规定要求和查勘报告，认真审定损失发生性质、发生原因、责任范

围及各种证明的效力。若审定结果为损失不属于保险责任，保险公司需要对被保险人发出拒绝赔偿的书面通知；若审定结果为损失属于保险责任，保险公司需要进一步确定其需要承担的赔偿范围。

3.2.4.2 认定求偿权利，明确赔付范围

根据被保险人提供的损失清单、各项单证和查勘报告审定受损标的是否在赔付范围内。一般来说，保险合同中都规定有若干投保人或被保险人应当遵守的事项。如果投保人或被保险人违背了这些事项，保险人可以以此为由拒绝赔偿，即被保险人将被认定丧失其求偿的权利。

3.2.4.3 核定损失金额

根据有关报表、被保险人提供的损失清单、施救费用清单和查勘报告等来核定保险标的的实际损失金额，同时审核施救费用是否合理以及合理费用支出的金额。

在保险实践中，人们主要使用以下几种方法核定损失金额。

(1)实际现金价值法

实际现金价值是指重置成本减去折旧或自然磨损等之后的余额，而不是指该保险标的发生保险事故前本身所具有的价值。折旧的通常做法是：规定有折旧率的，按照折旧率计算；无折旧率的，则根据保险标的在使用过程中由于退化、过时所造成的实际贬值情况计算。

(2)重置价值法

重置价值即按照当时的市场价格核定所购商品的价值。它与现金价值的区别在于折旧并不包括在内。

(3)约定价值法

约定价值即按照保险合同双方在签订合同时所约定的财产价值进行赔偿给付的价值，定值保单通常采取这一方法。

3.2.5 赔款计算和赔付

保险赔偿责任经审核确定以后，下一步工作就是保险赔款的计算。以下几种是常见的传统保险的赔款计算方式。

3.2.5.1 比例责任赔偿方式

比例责任赔偿方式是指当保险事故造成损失后，按照保险金额与出险时财产保险的实际价值的比例来计算赔款的方式。在计算赔款时，如果保险金额与保险财产实际价值一致，则按照保险财产的实际损失在保险金额限度内进行赔偿；如果保险金额低于保险财产的实际价值，则按照保险金额与保险财产实际价值的比例赔偿。也就是说，在不足额投保的情况下，根据保险人与被保险人各自承担的比例分摊赔偿金额；如果保险金额高于保险财产的实际价值，则为超额保险，对于保险金额超过保险财产实际价值的部分，保险人不承担赔偿责任。比例责任赔偿方式的计算公式为

$$赔偿金额 = 损失金额 \times \min\left\{\frac{保险金额}{损失发生时保险财产的实际价值}, 1\right\}。 \quad (式3-1)$$

对于被保险人在损失发生时对保险标的进行施救而支出的合理的施救费用，同样按比例责任计算。

3.2.5.2　第一危险责任赔偿方式

第一危险责任赔偿方式是将保险财产价值分为两部分，相当于保险金额的部分为第一危险责任，超过保险金额的部分为第二危险责任。保险人仅对第一危险责任部分负担赔偿责任，而第二危险责任则由被保险人自己承担。在计算赔款时，如果实际损失金额不高于保险金额，则赔偿金额等于实际损失金额；如果实际损失金额高于保险金额，则赔偿金额以保险金额为限，超出保险金额的部分，保险公司不负赔偿责任。

3.2.5.3　限额赔偿方式

限额赔偿方式是指保险人在保险财产损失超过一定限度时才负赔偿责任或只对不超过一定限度的损失负赔偿责任的方式。限额赔偿方式包括免责限度赔偿和限额责任赔偿两种形式。

免责限度赔偿又称免赔限度，是指保险人与被保险人双方事先约定一个免赔限度，对于此限度内的损失，由被保险人自己承担，保险人不予赔偿；对于超过限度的损失，保险人负责赔偿。免赔限度通常有免赔额和免赔率两种。免赔方式分为绝对免赔和相对免赔。绝对免赔是指当损失金额超过规定的免赔限度且未超过保险金额时，保险人只负责赔偿损失金额与免赔额之间的差额部分；相对免赔是指当损失超过规定的免赔限度且未超过保险金额时，保险人负责赔偿全部损失。

限额责任赔偿是指保险人与被保险人双方事先约定一个限额，对于限额内的损失，保险人负责赔偿；而对于超过限额的损失，由被保险人自己承担，保险人不予赔偿。

3.2.5.4　共同保险赔偿方式

共同保险赔偿方式是指保险人与被保险人双方事先约定一个共同保险比例，在损失发生时，如果被保险人的财产保险金额不低于财产实际现金价值与共同保险比例的乘积，保险人按照实际损失金额进行赔偿；否则，被保险人将作为共同保险人与保险人分摊损失金额。其计算公式为

$$规定的保险金额 = 财产的实际价值 \times 共同保险比例， \quad (式3\text{-}2)$$

$$赔偿金额 = 损失金额 \times \frac{保险金额}{规定的保险金额}。 \quad (式3\text{-}3)$$

共同保险条款的目的在于使被保险人认真维护保险财产的安全，避免危险事故的发生。若在合同中订有此条款，则对于未参加保险的部分，被保险人不得再向其他保险公司投保。在订立共同保险条款的合同中，如果财产的实际价值在保险期内波动较大，则对被保险人不利。

3.2.5.5　重复保险赔款分摊方式

重复保险赔款分摊方式一般有比例责任分摊制、限额责任分摊制和顺序责任分摊制三种。

比例责任分摊制，即各保险人按照其保险金额，依比例分担赔偿损失责任的方法，其计算公式为

$$某保险公司赔偿金额 = 损失金额 \times \frac{某保险公司承保保险金额}{所有保险公司承保保险金额之和}。 \quad (式3\text{-}4)$$

限额责任分摊制，即先确定各保险人单独赔付时应承担的最高责任限额，然后按照各保险人的责任限额比例来分摊损失赔偿责任的方法，其计算公式为

$$某保险公司赔偿金额＝损失金额×\frac{某保险公司责任限额}{所有保险公司的责任限额之和}。\qquad（式3\text{-}5）$$

顺序责任分摊制，即依照各保险人承保的先后顺序来确定赔偿责任。先由第一个出立保险单的保险人在其保险金额限度内赔偿，再由第二个保险人对超过第一个保险人保险金额的损失部分在其保险金额限度内赔偿。依此类推，直至将被保险人的损失全部赔偿。这是依承保的先后顺序进行分摊责任的方法。

[案例3-2]　某水稻种植保险的赔偿金额确定方案

因保险责任范围内的事故造成保险水稻的损失，保险人根据水稻不同生长期每亩赔偿标准、损失率及受损面积计算赔偿（表3-2）：

赔偿金额＝水稻不同生长期每亩赔偿标准×损失率×受损面积，

损失率＝单位面积植株损失数量/单位面积平均植株数量。

表3-2　水稻不同生长期损失赔偿计算公式表

水稻生长期	赔偿金额	
	全部损失（绝产）	部分损失（部分绝产）
幼苗期—分蘖期（含）	每亩有效保险金额×40％×受损面积	每亩有效保险金额×40％×损失率×受损面积
分蘖期—孕穗期（含）	每亩有效保险金额×60％×受损面积	每亩有效保险金额×60％×损失率×受损面积
孕穗期—抽穗期（含）	每亩有效保险金额×80％×受损面积	每亩有效保险金额×80％×损失率×受损面积
抽穗期—成熟期（含）	每亩有效保险金额×90％×受损面积	每亩有效保险金额×90％×损失率×受损面积
成熟期—收获	每亩有效保险金额×100％×受损面积	每亩有效保险金额×100％×损失率×受损面积

如果发生一次或一次以上赔款时，保险单的有效保险金额（有效保险金额＝保险金额－已付赔款）逐次递减，逐次累计赔款金额不得超过保险单列明的保险金额。

保险合同载明的保险水稻种植面积小于其实际种植面积时，保险人按保险合同载明的保险水稻种植面积与实际种植面积的比例计算赔偿；保险合同载明的保险水稻种植面积大于其实际种植面积时，保险人按实际种植面积计算赔偿。

计算赔款时，对在保险责任列明的灾害发生以前由于其他原因所造成的水稻损失，要按损失情况，从总保险金额中按损失比例剔除。

在发生损失后难以立即确定损失程度的情况下，可实行多次查勘一次定损。

该保险理赔定损主要采取了比例责任赔偿方式，根据生长期、损失程度的不同赔偿不同比例的金额。

区别于传统保险根据损失金额进行理赔，新型的指数保险理赔金额由触发参数决定。赔付触发机制和依据标准是基于在特定地理范围内、事先定义的自然灾害事件的规模和严重程度。触发值是保险合同规定的评判赔付发生与否的临界值。如果保险补偿的是由异常低指标(如低温冻害)的天气造成的损失,则在当期指数低于触发值时发生赔付。

指数保险的赔付不是基于被保险人的实际损失,而是基于预先设定的与实际损失高度相关的指数,赔付额一般采取两种形式:一种是固定金额,另一种是变额赔付。赔付额通常是关于指数实际值与触发值差异的一个函数,这种情形下可以设置指数的极限值或赔付终值来限制保险的赔付范围。一般来说,如果保险对出现异常的天气指标(例如过量降雨、极端高温)时的损失进行赔付,那么当天气指数的实际值高于其触发值时,被保险人可以得到赔付,此时指数的极限值高于触发值,被保险人获得的赔付随着指数的实际值接近其极限值而增加,指数实际值超过极限值时,赔付将保持极限值所对应的赔付,不再增加。反之同理。指数保险的赔付原理如图3-2所示。

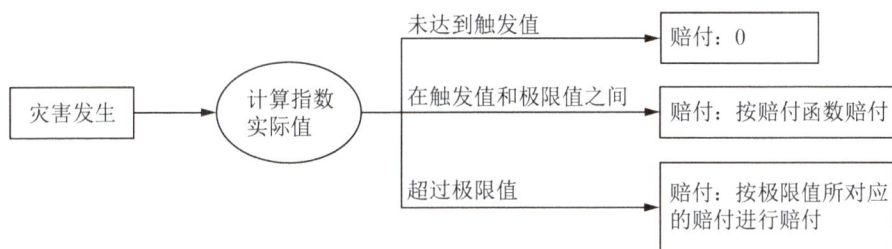

图 3-2 指数保险的赔付原理

[案例 3-3] 2016 年度上海露地种植绿叶菜气象指数保险

根据气象部门提供的种植标的所在区县投保周期实际日平均温度数据,如高于约定的保险日平均温度,保险人按以下公式进行赔偿:

赔款=每亩保险金额×保险数量×赔偿比例。

赔付标准 1 如表 3-3 所示。

表 3-3 赔付标准 1

日平均温度差/℃	(0, 0.5]	(0.5, 1.5]	1.5 以上
赔偿比例	温度差/0.1×0.5%	2.5%+(温度差−0.5)/0.1×0.6%	8.5%+(温度差−1.5)/0.1×0.5%

根据气象部门提供的种植标的所在区县投保周期实际累计降水量数据,如高于约定的保险累计降水量,保险人按以下公式进行赔偿:

赔款=每亩保险金额×保险数量×赔偿比例。

赔付标准 2 如表 3-4 所示。

表 3-4 赔付标准 2

累计降水量差/mm	(0, 100]	(100, 150]	150 以上
赔偿比例	累计降水量差×0.1%	10%+(累计降水量差−100)×0.15%	17.5%+(累计降水量差−150)×0.1%

保险公司在完成赔款计算并确保无误后,即可支付赔款。根据我国《保险法》的相关规定,保险人在与被保险人或者受益人达成赔偿或者给付保险金的协议 10 日内,履行赔

偿或者给付保险金的义务；保险合同对赔偿保险金的期限有约定的，保险人应当按照约定履行赔偿保险金的义务；保险人自收到赔偿或者给付保险金的请求和有关证明、资料之日起 60 日内，对其赔偿或者给付保险金的数额不能确定的，应当根据已有证明和资料可以确定的数额先予支付；保险人最终确定赔偿或者给付保险金的数额后，应当支付相应的差额。

3.2.6 损余处理与代位求偿

在财产保险中，受灾的财物有时还有一定价值，保险公司在全部赔付后，有权处理损余物资，保险人也可将损余物资折价给被保险人，以充抵保险金。如果保险事故由第三者责任引起，保险公司可对被保险人先行赔付，并取得代位求偿权。在这种情况下，保险公司需要及时获取第三者过失责任的法律依据，并核定第三者责任应该承担的损失金额。

代位权是指原债权人将所有利益转让给第三人，第三人在其转让的范围内行使其债权。实行代位求偿权的依据是：保险合同为损失补偿合同，被保险人所得赔偿不得超过其保险利益，不能因保险关系而取得额外的利益。当保险标的因发生保险事故而遭受损失时，如事故是由第三人的行为所致，则被保险人既可以因为第三人的侵权或违约行为向其提出赔偿请求，同时又可以从保险人方面获得赔偿金，这样被保险人就可以取得双倍于损失的补偿，这与保险合同的补偿原则是相悖的。因此，被保险人从保险人取得补偿后，应将赔偿请求权转移给保险人。

代位求偿权的成立有两个要件。一是被保险人因保险事故对第三人有损失赔偿请求权。如发生的事故并非保险事故，与保险人无关也就不存在所谓保险人代位行使权利的问题了。保险事故的发生与第三人的过错有直接的关系，如果被保险人虽然对于第三人有赔偿请求权，但如果事先放弃了该项权利，保险人也无法代为行使被保险人已经没有的权利。二是代位权的产生必须是在保险人给予赔偿金之后。发生保险事故后，一般应当先由被保险人向负有责任的第三者提出赔偿要求。被保险人依法从第三者处取得赔偿后，即免去了保险人的赔偿义务。然而被保险人为了节约时间和精力，一般都直接向保险人提出赔偿要求。在这种情况下，保险人应先进行赔偿，然后再依法行使代位求偿权。

3.2.7 结案

在支付赔款后，保险理赔人员还应将有关结案的文件、单证以及现场查勘资料归档整理，以备日后查阅。如果保险事故由第三者承担赔偿责任，被保险人在取得赔偿后应填写权益转让书，把对责任第三者的追偿权转让给保险人。

[案例 3-4] 深圳市巨灾保险的理赔流程

深圳市巨灾保险的理赔流程如图 3-3 和图 3-4 所示。

图 3-3 中各节点的内容如下。

报案：发生保险事故后由各区（新区）街道办事处拨打保险机构统一的 24 小时免费电话报案，市民也可按上述报案方式自行报案。保险机构在接到报案后对报案方进行救助

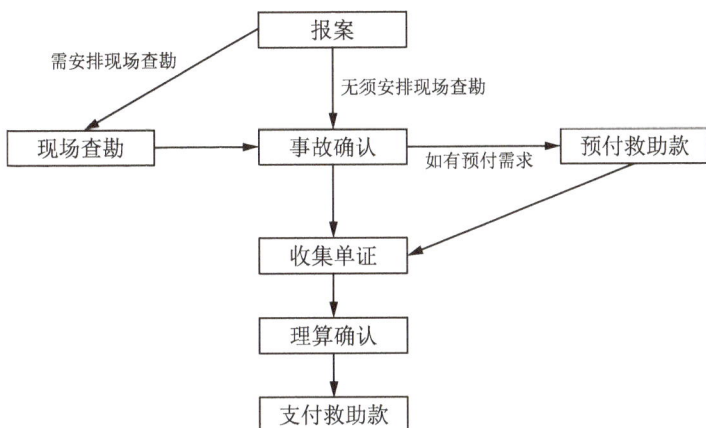

图 3-3 深圳市巨灾保险的理赔流程：人员伤亡与财产损失

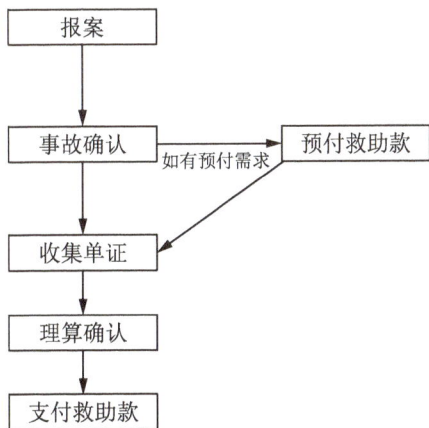

图 3-4 深圳市巨灾保险的理赔流程：核应急

指引，并将报案信息向各区（新区）民政部门反馈。

现场查勘：保险机构自行组织力量或委托公估人，同时通知事故发生地的民政部门和街道办事处相关人员赶赴事故现场进行查勘。

事故确认：各区（新区）街道办事处提供事故确认证明，对本辖区内灾害事故发生的时间、地点、人员伤亡、财产损失等基本灾害情况进行确认，并同时将灾害事故情况反馈给各区（新区）民政部门。

预付救助款：在发生灾害时，由市、区（新区）民政部门与保险机构共同对受损情况进行估算，确定预付金额，由保险机构直接向受害方，或民政部门指定的医院预付救助款。

收集单证：保险机构负责向相关各方收集巨灾保险救助所需单证。

理算确认：保险机构对案件进行理算，并根据理算结果出具救助确认函提交给受害方及市、区（新区）民政部门进行确认。

支付救助款：保险机构按照已确认的救助确认函向受害方支付救助款项。

图 3-4 中各节点的内容如下。

报案：发生保险事故后由各区（新区）街道办事处通过以下方式之一进行报案：a. 拨打保险机构全国统一的 24 小时免费电话报案；b. 拨打保险机构专项服务人员的电话报案。

事故确认：各区（新区）街道办事处提供事故确认证明，对本辖区内事故发生的时间、地点以及人员转移安置等基本灾害情况进行确认，并同时将事故情况反馈各区（新区）民政部门。

预付救助款：在发生灾害时，由市、区（新区）民政部门与保险机构共同对受损情况进行估算，确定预付金额，由保险机构直接向有关政府部门预付救助款。

收集单证：保险机构负责向相关各方收集巨灾保险救助所需单证。

理算确认：保险机构对案件进行理算，并根据理算结果出具救助确认函分别提交给市、区（新区）民政部门进行确认。

支付救助款：保险机构按照已确认的救助确认函向有关政府部门支付救助款项。

几项主要环节的具体说明如下。

（1）救助所需提供的单证

①人身伤亡救助所需单证。

受害方提供：受害人身份证明（需提供身份证正反面复印件，死亡事故还须提供法定受益人的身份证明、与受害人关系的证明）；死亡证明、伤残等级证明、医疗单据等相关证明或票据；受害方的收款账号。

深圳市各区（新区）街道办事处：事故确认证明。

保险机构提供：事故现场照片、现场查勘书（如果进行了现场查勘）；公估人提交的公估报告（如果涉及委托公估人查勘）；救助确认函，并由受害人或其受益人及各区（新区）民政部门确认。

②核应急救助所需单证。

在发生核应急救助时，市、区（新区）民政部门均可向保险机构提交救助申请书以及应急救助相关的费用票据，其中市一级费用由市民政局提交申请，区一级费用由各区（新区）民政部门提交申请。各区（新区）街道办事处提供事故确认证明。

保险机构提供：事故现场照片、现场查勘书（如果进行了现场查勘）；公估人提交的公估报告（如果涉及委托公估人查勘）；救助确认函，其中市一级费用和区一级费用分别由市、区（新区）民政部门确认。

③住房损失补偿所需单证。

受害方提供：房屋所有权人的身份证明（所有权人死亡的须提供其法定继承人的身份证明）、房产证明；索赔申请及相关费用票据；受害方指定的赔款账号。

深圳市各区（新区）街道办事处提供：事故确认证明。

保险机构提供：事故现场照片、现场查勘书（如果进行了现场查勘）；保险公估人提交的公估报告（如果涉及委托公估查勘）；赔偿确认函，并由被保险人确认。

（2）单证提交方式及注意事项

①保险机构负责向相关各方收集救助所需单证，为便于单证收集工作，由保险机构制作简易救助单证指引供相关各方参考。

②相关各方亦可直接向保险机构递交单证。

③注意事项：

为加快案件处理速度，受害方需对所提交的医疗单据进行核对，包括单据上伤者名字是否有误、发票有无盖医院收费章、是否缺少用药清单，若存在以上问题，需到治疗医院更改并补盖章后再提交。

保险机构出具的救助确认函在受害方签字确认后以扫描件形式通过电子邮箱发送至市、区(新区)民政部门，市、区(新区)民政部门盖章确认后以传真方式传回，再将盖章原件通过快递方式寄回保险机构(费用由保险机构承担)。

(3)保险救助申请时效

被保险人或者受益人，向保险人请求赔偿或者给付保险金的诉讼时效期间为两年，自其知道或者应当知道保险事故发生之日起计算。

(4)保险救助工作时效

①人身伤亡与住房损失。

查勘时效：保险机构的理赔部门及客户服务部门在接到报案后应立即安排调度，对于需进行现场查勘的案件在24小时内到达现场进行查勘，此时效同样适用于委托公估人。

理算时效：保险机构在受害方提供完整的材料单证后，在2个工作日内完成理算，并出具救助确认函，交受害方及各区(新区)民政部门确认。

救助费用支付时效：保险机构在收到受害方及各区(新区)民政部门确认的救助确认函后，对单次灾害造成的救助总金额按照有关时效要求支付。其中，救助费用总额低于人民币100万元的，在2个工作日内支付；救助费用总额达到人民币100万元(含)以上但低于1 000万元的，在5个工作日内支付；救助费用总额在人民币1 000万元(含)以上的，在7个工作日内支付。

救助费用预付时效：如有救助费用预付需求，由各区(新区)民政部门与保险机构共同对受损情况进行估算，在双方确认救助预付金额后，保险机构按救助费用支付时效标准预付救助款。

②核应急。

理算时效：保险机构在各区(新区)街道办事处提供完整的救助单证后，在2个工作日内完成理算，并出具救助确认函。

救助费用支付时效：保险机构在收到市、区(新区)民政部门确认的救助确认函后，对单次灾害造成的救助费用总额按照有关时效要求支付。具体同人身伤亡。

救助费用预付时效：如有救助费用预付需求，由市、区(新区)民政部门与保险机构共同对受损情况进行估算，在双方确认救助费用预付金额后，保险机构按救助费用支付时效标准预付救助款。

3.3 防灾防损

防灾防损工作是保险事前风险防范的重要手段，保险防灾防损是保险双方共同努力，采取措施，减少或消除风险发生的因素，从而降低保险经营成本，提高经济效益的经营活动。

3.3.1 被保险人防灾防损

我国《保险法》第五十一条规定了被保险人防灾防损义务："被保险人应当遵守国家有

关消防、安全、生产操作、劳动保护等方面的规定，维护保险标的的安全。"被保险人防灾防损义务贯穿于被保险人保险合同义务当中，引领被保险人合法、合理履行保险合同所约定的义务，具有预防险情、降低出险概率的重要功能，也是引领保险业运营的基本精神。防灾防损义务本身具有抽象性，保险人和被保险人一般难以在法定层面直接援引和使用该规则，只能将其具象化地约定于保险合同当中，根据被保险人的行为是否符合具体的防灾防损工作条款要求，以求能够对应更具体的被保险人是否合理地尽到相关义务，如果被保险人违反类似于减损义务或是保证条款的时候出现立法空白或者约定空白，则可以根据防灾防损义务的原则性规定并结合相关具体的法条和约定确定保险人的救济权利。

法学理论界存在一个共识：我国《保险法》第五十一条关于被保险人防灾防损义务的规定范围有局限性，仅限于该条所列举的规定，其他的防灾防损工作内容只能由双方当事人在合同中约定，被保险人防灾防损义务同时兼具法定义务和合同义务两种特征。当出现被保险人尚未履行通知义务的情况时，被保险人难以根据合同得到相关赔偿，因为保险人承保的并非危险不正当增加以后的保险标的。

3.3.2 保险人防灾防损

保险人充分发挥防灾防损职能是保险社会责任的体现，也是降低赔付率、减少理赔资源的配置投入，从而保证企业利润的捷径。并且，有效的防灾防损活动是客户服务的有形化手段，是拓展客户服务的重要领域，可巩固和加强与客户的关系，对事业大有帮助。

保险人防灾防损工作的一般流程包括：

①承保前的风险评估，通过风险评估对保险标的风险状况进行全面了解，对于存在严重隐患的标的，要求被保险人整改后方可承保，从而有效降低标的危险程度，确保风险可控；

②设置承保条件（包括防灾防损方面的要求）；

③给投保客户下发防灾防损风险提示函；

④开展现场防灾防损风险排查并下发整改建议书、跟踪整改建议书落实情况，在保险期限内定期开展防灾防损检查，建立防灾档案，为客户提供安全提示和自然灾害预警，协助和督促客户整改隐患，完善防灾设施和制度；

⑤组织开展临灾施救，客户出险后要在第一时间赶赴现场，提供人员和技术支持，及时处理残值，避免贬值或二次损失，最大限度地减少灾害事故造成的损失；

⑥配合理赔部门处理保险事故并对出险原因进行深入分析、对防灾防损措施效果进行考核评价等。

《国务院关于加快发展现代保险服务业的若干意见》指出，将保险纳入灾害事故防范救助体系。这对于提升企业和居民对风险和保险的认知水平，提高商业保险的覆盖面，增强社会抵御风险的能力，维护国家和社会的繁荣稳定，将产生积极的影响。保险公司应充分发挥保险费率杠杆的激励约束作用，强化事前风险防范，减少灾害事故发生，促进安全生产和突发事件应急管理。将保险费率与防灾防损工作挂钩，对于在这方面做得好的客户给予费用优惠，对于防患不力的客户提高费率。在理赔的过程中，对于因未尽

到安全防范义务而造成的损失部分坚决拒赔，可以从客户端有效激发客户防灾防损工作热情和积极性。

保险公司应加强防灾防损能力建设。一方面，保险公司很大一部分经营成本是赔付成本，赔付率的高低直接关系到保险公司的经营效益，而这一指标的高低很大程度上取决于保险标的出险率。因此，通过加强防灾防损工作，降低保险标的出险率和损失程度，是保险公司实现经营效益的重要表现。另一方面，随着保险业的发展，客户对保险公司服务的要求越来越高。出险后迅速进行保质保量的赔偿，只是体现了保险公司对合同的诚信履行，拓展增值服务才是一家保险公司品牌和价值的体现。因此，保险公司要从单纯的卖产品向提供综合风险管理服务转化。加强防灾防损工作，正是为客户提供拓展服务的重要领域。防患于未然，是客户和保险公司共同的追求。如果保险公司能在出险前协助客户预防损失发生，出险后帮助客户减少损失程度，将会大大提高保险公司客户服务水平，从而赢得客户，赢得市场。

然而，近年来保险公司的防灾防损功能有弱化的趋势。一方面，保险公司动力不足。防灾防损工作是一项系统性工程，涉及多种承保标的，需准确发现和界定保险合同免除责任及保险责任内可能造成事故的风险点，这需要从业人员具有较专业的防灾防损专业技术和实务操作能力，也需要投入大量经费，但防灾防损工作给公司带来的实际效益，短期内并不明显。因此，保险公司在承保业务考核压力下，囿于技术操作和人力紧缺的现实情况，开展防灾防损具体工作的积极性并不大。另一方面，投保人的注意力集中在保险产品的责任范围、价格和公司实力上，对保险公司的风险防范服务并不太重视，甚至在少数投保人看来，购买保险的目的就是在意外情况发生时，能够获取经济补偿。同时，很多投保人也不愿意保险公司对自己的生产经营过程进行干预。为了不使客户流失，一些保险公司只能放弃该项工作。

保险企业应将防灾防损置于重要地位，在专业上下功夫，加大费用投入，引进相关人才，为客户提供相应的防灾防损的指导，同时加强与政府部门的协作，积极参与配合政府部门的安全生产、防汛防洪等监督管理和执法检查，取得政府职能部门对保险公司防灾工作的指导与支持，建立一个与政府有关职能部门，如安监、公安、消防、交管、应急、防汛、气象、水文等密切联系的防灾工作网络，探索和研讨防灾工作的方法和途径，共同做好防灾防损工作。

[案例3-5] 台风"山竹"中的防灾防损与成效

2018年，台风"山竹"登陆前后，我国有关政府部门和保险公司都开展了诸多应急举措，取得了明显成效。

我国政府部门方面，2018年9月16日，应急管理部及相关部门召开会商视频调度会，对防灾救灾重点、救援力度投放、消防救援安排做出明确部署。台风登陆前，相关省（区）2万余名消防员提前做好应急救援的准备，相关储备救灾物资调运到位，应急避难场所提前开放，危险区域人员提前转移安置。

在各级政府及相关机构的组织部署下，台风"山竹"的防灾减灾工作取得了一定成效。与路径相似、强度相近的2008年的台风"黑格比"、2015年的台风"彩虹"、2017年的台风"天鸽"相比，"山竹"造成的死亡失踪人数、倒塌房屋数量、直接经济损失均为最少，较其他三次台风均值分别减少82.5%、92.6%、78%。

在保险公司方面，"山竹"登陆前后，保险公司通过预警信息服务、重点区域排查、赠送防灾物资、参与抢险救灾、快速理赔等措施，为客户提供全面的防灾防损服务，有效帮助客户降低风险、减少损失、快速恢复生产。

一是利用空间信息技术，识别高风险客户，借助公司内网、预警平台、微信、95518、短信等渠道，向相关分公司及客户发送台风预警信息，并针对车险、船舶险、工程险、企财险以及码头客户等不同客户群体的风险级别，寄送风险提示建议函。

二是利用以往年度理赔案例分析结果、累积数据，修订大面积自然灾害防灾防损流程，快速梳理确定风险，排查重点客户，提供防灾防损服务及防汛物资。"山竹"登陆前，保险公司共为4 000多家企业提供了风险排查服务，识别风险点2 000余个，发放《灾前排查风险建议书》4 000多份，提供防汛物资6 500余件。

三是充分利用无人机查勘等手段，加快理赔进度，帮助客户快速恢复生产。台风登陆后，保险公司利用无人机查勘快速获取受灾现场情况，视情况安排人员跟进处理。此外，第一时间向当地政府支付巨灾指数保险赔款7 500万元，用于当地救灾救助、灾后重建。

据相关统计，保险公司车险、企财险、农房险、船舶险赔款较2017年台风"天鸽"分别下降9%、15%、56%、88%，防灾防损成效显著。[①]

3.4 准备金

财产保险的责任准备金是保险公司按法律规定在财产保险合同有效期内履行赔付保险金义务而将保险费予以提存的各种金额。保险公司所收取的纯保费，并不是保险公司的利润，其中绝大部分都会因保险事故的发生而作为保险金赔付给保险人。因此，为履行保险合同约定的承诺，保险公司必须提存各种灾害保险责任准备金，以保证在合同约定的保险事件发生后，向被保险人或受益人支付保险金。由于保险公司所提存的准备金与保险责任相关，因此称为责任准备金。根据我国《保险法》第九十八条的相关规定，保险公司应当提取各项责任准备金。财产保险的责任准备金通常分为未到期责任准备金、未决赔款准备金和保险保障基金。

3.4.1 未到期责任准备金

未到期责任准备金是会计年度决算时对未满期保单的保险费所提存的准备金。由于会计年度与保险年度的不一致性，按照权责发生制的原则，对于未到期的保单，必须提存未到期责任准备金，以作为保险公司履行保险责任的准备。由于财产保险一般一年一保，因此未到期责任准备金实际上是当年承保业务的保险单在下一年度有效保单的保险费。

未到期责任准备金在会计年度决算时一次性计算提存，其提取方法包括年平均估算

---

① 葛立元，刘宁，王泽温. 从台风防御成效看保险公司防灾防损举措[J]. 中国保险，2019(4)：43-48.

法、季平均估算法、月平均估算法和日平均估算法。

3.4.1.1 年平均估算法

年平均估算法是假定每年所有的保单是在365日中逐日均匀开出的，即每天开出的保单数量及保险金额大体相等，每天收取的保险费数额也差不多，这样一年的保单在当年还有50%的有效部分未到期，则应提存有效保单保费的50%作为准备金。其计算公式为

$$未到期责任准备金=当年自留保险费总额×50\%，$$

$$自留保险费=全年保费收入+分入保费-分出保费。$$

该计算方法非常简便，但是精确度不高，尤其是自留保险费在全年分布很不均匀的条件下，会失去其使用的价值。若自留保险费主要在上半年，则提存的未到期责任准备金会偏高，反之则偏低。

3.4.1.2 季平均估算法

季平均估算法是假定每一季度中承保的所有保单是逐日开出的，且每天开出的保单数量、每份保单的保额及保险费大体均匀。因此，每一季度末已到期责任为1/8，未到期责任为7/8，然后每过一季，已到期责任加2/8，未到期责任减2/8。其计算公式为

$$未到期责任准备金=第一季度自留保费×\frac{1}{8}+第二季度自留保费×\frac{3}{8}+$$

$$第三季度自留保费×\frac{5}{8}+第四季度自留保费×\frac{7}{8}。$$

3.4.1.3 月平均估算法

月平均估算法是假定一个月内所有承保的保险单是30日内逐日开出的，且保单数量、保额、保费大体均匀，则对一年期保单来说，出立保单的当月已到期责任准备金为1/24，23/24的保费则是未到期责任准备金，以后每过一个月已到期责任准备金增加2/24，未到期责任准备金减少2/24，所以年末时，1月开出的保单其未到期责任准备金为保费的1/24，2月的为3/24，以此类推。其计算公式为

$$未到期责任准备金=第1个月自留保险费×\frac{1}{24}+第2个月自留保险费×\frac{3}{24}+\cdots+$$

$$第12个月自留保险费×\frac{23}{24}。$$

该计算方法比年平均估算法和季平均估算法都精确，适用于每月内开出保单份数与保额大致相同而各月之间差异较大的业务。

3.4.1.4 日平均估算法

日平均估算法根据有效保险单的天数和未到期天数来计算提存未到期责任准备金的方法。其计算公式为

$$未到期责任准备金=有效保单保费×未到期天数/保险期天数。$$

对于灾害保险来说，也有一些特殊管理办法，如按保费的一定比例提取准备金。

[案例3-6] 我国城乡居民住宅地震巨灾保险专项准备金计提和使用办法

住宅地震保险准备金的管理遵循以下原则。

①单独核算。住宅地震共同体直保成员公司根据本办法规定计提、使用住宅地震保险准备金，并按照有关会计准则规定，实行独立核算。

87

②分级计提。经营住宅地震保险业务的成员公司总部与省级分支机构，根据本办法规定，分别计提住宅地震保险准备金。

③统筹使用。成员公司根据本办法规定计提的住宅地震保险准备金，应当由住宅地震共同体统筹使用，共同应对住宅地震风险。

④集中管理。成员公司根据本办法规定计提的住宅地震保险准备金，应当交由市场化机构代为集中管理，并依法接受相关部门监督。

住宅地震共同体直保成员公司暂按照住宅地震保险保费收入的15%计提住宅地震保险准备金。每年5月1日前，财政部将会同有关部门，根据上一年度住宅地震保险开展情况、准备金积累余额等，调整提取比例，未调整的，按上年度提取比例执行。成员公司的地震保险准备金滚存金额达到其所承担的未完全终止的地震保险责任单一事故自留责任上限时，可以暂停计提。如滚存余额因支付赔款而降低，或因单一事故自留责任上限提高时，应恢复计提。成员公司应于每年6月末之前完成上年度住宅地震保险准备金的计提，逐年滚存，逐步积累应对地震风险的能力。

住宅地震保险准备金专项用于弥补住宅地震保险风险损失。成员公司动用住宅地震保险准备金，应当履行内部相关程序。当发生重大地震灾害，应付赔款金额超过当年住宅地震共同体应当承担的直保限额和再保险限额之和时，可以使用住宅地震保险准备金。住宅地震保险准备金的使用，以应付赔款金额超过当年住宅地震共同体应当承担的直保限额和再保险限额之和部分为限。成员公司应当通过再保险或其他巨灾风险分散机制，按规定承担合同约定赔偿责任，及时足额支付应赔偿的保险金。

3.4.2 未决赔款准备金

未决赔款准备金也称赔款准备金，是在会计年度决算以前发生保险事故但尚未决定是否赔付或应付而未付的赔款，从当年的保险费收入中提存的准备金。它是保险人在会计年度决算时，为该会计年度已发生保险事故应付而未付赔款所提存的一种资金准备。

从当期保险费收入中提存的未决赔款准备金有两种类型，包括已报未决赔款准备金和未报未决赔款准备金。前者为保险事故已经发生，被保险人已经提出的保险赔偿或者给付金额，但保险公司尚未决定赔付与否或赔付金额为多少；后者为已经发生保险事故但尚未提出的保险赔付金额。提存未决赔款准备金是为了支付已经发生保险事故但尚未理赔所做的资金准备。

未决赔案是指被保险人已提出索赔，但保险人与索赔人就索赔案件是否属于保险责任范围、保险赔款应为多少等事项尚未达成协议的案件。未决赔款准备金的估计方法有以下几种。

3.4.2.1 逐案估计法

逐案估计法是由理赔人员逐一估计每起索赔案件的赔款额，然后记入理赔档案，到一定时间汇总这些估计的数字，并进行修正，据此提存准备金。这种方法比较简单，但是工作量大，适用于索赔金额确定或索赔数额相差悬殊而难以估算平均赔付额的财产保险业务。

3.4.2.2 平均值估计法

平均值估计法是先根据保险公司的以往损失数据计算出平均值，然后再根据对将来

赔付金额变动趋势的预测加以修正，把这一平均值乘已报告赔案数目就得出未决赔款额。这一方法适用于赔款案多而索赔金额并不大的业务。

3.4.2.3 赔付率法

赔付率法是选择一定时期的赔付率来估计某类业务的最终赔付数额，从估计的最终赔付额中扣除已支付的赔款和理赔费用，即未决赔款额。这种方法简便易行，但若假定的赔付率与实际赔付率有较大出入时，则计算的结果并不是很明确。

未决赔款责任准备金是为已经发生保险事故但尚未提出保险赔偿或赔付金额尚未决定的赔案而计提的，对此类保险事故的赔款金额估计比较复杂，一般以过去的经验数据为基础，然后根据各种因素的变化进行修正，如出险单位索赔次数、金额、理赔费用的增减、索赔程序的变更等。这种索赔估计需要非常熟悉和精通业务的管理人员准确判断。由于赔款准备金包括赔款额和理赔费用两部分，因此应对这两部分分别提留。

3.4.3 保险保障基金

保险保障基金是指为防止赔付危机而从保费中提留的，用于救助保单持有人、保单受让公司或者处置保险业风险的非政府性行业风险救助基金。动用保险保障基金的范围为：在保险公司被撤销或者被宣告破产时，向投保人、被保险人或者受益人提供救济；在保险公司被撤销或者被宣告破产时，向依法接受其人寿保险合同的保险公司提供救济；国务院规定的其他情形。

根据我国《保险保障基金管理办法》第十四条的规定，保险公司应当按照下列规定，对经营的财产保险业务或者人身保险业务缴纳保障保险基金，缴纳保险保障基金的保险业务纳入保险保障基金的救助范围。

非投资型财产保险按照保费收入的0.8%缴纳，投资型财产保险，有保证收益的，按照业务的0.08%缴纳，无保证收益的，按照业务收入的0.05%缴纳。根据《保险保障基金管理办法》第十五条的规定，保险公司应当及时、足额的将保险保障基金缴纳入保险保障基金公司的专门账户，有下列情形之一的，可以暂停缴纳：财产保险公司的保险保障基金余额达到公司总资产6%的；人身保险公司的保险保障基金余额达到公司总资产1%的。保险公司的保险保障基金余额减少或者总资产增加，其保险保障基金余额占总资产比例不能满足前款要求的，应当自动恢复缴纳保险保障基金。保险保障基金公司应当对每一个保险公司缴纳的保险保障基金及其变动情况进行单独核算。

参考文献

[1]孙祁祥. 保险学[M]. 6版. 北京：北京大学出版社，2017.

[2]王绪瑾. 财产保险[M]. 2版. 北京：北京大学出版社，2017.

[3]中国发展研究基金会. 指数保险与中国自然灾害救助体系改革[M]. 北京：中国发展出版社，2014.

[4]朱南军. 财产与责任保险[M]. 北京：中国人民大学出版社，2016.

第 4 章　灾害保险定价[①]

4.1　非寿险定价的基本模型

灾害保险本质上属于财产与责任保险大类。对灾害保险产品进行定价，首先需要了解保险精算中关于非寿险定价的基本模型：个体风险模型（individual risk model）和聚合风险模型（collective risk model）（Cummins，1991）。在经典的保险精算工作中，保险人已经积累了相当数量的保险业务数据，特别是保险赔案数据。特定时期内保险人面临的总赔款，可以理解为当期所有保单赔付之和，也可以理解为当期所有事故赔付之和。这两种概念框架分别对应着个体风险模型和聚合风险模型。

4.1.1　个体风险模型

假定保险人在特定保险时期内（如一个财务年度）、特定区域内（如一个省区）出售了 N 张保单（可以对应 N 个保险标的，或 N 个子保险区），对于任意保单 $i \in 1, 2, \cdots, N$ 而言，在该保险时期内的赔付金额可用随机变量 X_i 表示。同时假定：①个体保单赔付随机变量之间相互独立；②每张保单至多发生一次赔付；③保单总数 N 是事前确定的常数。此时，该保险人在该区域、该保险时期的总赔付可表达为

$$L = X_1 + X_2 + \cdots + X_N = \sum_{i=1}^{N} X_i \text{。} \qquad (\text{式 4-1})$$

亦即所有个体保单赔付随机变量之和。这与第 1 章说明保险人风险测度时所使用的框架是相同的。在应用个体风险模型估计总保险损失风险 L 的概率分布时，主要可分为两步：

①利用赔案数据对个体风险 X_i 的概率分布进行估计；

②依据上式对个体风险 X_i 进行求和。

在相互独立的前提下，估计总保险损失风险 L 的分布可以利用多种方法，包括卷积、矩母函数法、依据中心极限定理进行正态分布近似、蒙特卡罗离散仿真等。这些方法在保险精算的各类教材中有详细讲解，本书中不再赘述。

对于自然灾害风险而言，应用个体风险模型需要特别注意的问题包括以下几个方面。

①灾害风险损失是自然过程（致灾因子）与社会经济（承灾体）相互作用的结果，个体风险 X_i 的概率分布很大程度上依赖于致灾因子与承灾体所处的孕灾环境特征。当孕灾环境发生变化引起致灾因子的频率和强度发生变化，或引起承灾体脆弱性发生变化时，保险赔付中所反映的个体风险 X_i 的概率分布也会发生变化。为此，不同时期的历史赔付数据很可能反映的是不同的致灾-成害过程，对个体风险 X_i 的概率分布进行估计时需要特别注意可能的结构性变化导致的差异。

②个体风险模型的独立性前提在很大程度上是不成立的。自然灾害风险的基本特征

[①]　本章撰写人：叶涛，刘新立，刘苇航，牟青洋，方伟华，陈波。

是频率相对较低、影响范围较大、损失较重。一次灾害事件会同时影响多个保险标的，保险损失风险在标的之间、保单之间、保险区域之间存在较高的相关性。与此同时，相关性还与空间上的临近性存在很大的关系：空间位置越接近，灾害影响就越同步（Wang and Zhang，2003）。为此，在对总保险损失风险 L 进行估计的过程中，必须充分考虑非独立性带来的影响，特别是对尾部风险的低估。在实际应用过程中，须考虑利用相依随机变量求和的估计方法，业界中比较常用的方法包括 Coupla 函数估计、经验正交函数分解-仿真（Stojanovski，et al.，2015）、相关随机变量卷积（Hochrainer-Stigler，et al.，2014）以及其他蒙特卡罗离散仿真的方法（Wang and Zhang，2003）等。

4.1.2 聚合风险模型

聚合风险模型通过对当期逐次保险事故的赔付进行建模和求和，以估计一定时段内的总保险损失风险。聚合风险模型中有两个重要的随机变量：一是事故次数 k（也称为频率函数，frequency function），二是单次事故的保险赔付 s（也称为严重性/损失函数，severity function）。此时，特定区域、特定保险时期内的总赔付可表示为

$$L = \sum_{i=1}^{k} s_i \text{。} \qquad \text{（式 4-2）}$$

该式是一个上限为事故次数（随机变量）的单次事故保险赔付（随机变量）之和。进一步的假设包括：①一定时期内的事件次数 k 与单次事件赔付金额 s 之间相互独立；②一定时期内所有单次赔付是同质的，赔付金额可用相同的随机变量 s 来表示。

在应用聚合风险模型估计总保险损失风险 L 的概率分布时，可分为三步。

①利用赔付数据对特定保险时期内赔付次数（频率函数 k）的概率分布进行估计；

②对单次赔付金额（损失函数 s）的概率分布进行估计；

③依据上式对所有单次事故赔付 s_i 进行求和。

上式的求和上限也是随机变量，通常被称为"复合分布"（compound distribution）或"随机和变量"，准确地求和应使用卷积来进行：

$$f(L) = \sum_{k=0}^{\infty} p_k C^{k*}(s) \text{。} \qquad \text{（式 4-3）}$$

其中，$f(L)$ 是总保险损失风险的概率分布，p_k 是在该时期内发生 k 次赔付的概率，$C^{k*}(s)$ 是对损失函数的 k 阶卷积结果。实践中，对上述复合分布进行求解具有一定难度，通常情况下，仅存在有限的频率函数和损失函数组合能够直接求得解析解。在实务中，频率函数经常使用二项分布、泊松分布或负二项分布等；损失函数经常使用指数分布、对数正态分布或伽马分布等。这些分布函数能够适用保险损失估计中的绝大多数情况。然而，在实际应用中，也可能会出现上述特定的参数分布难以准确描述赔案数据所包含的统计特征的情况，此时，必须对求和的方法进行改进。Cummins（1991）曾指出，在实践中通常只需估计总保险损失 L 的期望值和分布尾部的特征值，而无须求解完整的分布函数。因此，可采用一些方法对其真实分布进行近似。

①利用矩母函数估计 L 的前三阶（或四阶）矩，从而获得其期望值、方差、偏度（以及峰度）等重要分布参数，再利用正态分布或平移伽马分布进行近似（Beard，et al.，1984）。矩母函数估计方法的局限性在于部分概率分布函数的矩母函数并不存在。

②利用傅立叶变换和逆变换求解 $f(L)$（Paulson and Dixit，1989）。此种方法较基于矩母函数估计的方法更加准确，但也一度受到计算资源需求较大、时间较长的限制。随着计算技术的发展，此种方法在 20 世纪 90 年代前后成为国际再保险公司和模型公司的主要计算方法。

③利用蒙特卡罗随机事件离散仿真。在独立性假设前提下，通过不断重复单一保险时期（如年度），随机生成时期内的事件次数，再逐个对事件随机生成损失，即可获得事件损失表、时期（年度）总损失表，进而用离散的方式近似 $f(L)$ 的真实分布。此种方法是当前行业应用最为广泛的方法。

单纯从保险损失风险估计的角度来看，聚合风险模型较个体风险模型更有优势。一方面，聚合风险模型的独立性假设更加自然、更符合实际情况，灾害发生频率、灾害事件损失之间的独立性远强于受灾损失个体之间的独立性；另一方面，保险赔付多以事件方式来标定，基于事件损失的建模更容易被行业接受。

在针对灾害风险应用聚合风险模型时也有需要注意的问题。

①孕灾环境演变会引起致灾和成害过程变化，同样会引起特定时期内灾害事件频率和强度的变化，以及在特定致灾强度下损失分布的变化。因此，在利用历史赔案数据估计频率函数和损失函数时也须特别注意。

②对于某些类型的自然灾害，如地震，灾害事件的发生可能存在机理上的或统计意义上的周期性。此时，聚合风险模型关于事故之间相互独立的假设将不再成立，相应的估计结果可能存在偏误。

4.1.3　保险损失风险与定价关键参数

在完成特定保险业务、区域和时段的保险损失风险评估后，即可相应获得保险定价与经营的关键参数。保险行业通常使用 L 的概率分布 $f(L)$ 或年度损失的超越概率（aggregate exceedance probability，AEP）$AEP(L^*)=\Pr\{L>L^*\}$ 来表达保险损失风险。图 4-1 为年度保险损失的超越概率曲线与保险经营关键参数。

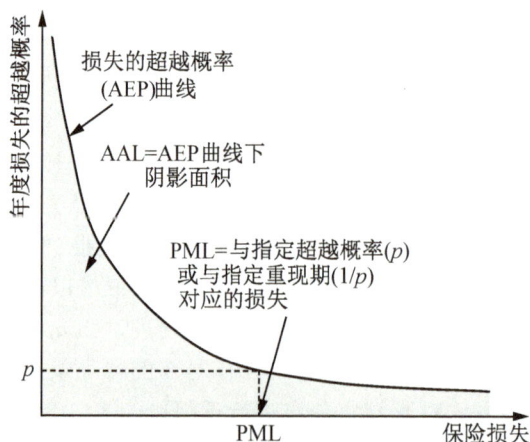

图 4-1　年度保险损失的超越概率曲线与保险经营关键参数

在财产保险中，保险经营的关键参数包括年平均损失（annual average loss，AAL）、最大可能损失（重现期损失）和破产概率。其中，年平均损失指年度保险损失风险的平均值，$\text{AAL} = \frac{1}{T}\sum_{t=1}^{T} L_t \approx \text{E}[L]$，$t = 1, 2, \cdots, T$ 为不同的保险时期。年平均损失对应 AEP 曲线下方的面积。最大可能损失和破产概率在第 1 章中已有解释。

依据保险损失风险曲线，可以相应地获取保险定价所需要的关键参数。在第 1 章中已详细推导了灾害保险保费和费率的基本构成：

毛保费＝精算公平保费＋巨灾风险附加保费＋其他附加费用，

毛费率＝精算公平费率（纯风险损失率）＋巨灾风险附加费率＋其他附加费率。

其中，其他附加费率包括管理费率和利润率，可由保险人依据经营情况自行确定，而纯风险损失率（亦即精算公平费率）和巨灾风险附加费率则需要依据损失风险确定。与保险费率厘定相对应的关键指标包括：

①保额损失率（loss-cost ratio，LCR）：指保险损失与对应责任的最大保额 M 的比值，反映单位保险金额的赔偿率，$\text{LCR} = L/M$。

②精算公平费率（actuarially fair premium rate）：也称纯风险损失率，是保额损失率的期望值，$\mu = E[\text{LCR}]$，或 AAL 与对应保险金额的比值，$\mu \approx \text{AAL}/M$。

③巨灾风险附加费率（catastrophic risk premium loading）：指保险人在一定的赔付资金准备前提下，为了降低破产概率，在纯风险损失率基础上额外附加的费率，这部分费率是维持保险人财务安全的重要部分。巨灾风险附加费率的计算方法为 $\lambda = (\text{PML}_{\text{RP}} - \text{AAL})/M$，或直接计算特定重现期的保额损失率与纯风险损失率的差值 $\lambda = \text{LCR}_{\text{RP}} - \mu$。其值的高低取决于保险人对破产概率或最大可能损失的预期。最大可能损失的重现期越高，附加费率越高，相应的破产概率越低。

④巨灾风险附加因子（catastrophe risk loading factor）/安全系数（safety coefficient）：这是对巨灾风险保费的另一种计量方式，用保险损失风险标准差的倍数进行表示，$\Lambda = \dfrac{\text{PML} - \text{AAL}}{\text{S.D.}}$。其表达的含义是，为了保障财务安全，保险人所收取的巨灾风险附加保费相当于保险损失风险标准差的倍数。保险损失风险概率分布的正偏性越强，尾部越长，则在相同重现期 PML 的前提下，巨灾风险附加费率/安全系数取值越大。

4.2 直接统计方法

基于历史损失/赔付数据的统计方法（也常被称为"燃烧分析"，burn analysis）是保险损失风险评估中最为直接的方法，也是保险精算中使用的经典方法。在拥有一定数量的历史损失/赔案数据的前提下，可直接通过大样本或信息不完备条件下的统计分析进行风险评估。当使用个体风险模型时，传统统计方法的核心是通过历史数据估计每个标的/合同对应的个体风险的概率分布；当使用聚合风险模型时，传统统计方法的核心是通过历史数据估计频率函数和损失函数的概率分布。

由于历史损失/赔付数据通常包含时间序列，传统统计方法一般包括基于时间序列分析的趋势处理、概率分布拟合、总保险损失风险估计三个关键环节(图4-2)。

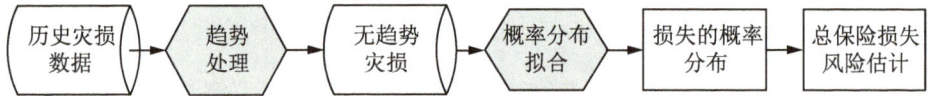

图 4-2　燃烧分析法的典型技术流程

4.2.1　趋势处理

如4.1.1节中所强调，历史损失/赔付数据的样本，可能因孕灾环境的变化和致灾-成害过程的变化而变化，本质上反映了不同保险损失风险随机变量的特征。对历史损失/赔付数据进行时间序列分析和去趋势处理的目的主要有两方面：其一，从区域灾害系统的角度而言，历史损失序列存在时间趋势说明系统本身随时间发生着变化。引起此类变化最为常见的原因是区域孕灾环境变化导致的致灾频率与强度的变化，或社会经济水平上升、区域防灾能力提高等。由于风险评估的本质是回顾过去并预判短期的未来，利用去趋势处理将历史损失折算到当前防灾能力条件下的损失，再进行不确定性分析，更符合风险评估的目标。其二，从统计意义上来讲，具有时间趋势的数据属于非平稳时间序列(Maddala，2001)，亦即在时间序列中的不同年份，损失是由不同的随机变量导致的。此类历史损失数据序列不具备进行概率密度拟合的基本前提条件(Wang and Zhang，2003)。时间序列分析和去趋势处理可以在一定程度上处理非平稳性，至少可以将历史损失序列转换为"二阶"稳定序列，即至少保证在时间轴上，损失的期望值和方差是平稳的。

研究领域和行业实践中广泛使用的去趋势时间序列分析模型种类繁多，包括最简单的基于时间指数的线性回归、指数线性回归、稳健回归、稳健局部回归(Cleveland，1979)，或基于数据序列本身的滑动平均、指数平滑、自回归、自回归综合滑动平均(Bessler，1980)、卡尔曼滤波器(Moss，et al.，1993)等。这些方法在捕捉真实趋势的能力上存在很大差别(Just，et al.，1999；Ramirez，et al.，2003)，方法选择会对评估结果造成较大的不确定性(聂建亮，2012；Ye，et al.，2015)，在实施中应慎重考虑。

4.2.2　概率分布拟合

概率分布拟合的目的是寻找能够表征个体风险(针对个体风险模型)或频率函数和损失函数(针对聚合风险模型)的最佳随机变量。

概率密度分布拟合模型主要包括三类：参数估计模型、准参数估计模型(Ker，et al.，2003)和非参数估计模型。在这三类模型中，参数估计模型首先假定无趋势损失数据服从某类已知参数形式的概率分布，如常见的正态分布、对数正态分布、韦伯分布等，然后利用最大似然估计等方法对分布的参数进行拟合，再通过拟合优度指标以及假设检验(如卡方检验或 Kolmogorov-Smirnov 检验)判定拟合效果，并在多种参数分布类型中寻找相对最优的分布。非参数模型对变量的概率密度分布不做任何前提条件假设，概率密度分布的形状完全由变量数据样本的分布特征决定。这种方法可以较好地

保留原始数据中包含的信息，但它对数据原始分布反应较为敏感，且需要较大的数据量和计算量。

研究中较为常见的非参数估计方法包括核密度估计（kernel density estimation，Silverman，1998）和信息扩散（黄崇福，等，1993）两类。

参数分布和非参数分布的具体估计方法，在各类保险精算教材中有详细的讲解，本书不再赘述。

4.2.3 总保险损失风险估计

实现定价前的最后一步是对总体保险损失风险进行估计。在经典的保险精算教材中，已经详细列出了精算实务中针对个体风险模型和聚合风险模型的随机变量求和方法。在本书中，重点介绍使用离散事件仿真方法进行总保险损失风险估计的流程。

4.2.3.1 针对个体风险模型的仿真方法

在个体风险模型的框架下，对总保险损失风险估计的核心是对表征个体风险的随机变量进行求和。在完成对个体风险 X_i 概率分布估计的基础上，可利用蒙特卡罗方法，对个体风险进行大量的随机抽样，得到 $\{X_i^r\} \in X_i$，$r=1, 2, \cdots, R$ 为仿真实验序号。在此基础上，通过计算逐次仿真实验的总赔付 $L^r = \sum_{i=1}^{N} X_i^r$，$r=1, 2, \cdots, R$，从而离散地获得 L 真实概率分布的估计并提取对应的期望值、重现期特征值等定价关键参数。

正如4.1.1节中所强调的，对于灾害风险而言，个体风险模型在计算总保险损失风险 L 时最大的挑战是个体风险 X_i 之间相互不独立。在应用蒙特卡罗仿真方法时，也必须考虑利用相依随机变量求和的估计方法。在灾害保险的定价中，较为常用的方法包括基于 Copula 函数和经验正交函数（empirical orthogonal function，EOF）分解（Stojanovski et al.，2015）的仿真。当应用这两类方法时，对 X_i 的随机抽样不再是逐个变量进行的，而是依据 X_i 之间的相互依存关系，在每轮仿真实验中，一次性生成一组个体损失的仿真值，$\{x_1^r, x_2^r, \cdots, x_n^r\}$。

（1）基于 Copula 函数的相依随机变量仿真

Copula 函数理论在 20 世纪中期就有学者开始研究，随后在概率统计的研究领域中得到了关注，尤其是 20 世纪 90 年代开始，Copula 函数理论及其方法被广泛地应用于金融、保险等领域的相关性分析和风险管理等方面（张尧庭，2002）。目前，Copula 函数理论已经成为解决相依随机变量建模与仿真的一项重要的方法。

Sklar 最早提出了 Copula 函数理论，他指出 Copula 函数可以将任意一个 n 维联合分布函数拆分为 n 个边缘分布和一个 Copula 函数。变量的分布通过边缘分布函数进行描述，而变量之间的相依关系则根据 Copula 函数进行描述。若函数 C 是一个多元联合分布函数，其多元边缘分布函数为 $F_1(x_1)$，$F_2(x_2)$，$\cdots$，$F_n(x_n)$，那么对于任意的随机向量 $\boldsymbol{X}_1$，$\boldsymbol{X}_2$，$\cdots$，$\boldsymbol{X}_n$，则存在一个 Copula 函数 C，满足：

$$F(x_1, x_2, \cdots, x_n) = C[F_1(x_1), F_2(x_2), \cdots, F_n(x_n)]。 \qquad （式 4-4）$$

式中，$F_1(x_1)$，$\cdots$，$F_n(x_n)$ 是 Copula 的多元参数。如果 $F_1(x_1)$，$\cdots$，$F_n(x_n)$ 是连续函数，那么 Copula 函数 C 可以唯一确定；反之，如果 C 是一个 Copula 函数，并且 $F_1(x_1)$，$\cdots$，$F_n(x_n)$ 是分布函数，那么由（式3-3）定义的函数 $F(x_1, x_2, \cdots, x_n)$ 就是一个具有边缘分布函数 $F_1(x_1)$，$\cdots$，$F_n(x_n)$ 的联合分布函数（Rayens and Nelsen，2000）。

根据上述 Copula 函数定义与定理可知，Copula 函数是在定义域为[0，1]区间上均匀分布的多维联合分布函数（Tosunoglu and Can，2016），它可以将多个具有相依关系的随机变量的边缘分布连接起来构造适当的联合分布。其主要的内容就是将多元随机变量的边缘分布通过转化变为均匀分布变量，使得在随后进行的建模仿真过程中不需要关注随机变量的不同边缘分布，简化研究问题，从而可以度量多元变量之间的非线性相依关系。相应地，在仿真的过程中，只需要生成均匀分布的随机变量，即可实现对相依随机变量的仿真。

(2)基于 EOF 的相依随机变量仿真

EOF 是一种分析矩阵数据中的结果特征，提取关键数据特征量的方法，也被称为特征向量分析或主成分分析。在地学和气象学领域的分析中，EOF 方法也称作时空分解。对于分解式 $X = EOF_{m \times m} \times PC_{m \times n}$，$m$ 表示站点数，n 表示年数，往往将矩阵数据的特征向量看作是空间样本，特征向量对应的是空间模态；而主成分对应的是时间变化，即时间系数，反应相应空间模态随时间的权重变化。对所需处理的数据矩阵 X 进行时空分解可以得到空间模态和时间系数，反之，利用空间模态和时间系数同样可以采用矩阵相乘恢复到原来的数据矩阵 X。在进行相关性分析的过程中，常常使用前面最显著的几个模态来拟合出矩阵 X 的主要特征。

对于区域内相关个体相依风险的仿真问题，应用 EOF 函数进行分解，可以将原始数据正交分解为空间模态与对应的时间系数。若将空间模态与时间系数进行线性重组，则可以还原历史数据，或随机仿真生成大量符合历史数据规律的"伪"数据，从而实现数据量的扩充，为保险费率厘定提供科学依据。

4.2.3.2　针对聚合风险模型的仿真方法

相比个体风险模型，针对聚合风险模型的仿真方法更像是对现实世界的模仿和重现。仿真过程大体可分为图 4-3 所示的步骤。

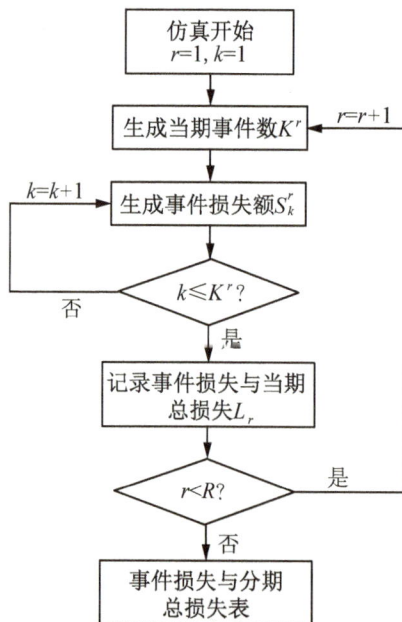

图 4-3　基于离散事件仿真的随机和变量估计框架

①依据频率函数，随机生成保险期限（通常为年）内的事件次数 K^r，$r=1$，2，$\cdots$，R 为仿真实验序号。

②依据损失函数，随机生成逐次事件的赔案金额 S_k^r，$k=1$，2，$\cdots$，K 为当期事件编号，完成一次仿真实验。记录逐次事件损失 S_k^r 和当期总损失 $L^r = \sum_k S_k^r$，$k=1$，2，$\cdots$，K。

③大量重复前述步骤，形成仿真事件损失表和总损失表，从而获得 $\widetilde{L}$ 概率分布的估计并计算对应的期望值、重现期特征值等定价关键参数。

[案例 4-1]　基于个体风险模型的区域产量指数保险定价

本案例以湖南省水稻保险为对象，说明如何运用个体风险模型对区域产量指数保险定价。

（1）研究对象、产品类型与数据

湖南省是我国重要的水稻生产基地，水稻播种面积、总产量均位列全国第一。2016 年，湖南省水稻播种面积约为 6 171 万亩，其中早稻播种面积约为 2 167.5 万亩，中稻与一季晚稻播种面积约为 1 768.5 万亩，晚稻播种面积约为 2 236.5 万亩，覆盖湖南省的 14 个市区 122 个县市区（湖南省统计局，2017）。湖南省也是我国最早开办水稻保险的地区之一。自 2007 年起为响应国家农业保险相关政策，湖南省开办了水稻保险业务，承保规模及承保面积逐年增加，2012 年以前，湖南省水稻保险承保面积约为播种面积的 70%；2012 年以后，湖南省水稻保险承保面积达到了播种面积的 80% 以上，个别市区达到了 90% 以上。

①产品要点。

本案例分析的对象为区域产量指数保险（area-based yield index insurance），更准确的翻译应为"区域单产指数保险"。湖南的水稻保险产品实际上是基于相对减产率确定保险赔付，以重置成本为保险金额的多灾因保险。然而，此种保险定价所需要的农户级别历史单产数据难以获取，因此很难直观地展示此处需要使用的定价方法。区域产量指数保险虽然在湖南省并没有大量业务，但其定价所需要的核心数据是县级历史单产数据，可以较为便捷地在省级统计年鉴上获取。出于说明方法的目标，此处以区域产量指数保险为例。

区域产量指数保险是一种典型的产量指数保险产品，由区域整体的平均单产水平作为赔付触发，针对的责任事故包括一切可能造成产量降低的灾因。此类产品最早出现于 20 世纪 50 年代的瑞典，是世界上第一个产量指数保险产品，随后加拿大在 20 世纪 70 年代末，美国在 20 世纪 90 年代初也开始推行该产品。以下参照美国的区域产量指数保险进行产品说明和简化处理。

a. 责任事故。由于各类自然灾害造成的作物产量降低，如特定保险区域内的平均单产低于合同载明的触发水平，则进行保险赔付。

b. 保险金额。保险金额由对应农作物收获时间的期货价格 p_t 和该县的预测单产 $Y_{c,\text{fcast}}$ 共同确定。在此案例中，为了说明方便，假定保险金额为 1 元/亩。

c. 赔付计算。保险公司对 c 县的参保农户 j 的单位参保面积赔偿金额为

$$l_{cjt} = \max\left(\frac{Y_{cj} - Y_{ct}}{Y_{cj}},\ 0\right) \cdot M_c \cdot \mathrm{scale}_j \qquad\text{（式 4-5）}$$

其中，$M_c = 1$ 是产品的保额，Y_{ct} 是该县第 t 年的平均单产。$Y_{cj} = \theta_j \cdot Y_{c,\mathrm{fcast}}$ 是农户选定的起赔单产，而 θ_j 是对应的单产保障水平，$Y_{c,\mathrm{fcast}}$ 是依据该县历史平均单产进行时间序列分析后对承保当年平均单产的预测值。scale_j 为价格保障水平。θ_j 和 scale_j 是由农户在投保时自行选择的两个参数，通过选择恰当的参数，可以使农户获得的实际赔付更加接近自身受到的损失。

②数据来源。

依据个体风险模型的框架，以及该产品的基本特征，对其定价所需要的基础数据主要为研究区分县的历史单产数据。本研究所采用的数据来源于湖南省统计局编写的《湖南农村统计年鉴》，具体为 2000—2016 年（2014 年数据缺失）湖南省 122 个市、州、县早稻、晚稻作物播种面积和历史产量数据，时间序列长度为 16 年。

（2）单产趋势处理

先对历史单产数据进行趋势处理。研究发现，定价结果可能因趋势模型的选择而产生显著的差异。在各类趋势模型中，在没有离群值的前提下，Linear 和 Log-Linear 趋势模型表现较好，而 Moving-Average 和 Rlowess 等趋势模型则可以很好地适应趋势反转和离群特征值的污染（Ye, et al., 2015）。对本案例数据的初步分析显示基本没有离群值，因此选取了最简单的线性趋势模型进行处理。先将任意县域 c 的历史单产数据与时间建立一元线性模型：

$$Y_{ct} = b(t - t_0) + a_c + \varepsilon_{ct}\,。 \qquad\text{（式 4-6）}$$

其中，Y_{ct} 为 c 县在 t 年的单产，即趋势单产，$t_0 = 2000$，$t = 2000,\cdots, 2016$；ε_{ct} 为残差项。

经上述拟合，可依据相对折算方法对历史单产进行"去"趋势：

$$Y_{ct}^{\mathrm{det}} = \frac{Y_{ct}}{\hat{Y}_{ct}}\hat{Y}_{c2016}\,。 \qquad\text{（式 4-7）}$$

其中，$\hat{Y}_{ct}$ 是对 Y_{ct} 的拟合值，即趋势产量。

（3）单产与保险损失仿真

在对分县的历史单产进行去趋势处理后，即可通过概率分布拟合和随机变量仿真进行单产和保险损失的仿真分析。由于各县的单产之间必然存在高度的相依性，因此必须使用相依随机变量的仿真方法实现该过程。在此，使用 EOF 和 Copula 两种方法进行示例。

①单产仿真方法。

a. 使用 EOF 方法进行单产仿真。针对湖南省县域水稻单产数据特点，本案例采用了 EOF 分解和蒙特卡罗仿真技术流程（图 4-4）。

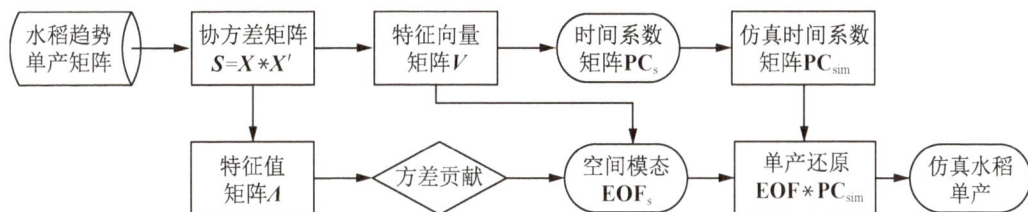

图 4-4　湖南省水稻单产 EOF 分解与蒙特卡罗仿真技术路线（高瑜，等，2017，重绘）

将经过趋势处理后的湖南省分县 2000 年至 2016 年早稻、中稻、晚稻历史单产数据作距平计算，得到数据矩阵 $X_{m \times n}$。计算上述距平矩阵 X 与其转置矩阵 X' 的交叉积，得到协方差矩阵 S。求解方阵 C 的特征值矩阵和特征向量矩阵 V，将特征向量矩阵投影至原始水稻趋势单产矩阵上，可将原始数据矩阵分解为空间模态矩阵（EOF）和时间主成分矩阵（PC）。随后根据不同组水稻数据的分解结果，统计各个模态的方差贡献率与累计方法贡献率，选取累计方差贡献率高于 0.85 的前若干个主模态的时间系数进行正态分布拟合，依据拟合的分布参数进行 PC 模态随机数的生成。再将求得的 PC 与对应的空间模态矩阵进行重组，即可获得较长时间序列的县级仿真水稻单产数据。本案例依据前述去趋势结果采用 EOF 分解与蒙特卡罗方法进行仿真，产生湖南省各县级地块 1 000 年的仿真单产数据。

b. 使用 Copula 联合概率仿真。应用 Copula 函数对分县单产相关性的测度需要确定单产的边缘分布以及选择 Copula 函数。本案例选取了 Normal 和 Lognormal 两种常见分布作为候选的分布模型，通过 Matlab 软件分别拟合了早稻、晚稻单产的分布，并通过 Kolmogorov-Smirnov 检验来选择最优的分布形式。将湖南省分县的假设检验结果的 p 值在全部县市的范围内取平均值，以此作为拟合优度的比较指标。结果显示，在平均意义上，湖南省分县历史水稻单产更多服从正态分布，因此在后续的分析中使用正态分布函数。

Copula 函数有很多不同的类型，如 Gaussian Copula、Student's t-Copula，以及 Archimedean Copula 等。通过比较经验 Copula 和拟合 Copula 之间的平方欧式距离，选择最小距离对应的 Copula。同时结合湖南省水稻边缘分布的分布形式以及拟合效果，选定多元随机变量为 Normal 分布，因此本案例选取了 Gaussian Copula 函数来描述随机变量间的相关结构。

在此基础上，进行蒙特卡罗模拟，得出湖南省分县 1 000 组服从 Normal 边缘分布的单产数据。其具体步骤如下。

使用 Matlab 软件中的 Copularnd 函数生成服从 [0, 1] 均匀分布的随机变量（每个县市各 1 000 个随机事件）。

应用随机模拟的反函数方法，使用 Matlab2016a 软件中的 Norminv 函数计算出分县市单产的随机数，随机数服从标准正态分布。

在已知分县市单产的正态分布均值和方差参数的基础上，将服从标准正态分布的随机数通过线性变化转化为服从已知分布参数的单产数据。

②单产仿真结果验证。

依据上述步骤生成了湖南省分县区 1 000 年的仿真单产数据。为了验证单产数据的仿真效果，将分县历史经验单产与仿真单产逐县求均值和标准差，并作散点图，以比较历史实际单产数据与对应的仿真单产数据在前二阶矩上的一致性。湖南省县级水稻单产的仿真结果验证如图 4-5 所示。

从图 4-5 中可以看到，Copula 和 EOF 两种方法都很好地对应了历史数据的期望值，相关系数均大于 0.98。两者的标准差都存在一定的不确定性，Copula 函数的仿真结果略有高估（R^2 为 0.92），而 EOF 方法的结果则略有低估（R^2 为 0.86）。在后续的分析中，使用二者的等权重平均值作为仿真结果进行计算。

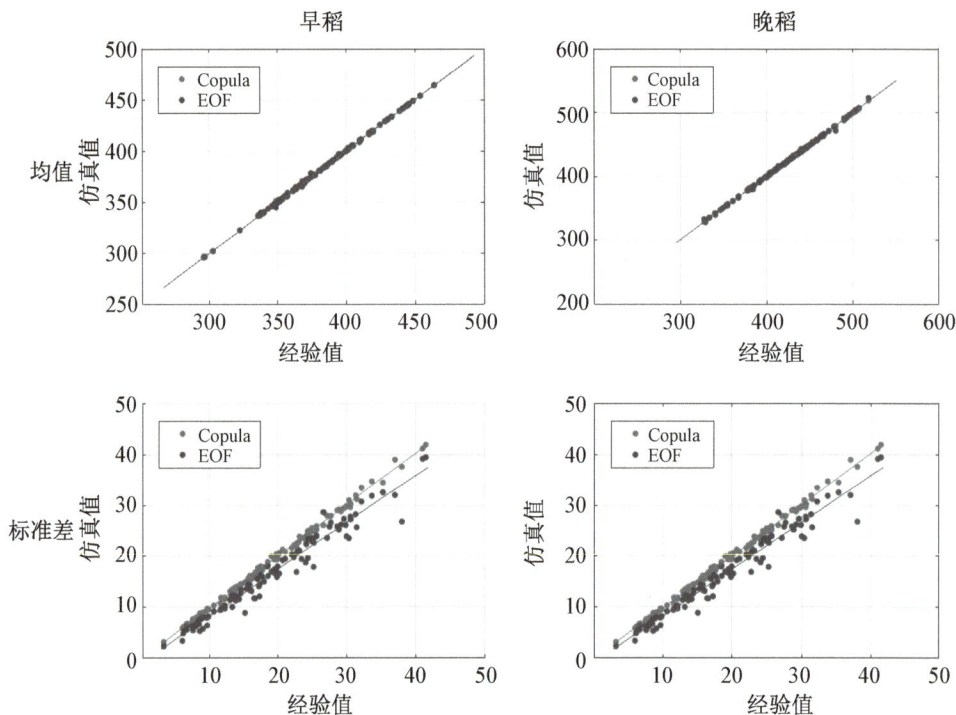

图 4-5　湖南省县级水稻单产的仿真结果验证

③保险损失的计算。

在完成上述具有相关性的单产仿真后，即可利用赔付公式计算对应的历年保额损失率。为了举例方便，进一步假设（式 4-5）中的 $\theta_j - 1$（保障水平为预测产量的 100%），$scale_j = 100\%$（价格保障水平也为 100%）。由此，可相应生成分县 1 000 个仿真事件年的保额损失率，并相应计算出其期望值和重现期值。若县 c 的投保面积为 A_c，则湖南全省的总体保额损失率相应为所有县域保额损失率的加权平均值。图 4-6 和图 4-7 分别为湖南省早稻和晚稻区域产量指数保险损失风险评估结果。

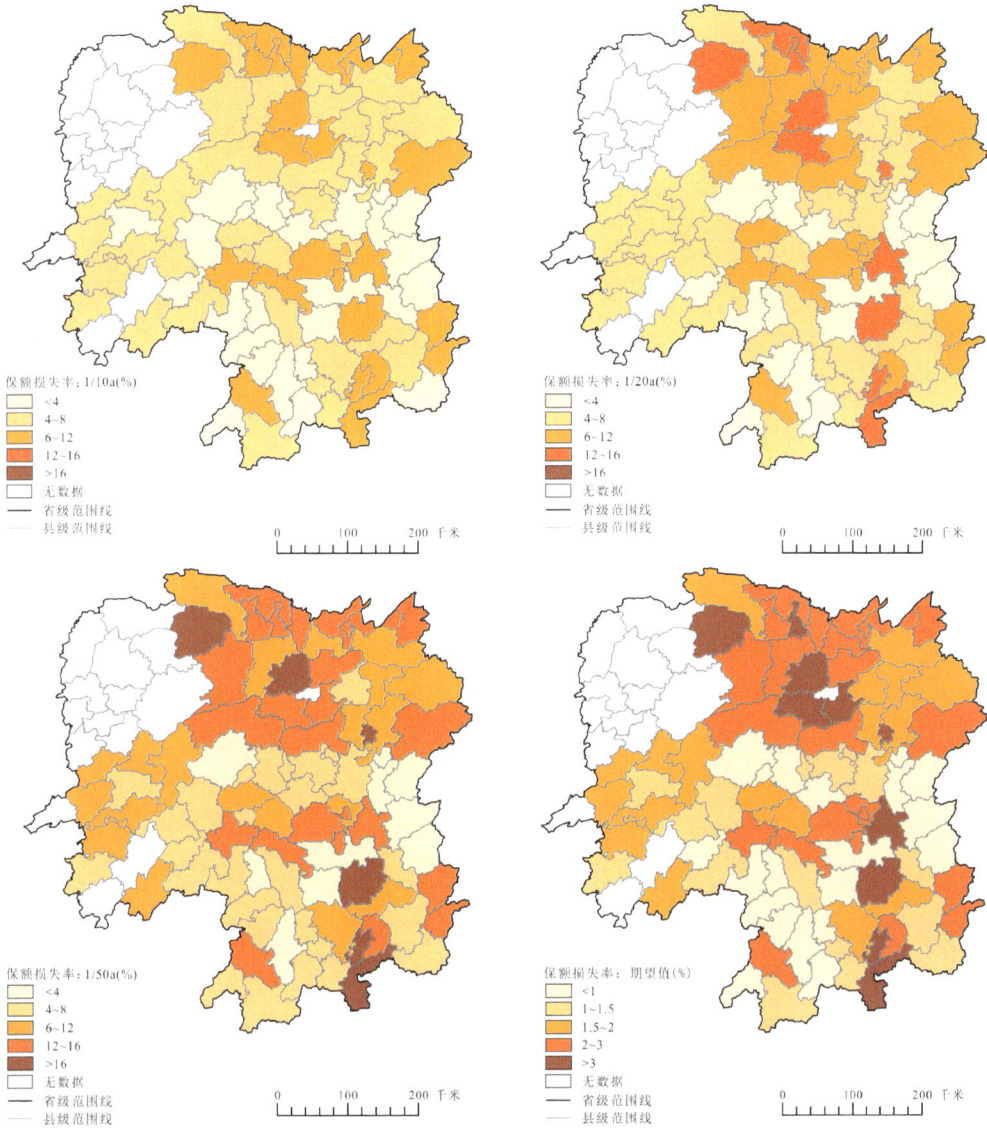

图 4-6 湖南省早稻区域产量指数保险损失风险评估结果

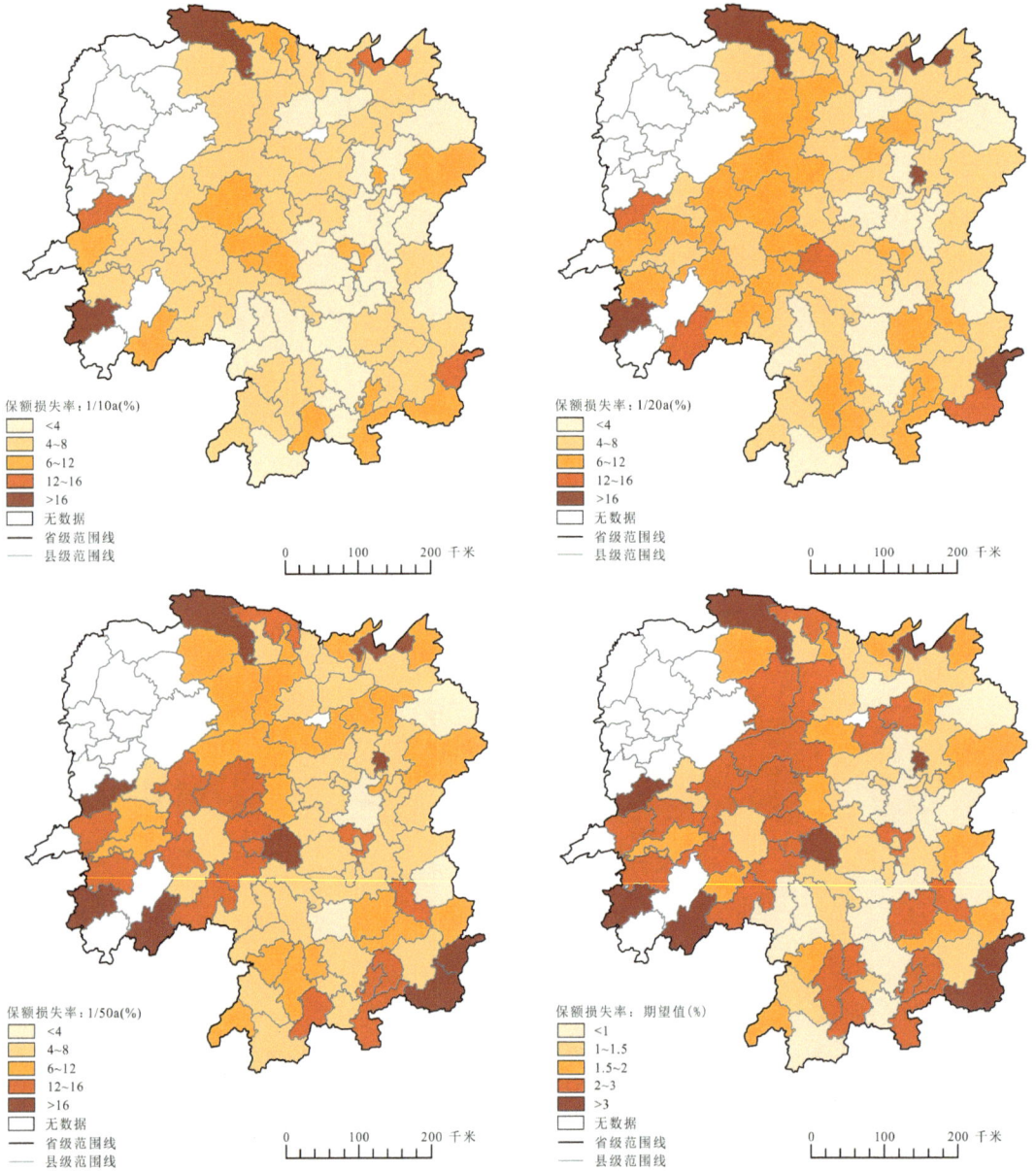

图 4-7　湖南省晚稻区域产量指数保险损失风险评估结果

（4）定价结果

①纯风险损失率。

依据定价基本原理，分县域保额损失率的期望值即为对应的纯风险损失率（表 4-1、表 4-2）。

表 4-1　湖南省早稻区域产量指数保险纯风险损失率

承保区县	纯风险损失率（%）	承保区县	纯风险损失率（%）	承保区县	纯风险损失率（%）	承保区县	纯风险损失率（%）
芙蓉区	3.67	南岳区	4.34	临湘市	2.79	资兴市	1.48
天心区	3.30	衡阳县	1.66	武陵区	2.02	零陵区	0.90
岳麓区	2.21	衡南县	0.67	鼎城区	2.87	冷水滩区	0.76
开福区	3.37	衡山县	2.15	安乡县	2.82	祁阳县	1.33
雨花区	2.33	衡东县	3.06	汉寿县	3.71	东安县	0.83
长沙县	1.76	祁东县	2.49	澧县	2.94	双牌县	0.79
望城县	1.83	耒阳市	3.58	临澧县	2.50	道县	2.61
宁乡县	2.59	常宁市	0.59	桃源县	2.46	江永县	0.91
浏阳市	2.69	双清区	1.58	石门县	1.64	宁远县	0.30
荷塘区	0.74	大祥区	0.70	津市市	3.09	蓝山县	0.75
芦淞区	4.16	北塔区	3.58	慈利县	3.57	新田县	0.96
石峰区	0.61	邵东县	1.96	资阳区	3.01	江华自治县	1.43
天元区	0.42	新邵县	1.98	赫山区	2.16	中方县	1.20
株洲县	0.67	邵阳县	2.94	南县	2.36	辰溪县	1.74
攸县	0.59	隆回县	1.09	桃江县	3.10	溆浦县	1.55
茶陵县	0.51	洞口县	1.46	安化县	2.23	会同县	1.65
炎陵县	2.53	新宁县	1.28	沅江市	2.42	麻阳自治县	1.93
醴陵市	0.75	城步自治县	1.81	北湖区	3.53	芷江自治县	1.61
雨湖区	1.84	武冈市	0.89	苏仙区	2.42	靖州自治县	1.31
岳塘区	1.67	岳阳楼区	2.75	桂阳县	1.68	洪江市	1.53
湘潭县	1.26	云溪区	1.94	宜章县	3.22	娄星区	1.11
湘乡市	1.33	君山区	2.73	永兴县	1.56	双峰县	0.74
韶山市	1.40	岳阳区	1.87	嘉禾县	1.26	新化县	0.66
珠晖区	2.80	华容县	2.56	临武县	1.37	冷水江市	0.94
雁峰区	3.03	湘阴县	1.50	汝城县	1.06	涟源市	0.89
石鼓区	2.87	平江县	1.88	桂东县	2.44		
蒸湘区	2.94	汨罗市	1.67	安仁县	1.14	全省总计	1.87

103

表 4-2　湖南省晚稻区域产量指数保险纯风险损失率

承保区县	纯风险损失率（%）	承保区县	纯风险损失率（%）	承保区县	纯风险损失率（%）	承保区县	纯风险损失率（%）
天心区	4.58	衡阳县	1.10	武陵区	2.27	零陵区	0.75
岳麓区	2.18	衡南县	0.82	鼎城区	1.26	冷水滩区	0.80
开福区	4.73	衡山县	2.50	安乡县	1.49	祁阳县	1.14
雨花区	0.96	衡东县	1.11	汉寿县	1.10	东安县	0.97
长沙县	1.19	祁东县	1.26	澧县	2.81	双牌县	1.56
望城县	0.86	耒阳市	2.13	临澧县	1.48	道县	1.25
宁乡县	1.46	常宁市	0.56	桃源县	2.14	江永县	1.61
浏阳市	1.57	双清区	2.69	石门县	5.21	宁远县	2.05
荷塘区	1.31	大祥区	2.74	津市市	1.67	蓝山县	2.49
芦淞区	2.82	北塔区	3.20	慈利县	1.88	新田县	2.18
石峰区	2.26	邵东县	3.14	资阳区	2.00	江华自治县	0.86
天元区	1.57	新邵县	2.53	赫山区	0.54	中方县	2.08
株洲县	0.89	邵阳县	2.34	南县	1.25	辰溪县	1.28
攸县	1.58	隆回县	1.34	桃江县	1.85	溆浦县	2.40
茶陵县	0.62	洞口县	2.45	安化县	2.04	会同县	2.43
炎陵县	1.79	新宁县	2.35	沅江市	0.86	麻阳自治县	3.83
醴陵市	0.96	城步自治县	3.68	北湖区	2.46	芷江自治县	2.59
雨湖区	1.21	武冈市	1.61	苏仙区	2.51	靖州自治县	5.65
岳塘区	1.15	岳阳楼区	4.72	桂阳县	0.98	洪江市	1.83
湘潭县	0.74	云溪区	3.04	宜章县	2.81	娄星区	1.27
湘乡市	0.81	君山区	2.29	永兴县	1.94	双峰县	1.13
韶山市	1.31	岳阳区	1.31	嘉禾县	1.12	新化县	2.62
珠晖区	1.07	华容县	1.92	临武县	0.97	冷水江市	2.37
雁峰区	0.95	湘阴县	2.07	汝城县	3.37	涟源市	1.58
石鼓区	3.09	平江县	0.70	桂东县	4.92		
蒸湘区	2.53	汨罗市	1.71	安仁县	2.52		
南岳区	1.20	临湘市	1.84	资兴市	1.46	全省总计	1.53

②巨灾风险附加费率。

测算巨灾风险附加费率要先确定风险池的大小，从而确定总体保险损失的重现期特征值。在此处，假定以湖南省所有县域为风险池。全省总保额损失率应是各县保额损失

率的加权平均值，而权重为各县域的投保面积：

$$\text{LCR}_t = \frac{\sum_c A_c l_{cjt}}{\sum_c A_c}。$$ （式 4-8）

由此可知全省早稻、晚稻的重现期保额损失率，如表 4-3 所示。

表 4-3 湖南省水稻区域产量保险不同重现期标准的最大可能保额损失率

水稻类别	重现期(1/10a)	重现期(1/20a)	重现期(1/50a)
早稻	6.00%	7.72%	9.65%
晚稻	4.97%	6.32%	7.94%

依据表 4-3，在设定保险经营可接受的重现期前提下，确定对应的巨灾风险附加费率。例如，取 1/10a 重现期为可接受重现期，则早稻对应的巨灾风险附加费率为：6.00%－1.87%＝4.13%。此时，各县的费率均应在纯风险损失率的基础上加上巨灾风险附加费率，以及由公司核算的费用，才能得到最终的毛费率。

[案例 4-2] 基于聚合风险框架的农房保险定价

本节以浙江省为例，系统地说明在聚合风险模型框架下，如何拟合年度赔案频率、单次赔案保额损失率随机特征参数，并运用蒙特卡罗离散事件仿真，评估损失风险，并厘定纯风险损失率。

(1)研究区域、产品要点与数据

①研究区域与产品要点。

浙江省地处东南沿海，自然灾害频发，每年台风、洪涝等灾害造成农房大量倒塌，给广大群众造成严重的财产损失。2006 年，浙江省委、省政府联合人保财险浙江省分公司启动了政策性农村住房保险试点工作，这是伴随着新一轮政策性农业保险试点实施开展的第一批"三农保险"试点。2007 年，按照行政区划分对接保险公司网点，共承保了 74 个县、区，全省(不含宁波)参保农户 888.9 万户；2018 年，参保农户达 832.4 万户，参保率达 94.48%，基本实现了全省农户全覆盖。

浙江省农房自然灾害保险方案依据浙江省民政厅制定的《政策性农村住房保险倒塌房屋界定标准和裁定办法》，对承保房屋、损失等级进行界定。其中，房屋倒塌情形包括房屋两面(含)以上墙壁倒塌、房屋屋顶坍塌、楼板坍塌、房屋主体结构毁坏、墙基冲毁难以修复、因洪水长期浸泡造成墙体损毁、无显性损毁经建设部门鉴定应当整体拆除重建等 7 种情形。房屋倒塌等级分为三级：Ⅰ级为一般倒塌，即损坏，保险人按每间自然间 1 250 元赔偿；Ⅱ级为较严重倒塌，即严重损坏，保险人按每间自然间 4 500 元赔偿；Ⅲ级为严重倒塌，即民政部门核定的倒房，每户最高赔偿限额为 22 500 元。

浙江省根据是否为沿海地区，以及历年风险系数将全省划分为两大风险区域，规定了不同的缴费比例。起初，一类风险区域为温州、台州、舟山、丽水，共 4 个市；二类风险区域为杭州、宁波、绍兴、湖州、嘉兴、衢州、金华，共 7 个市。一类风险区每户每年交纳保费 15 元，其中省、县两级政府补助 10 元；二类风险区每户每年交纳保费 10 元，其中省、县两级政府补助 7 元。2011 年，对上述区划和费率方案进行了小幅调整：历年赔款相对较低的舟山从一类高风险区改划为二类低风险区。

②数据来源与预处理。

本研究使用的农房保险承保和理赔数据源自中国人民财产保险股份有限公司浙江省分公司，包括2009—2018年浙江省（不含宁波，下同）农村住房灾害保险承保数据（主要以村镇、街道为单元入库，包括保险期间、保单号、保险金额、保费、承保户数、标的地址及适用险种合同条款信息等内容），共26.6万条，以及农村住房保险理赔数据库共14.1万条，以村镇、街道为单元入库，数据指标包括保险期间、保单号、立案号、保险金额、出险日期、出险原因、出险地点、赔付金额等内容，其中，出险原因包括雹灾、暴风、暴雨、暴雪、爆炸、火灾、倒塌、雷击、台风、意外等灾因。

由于部分年度、县区支公司在记录过程中记录标准并不统一，有的以单次事件、单一保单为记录入库，有的则包括单次事件一个保单下的分户清单。为此，先将分户清单进行合并，以保证所有记录均以保单为基本记录单元。在合并过程中，凡赔案数据库中出险时间相同、保单号相同且出险原因相同的，均视为同一保单的同一事故。与此同时，还对2009—2012年之前的赔案记录进行了保额基础的调整，将与之对应的分户保额由1.8万元调整为2.25万元，并以相应的倍数调整保单保额和逐次赔案金额，从而使得前后数据在保险损失上具有可比性。

（2）基于聚合风险模型的风险评估与费率厘定

本研究使用了非寿险精算中经典的聚合风险模型作为风险评估和费率厘定的总体框架。在该框架下，要实现估计浙江省各地区年度农房保险总赔付（或保额损失率）的概率分布，需要相应完成：保险年度内农房灾害赔案频次（频率函数 k）随机变量的拟合；单次赔案金额（损失函数 s）随机变量的拟合，以及总保险损失概率分布的求解。

①县级赔案频次拟合。

利用赔案地址信息，将历史赔案对标至乡镇行政点位，再依据县级行政边界进行统计，从而获得了各县历年的赔案频次，并进行了趋势检测和相关性分析。在此基础上，分别考虑经典精算模型中的负二项分布和泊松分布对各县2009—2018年的事故频次进行了拟合。使用 Kolmogorov-Smirnov（K-S）检验对结果进行了分析。凡显著性水平 $p <$ 0.05的均认为拟合得到的参数分布与原经验分布存在统计意义上显著的差别，效果欠佳。当 $p > 0.15$ 时，方可认为拟合得到的参数分布与原经验分布吻合度较高（易丹辉和董寒青，2019）。经过拟合标准误和K-S检验等的综合判断，总体而言，负二项分布对年度赔案频次随机特征的反映程度更好。在后续的结果中，主要展示负二项分布对应的分析结果。

②县级赔案保险损失率拟合。

在对损失函数的拟合过程中，因所有赔案记录数据均自下而上的由分户清单向保单收拢。而各保单由于参保户数的不同，保单保额并不一致。直接将历史事故赔付金额进行拟合并不符合随机变量拟合的基本假设。为此，将历史赔付金额折算为单次赔案的保额损失率。依据定义，保额损失率＝保单赔案金额/保单保额，是值域范围为[0, 1]的随机变量。

在拟合过程中所使用的模型主要考虑了正态（Normal）、对数正态（Lognormal）、伽马（Gamma）和韦伯（Weibull）4种经验分布函数，分别利用 Matlab 拟合参数，使用直观比

较和 Kolmogorov-Smirnov 拟合优度检验。尽管各县均有相当数量的历史赔案数据，但上述常用的参数分布均未能有效捕捉随机特征，在研究区 74 个县域中，仅有 4 个县的参数分布拟合结果能够通过 K-S 检验。为此，在充分考虑样本量的前提下，使用了非参数的核密度估计方法：

$$\tilde{f}_h(x) = \frac{1}{nh} \sum_i K\left(\frac{X_i - X}{h}\right), \ x \in \mathbf{R}。 \tag{式 4-9}$$

式中，n 为样本数量，$K(u)$ 为核函数，h 为平滑窗宽。研究中使用高斯核函数：

$$K(u) = \frac{1}{\sqrt{2\pi}} e^{u^2/2}。 \tag{式 4-10}$$

并依据经典方案取最优窗宽 $h_{\text{opt}} = 1.06\sigma n^{-1/5}$。其中，参数 σ 取分布的标准差和四分位距/1.34 之间的较小值。

③总保险损失仿真。

利用蒙特卡罗仿真的方法，通过大量离散仿真模拟实现对各县、各地市和全省总保险损失和总保额损失率的仿真。针对各县，分别利用拟合得到的参数使用负二项分布随机数生成器确定年度赔案次数，再依据核密度估计得到的单次赔案保额损失率分布随机抽取保额损失率，并配以随机抽取的保单保额，形成历史事件的保额损失表，并最终形成年度保险损失和年度保额损失率表。最后，即可依据保险费率厘定需要的参数，提取特征值，从而获得纯风险损失率（保额损失率的期望值）以及重现期保额损失率等关键参数。在本研究中，分别对各县进行了 1 000 个事件年的灾害赔付事件随机仿真。之后，在聚合风险模型的基础上，得到了浙江省各县区的年总保额损失率，进而得到了浙江省 74 个县区的纯风险损失率厘定结果。

（3）定价结果

评估结果显示，浙江省农房灾害保险各县域单元的年期望保额损失率为 0.01%～0.21%；20 年一遇条件下保额损失率最小值为 0.01%，最大值为温州苍南 0.45%。整体上看，保额损失率体现的是南北分异，高值区主要分布于浙江省南部山区以及东部沿海地区，中等值的县域较为离散地分布于浙江省中部，低值区主要分布于浙北平原地区。

在考虑县级保额后，各县域单元的年期望保险赔付金额在 0.67 万～694.24 万元，最大值位于温州永嘉，最小值位于丽水云和；20 年一遇的条件下，年期望保额损失金额最小值为杭州西湖区 4.08 万元，最大值为温州苍南 1 432.74 万元。整体上看，由于温台等沿海地区经济水平较高，房屋造价高、人口密集，使得年期望保额损失金额显现为东西分布的显著差异。图 4-8 为浙江省农房保险县级保额损失率与保险损失估计结果。

对比可见，县级保险损失风险高的主要为靠近海域的地带，为浙江省历年受台风影响较大的地区，而西北地区虽然各县域单元的保额期望损失率偏高，但由于人口稀疏，年期望保额损失金额较东南部偏低。浙北地区则多为内陆，且地势属于平原地区，因而，县级保险损失风险较低。

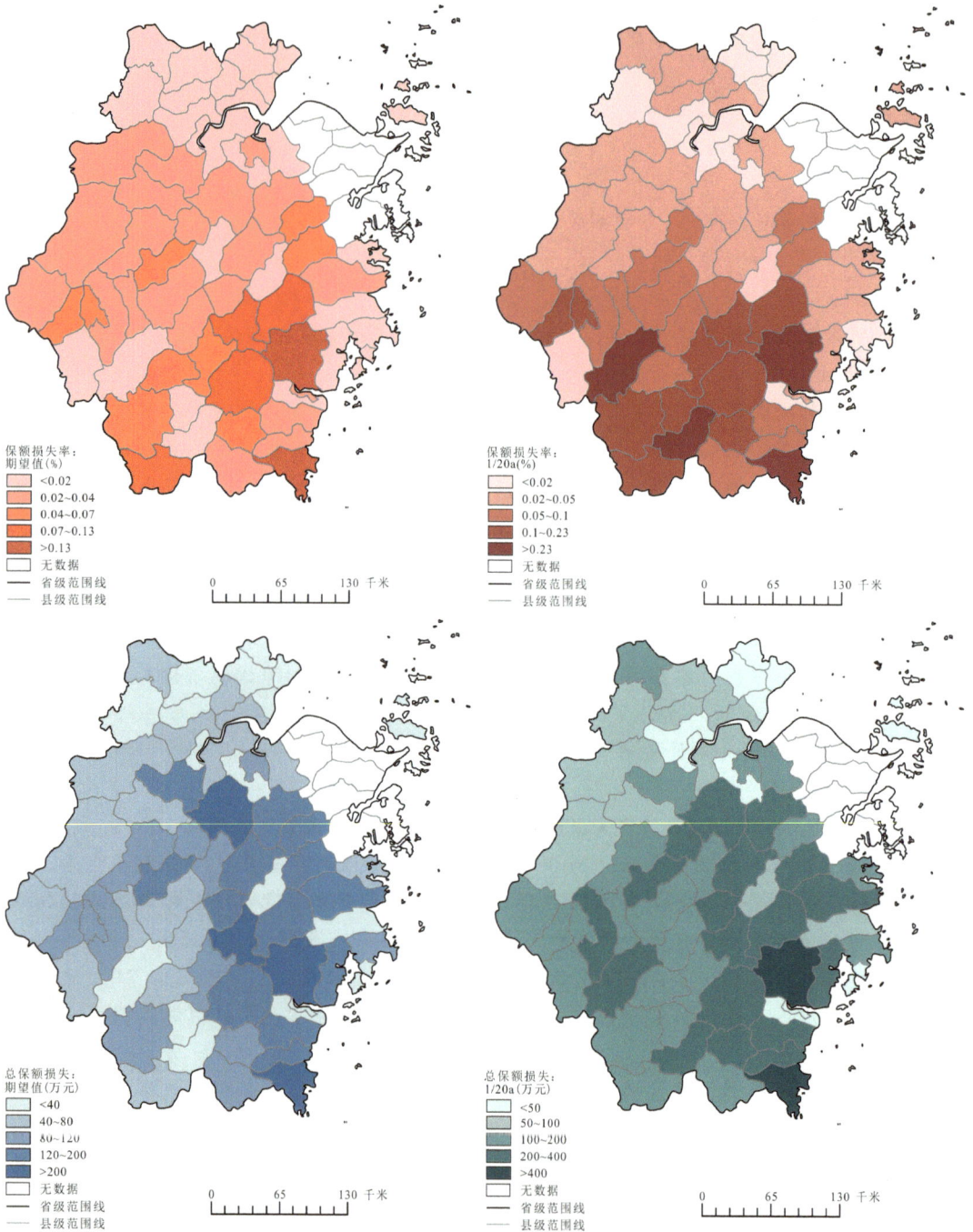

图 4-8　浙江省农房保险县级保额损失率与保险损失估计结果

4.3　灾害事件模拟方法

　　灾害事件模拟方法是基于灾害形成机理，通过对灾害事件的仿真模拟对保险损失风险进行建模的方法。在应用过程中，灾害事件模拟方法通过对保险期限内的灾害事

件进行基于过程的、具有物理意义的模拟，仿真得到逐次灾害事件的损失，并以此为依据确定逐次赔付金额和年度总赔付金额，再依据大量仿真得到年度总保险赔付的概率分布。

灾害事件模拟方法对致灾事件有清晰的定义，且依据灾害损失形成机理进行建模的科学性较强，被广泛应用于开发地震、台风、洪水等巨灾模型。此种方法中基于事件模拟的框架与聚合风险模型的框架一致。

4.3.1 总体框架

灾害事件模拟法所依据的主流概念框架为

$$R = H \times V \times E。 \tag{式 4-11}$$

其中，R（risk）表示风险，由对应的致灾因子危险性 H（hazard）、承灾体脆弱性 V（vulnerability）和承灾体（保险标的）暴露 E（exposure）共同决定。（式 4-11）只是一个概念框架，乘号不宜被看作一个纯粹的数学运算符，在更广泛的意义上，它表达了风险三要素对风险水平的正向贡献，即更高的危险性、脆弱性和更大的暴露量会导致更高的风险水平。

在针对保险定价的风险评估框架下：

R 是一个随机变量，表示特定时期和对象因特定灾种引起的（保险）损失的不确定性，一种常见的方式是（保险）损失的概率分布，或损失的超越概率分布。

H 也是一个随机变量，表达致灾因子达到特定强度的不确定性，一种常见的方式是致灾强度的概率分布，或强度的超越概率分布。

V 是一个（组）函数映射关系，用于反映在一定的致灾强度下承灾体损失的量或率的期望值及其分布，即致灾强度和灾害损失（率）之间的定量转换关系。

E 是在特定致灾因子影响范围内承灾体暴露的数量，是灾害损失测算的基数。

在上述定义下，通过离散事件仿真对保险损失风险进行评估的主要流程如下。灾害事件模拟法的典型技术流程如图 4-9 所示。

4.3.1.1 历史灾害分析

搜集历史灾害事件信息，构建历史灾害数据库，从中提取过往自然灾害的致灾因子信息（起止时间、影响空间范围和强度）、受到致灾因子影响的承灾体暴露范围以及对应的灾情损失。在此基础上，通过对大量历史致灾因子数据的统计分析，进行致灾因子危险性分析，估计致灾因子的发生时间、发生地点以及致灾强度的概率分布。结合历史致灾因子的强度、承灾体暴露和最终损失信息，量化承灾体脆弱性（强度-损失）函数。脆弱性函数也可通过实验数据集进行估计获取。

4.3.1.2 致灾事件仿真

基于致灾因子危险性分析结果，依据致灾因子的时间、空间和强度分布，随机生成大量致灾事件；每个致灾事件应具有明确的发生时间、空间位置、影响范围以及致灾强度场。

4.3.1.3 事件损失仿真

利用随机仿真得到的逐个致灾事件影响范围，确定该场致灾事件中承灾体的暴露水平。在每个空间位置上，依据致灾强度场、暴露的承灾体对象以及脆弱性函数关系，确定相应的损失水平，进一步确定事件总损失水平和对应的保险赔付金额。

4.3.1.4 总保险损失风险估计

大量重复前述步骤，形成完整的仿真事件损失表和分期损失表，从而获得 R 真实概率分布的估计并提取对应的期望值、重现期特征值等定价关键参数。

此种方法要求在建模过程中清晰地定义特定时期内的每一场灾害，并完全依据当前主流的"致灾因子-脆弱性-暴露"风险定量评估方法。此类建模方法，对致灾因子危险性的建模应至少刻画时间、空间和强度三个维度的概率分布，以实现对致灾因子的可靠仿真。致灾强度和灾害损失之间的脆弱性定量关系可通过对历史灾害事件记录中强度-损失数据的统计、拟合得到，亦可通过实验方式或仿真的方法获得。利用仿真生成的大量致灾事件，结合脆弱性函数计算任意给定致灾事件的损失，即可完成外部损失风险评估。与前述方法相比，灾害事件模型法的空间单元取决于建模对象。对致灾因子的建模通常考虑地理单元或栅格，而对承灾体的表达则可能基于地理单元、栅格或行政单元。因此，最终输出的风险结果可能是上述三种单元的任意一种。

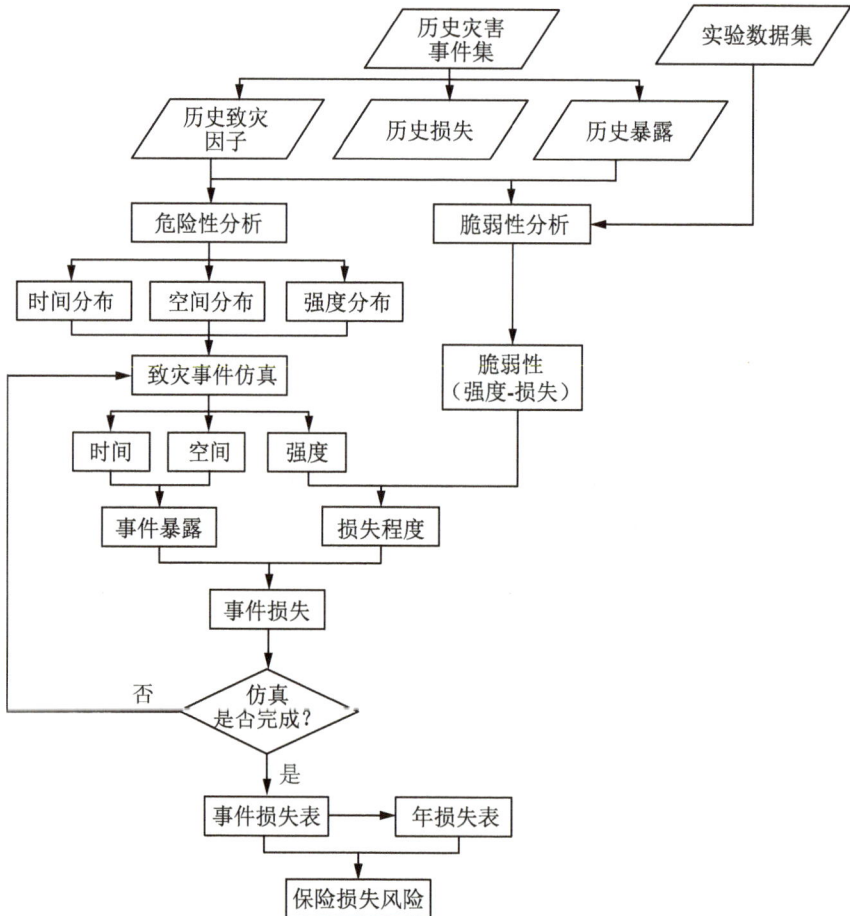

图 4-9 灾害事件模拟法的典型技术流程

4.3.2　致灾因子危险性

致灾因子危险性分析是通过对历史致灾因子的数据分析，确定致灾因子在时间、空间和强度上的随机特征，从而实现对致灾因子随机表达（仿真）的过程。致灾因子危险性分析和致灾事件仿真是灾害事件模拟方法作为基于过程的、具备实际物理意义的定价方法的关键，是其区别于纯粹统计方法的核心。

主要类型自然致灾因子的孕育和生成的物理机制和过程各不相同，因此在对它们的时间、空间和强度随机特征进行建模时也存在很大的差异。表4-4列出了一些常见的自然致灾因子的时间、空间和强度随机特征建模的关键信息。

表 4-4　主要自然致灾因子的危险性分析与建模

致灾因子类型	空间特征		强度场指标
	核心位置	影响范围	
地震	震中	等烈度区	烈度、峰值加速度等
洪涝	河道	淹没范围	淹没水深、淹没时长等
台风	台风中心	等风速区/风圈/风带	阵风风速、降雨量等
（森林草原）火灾	起火点	蔓延范围	火焰长度（flame length）等
地质灾害 （滑坡/泥石流）	滑坡体/堆积物位置	泥石流扇	滑坡体积 冲出速度、冲出体积
冰雹	—	线状	雹块大小、动能；动量等

在下文中，以致灾因子危险性建模和随机事件仿真技术相对较为成熟的地震、台风和洪水为例做更详细的说明。

4.3.2.1　地震

人们对地震危险性建模与随机事件仿真已有很深入的研究和相对成熟的模型。在相关领域的研究中，概率性地震危险性分析（probalilistic seismic hazard analysis，PSHA）至少已有50多年的研究历史。至今，这套分析框架依然在沿用并在继续向前发展。对PSHA的原理性解释，包括如地震发生模型（earthquake occurrence model）（Anagnos and Kiremidjian，1988）、震源模型（seismic source model）、地震动模型（ground motion model）等的介绍超过了本书范围。在此处，我们借助相关学者（Mulargia，Stark and Geller，2017）的总结对PSHA进行简要的介绍。通常而言，PSHA包括如下步骤。

①利用地震事件目录、地质痕迹和大地应变等数据确定地震活动区域、结构和断层；

②对于每个断层和区域，使用历史记录或仪器测量数据以及大地应变资料等，估计平均事件（发生）率；

③对于每个潜在震源区，使用物理模型推断未来的平均发生率，$\lambda = N/\Delta t$（N 为时间段 Δt 内的地震发生次数），通常以地震发生的重现时间进行表达 $\tau = 1/\lambda$；

④对于任意位置，利用地震动预测模型的经验函数，获取来自每个震源区的地震动衰减谱；

⑤预测不同超越概率或重现期的地震动，地震动可利用工程变量如峰值加速度等变

量进行表达；

⑥考虑同一位置可能受到来自不同震源区的地震影响，将任意位置上来自不同震源区的超越概率进行求和。

在PSHA的基础上，可以利用蒙特卡罗方法对地震致灾事件进行随机仿真（Zhuang and Touati，2015）。仿真的简要流程如下。

①地震发生时间与地震事件集仿真：在特定的潜在震源区内，在特定时间段内，依据地震发生模型确定即将发生的地震致灾事件总数，并逐个事件确定具体的发生时间。这一过程可依据的模型包括泊松过程模型（Poisson process model）、更新模型（renew model）、压力释放模型（stress release model）以及传染型余震序列模型（epidemic type aftershock sequence，ETAS）等。

②对于每个仿真得到的地震致灾事件，确定其震中的空间位置。在同一潜在震源区上，震中位置服从空间平面上的均匀分布。

③对于每个震中点位，依据震级-频率的经验关系，随机生成震级。常见的震级-频率关系包括Gutenberg-Richter（G-R）震级-频率关系、渐变指数分布、纯经验模型。经验关系中的参数应使用该潜在震源区上的历史地震进行拟合得到。

④对于每个已知震中和震级的致灾事件，利用地震动衰减谱生成其强度场。强度场常用的指标包括峰值速度和峰值加速度等。

除上述简略的模拟方法外，还有考虑不同震源区之间相互作用关系的多区域地震地震仿真模型、时间空间仿真模型（如时空ETAS模型）等，在本书中不做过多探讨。

4.3.2.2 台风

与地震类似，人们对台风危险性建模与随机事件仿真也有深入的研究和较成熟的模型。台风致损的致灾因子本质上可分为大风和降水两类。台风降水造成影响的核心仍然是地表的洪涝。本小节主要关注台风大风致灾危险性的建模与随机事件仿真，由降水引发的洪涝致灾因子将在下一小节中进行说明。

台风大风致灾危险性的强度指标通常使用风速。由于风速具有很高的时变性，气象观测中常见的风速指标包括10分钟、2分钟、1分钟平均风速以及3秒阵风风速。相应地，台风大风致灾危险性建模的核心问题是估计特定空间位置上超越任一风速指标的概率。台风大风危险性的评估方法可分为两类。第一类方法是将历史台风生命周期内气象观测站点记录的风速数据，运用极值理论中的参数分布函数，进行概率分布拟合和重现期风速的计算。此类方法相对便捷，但其精度受制于气象观测站点的空间分布密度，需要进行有效的空间插值才能形成区域连续性的栅格危险性评估结果。

第二类方法即利用台风路径模型和台风风场模型，基于历史台风记录或蒙特卡罗仿真生成的随机台风事件集，获取任意空间位置上数场台风的大风强度，并相应估计台风大风的经验概率分布，从而获得其超越概率曲线。利用蒙特卡罗方法对实现台风路径及强度的随机事件仿真的简要流程如下。

（1）台风发生时间与台风事件集仿真

依据历史台风观测资料，对台风生成的年频次与季节性特征进行统计；据此生成年度台风事件数以及逐次台风的发生时间。对历史台风生成位置的空间点位进行分析，利用非参数核密度估计等方法，形成台风生成空间点位的空间概率密度，在此基础上可利

用"拒绝法"确定逐场仿真台风的初始空间位置。

(2)台风移动路径仿真

针对每一个初始点，依据其初始时间和空间位置，确定其初始前移速度、方向和中心气压。在此基础上，依据前移方向的随机变量，逐个时间步长随机生成前沿偏移量和前移速度。重复上述过程，直至判定台风登陆，或台风消亡。若判定台风登陆，则利用陆地强度衰减模型判定后续中心气压。若判定台风消亡，则仿真结束，记录路径点位及其他过程参数，特别是中心气压。上述仿真中所需要的随机变量均可依据历史观测资料进行分析获得。

(3)台风风场带模拟

给定任意时间和中心点位的台风，可依据其强度特征（主要为中心气压），利用参数（石洪源，等，2018）或动力学风场模型（廖恒丽，等，2014），生成台风影响范围内任意空间位置上的风速参数，以此作为台风致灾强度指标。

4.3.2.3 洪水

各类自然灾害中，洪水危险性模拟评估技术相对最为成熟。针对水文及水力学模拟，发达国家甚至建立了国家行业技术标准及专门的方法论研究学术机构。行业及学术机构定期更新技术标准及推荐模拟工具。目前可采用一维（如 HEC-RAS）、二维（如 Mike21）、三维（如 CFX）等水力学模型进行洪水淹没模拟。洪水危险性评价技术因洪水种类而异。按照水源、路径及影响对象，洪水可分为海岸带、河道型及内涝型洪水。本小节主要简述应用最广泛、发展历史最悠久的河道型洪水危险性模拟及评估技术。

洪水危险性的度量指标一般为某频率下洪水的淹没深度、淹没时长及水流速度。其评估的主要难处包括历史洪水资料、水利工程、洪泛平原高精度地形数据的可获取性、洪水资料的平稳性、水文-水力学模型的可靠性验证及有限的建模与计算资源。综合考虑上述因素，洪水危险性评估方法大体分为两类（Trigg，et al.，2016），一是基于历史观测的径流资料进行洪水淹没模拟，二是耦合水文、水力学模型进行洪水淹没模拟。方法一的优势是可以避免水文模型的不确定性，劣势是径流资料序列较短；方法二的优势是可以生成长时间序列的径流数据，但资料中包含了水文模型的不可靠性。

保险行业常采用耦合水文-水力学模型生成降水-径流-淹没随机事件集（Ward，et al.，2013），其一般流程如下。

(1)降水事件集仿真

依据历史降水观测数据，定量刻画降水的强度、历时及时空分布统计特征，建立降水天气生成器，结合蒙特卡罗仿真技术，生成一定时空分辨率、长时间序列（如 1 万年）的降水事件集。降水事件集也可采用全球或区域气候模式的降水输出。

(2)径流序列仿真

以降水事件集驱动水文模型，模拟产出长时间序列的径流序列。所采用的水文模型或简或繁，一般需采用考虑蒸散过程的连续性模拟。

(3)洪水频率分析

采用年最大或超阈值序列构建洪峰流量序列，遴选并拟合极值分布概率密度函数，逐区域计算各频率（亦即重现期）下的洪峰流量。

（4）洪水淹没制图

结合洪泛平原地形、水利工程等数据，采用水力学模型模拟各种频率洪水的淹没过程，制作相应的洪水淹没深度、淹没时长及水流速度分布图，其中洪水淹没深度分布图是最为常用的洪水危险性度量指标。

4.3.3 承灾体脆弱性

在可持续性相关的研究中，如灾害风险、生态、全球环境变化等领域内，脆弱性有着广泛的含义（Adger，2006；Gallopín，2006）。但在本书中，脆弱性特指用于定量风险评估的一类函数映射，其表达的是在自然致灾因子影响下承灾体遭受特定损失的倾向性或敏感性（Lavell，et al.，2012；UNISDR）。在实际应用中，为了将其与广泛意义上的脆弱性进行区分，通常将其称为"物理脆弱性"（physical vulnerability）。换言之，本书的脆弱性是一个关于致灾强度和灾害造成损失的隐函数，特指在特定的孕灾环境和暴露程度下，承灾体受到特定强度的致灾因子影响所受损失的概率分布或期望值（Shi and Kasperson，2015）。在一些场景中，脆弱性函数也被称为损失函数（loss function）（Federal Emergency Management Agency，2013）。

在灾害事件模拟方法的框架下，脆弱性是将随机模拟得到的致灾事件强度映射为事件损失的关键转换器。此类函数映射关系可以是一元或多元的，也可以是简单的线性模型或复杂的高阶非线性模型，其函数形式很大程度上取决于所表达的致灾打击-承灾体响应（损失）关系的物理意义。为了表达方便，通常将脆弱性函数设定为事件损失关于致灾强度的一元函数关系，此时，脆弱性函数也常被称为脆弱性"曲线"。例如，地震灾害的脆弱性函数通常是结构损坏率关于地震动强度或烈度的曲线，台风（飓风）灾害的脆弱性函数通常是结构/作物损害率关于风速的曲线，洪涝灾害的脆弱性函数通常则是结构破坏/财产损失/农作物损失关于淹没水深（以及时长）的曲线等。各类灾害曲线分别如图 4-10 至图 4-12 所示。

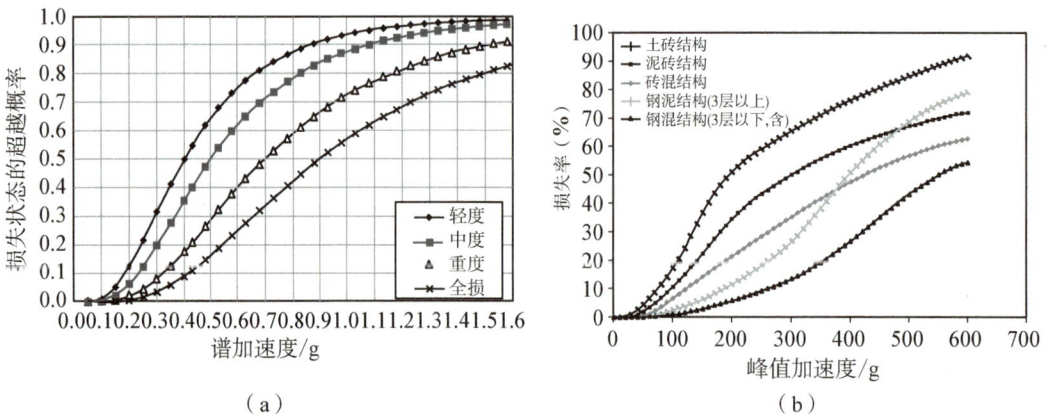

图 4-10 典型的地震灾害易损性曲线（a）和脆弱性曲线（b）

注：（a）图中的易损性曲线是美国联邦应急管理局（Federal Emergency Management Agency，FEMA）在其地震灾害风险评估模型 HAZUS-Earthquake 的技术手册中给出的传统设计的主要桥梁在特定地震动强度（图中为谱加速度）条件下达到不同损害程度的超越概率（FEMA，no date b）。（b）图中的脆弱性曲线为尼泊尔地区不同建筑类型在不同峰值加速度条件下的损坏率。

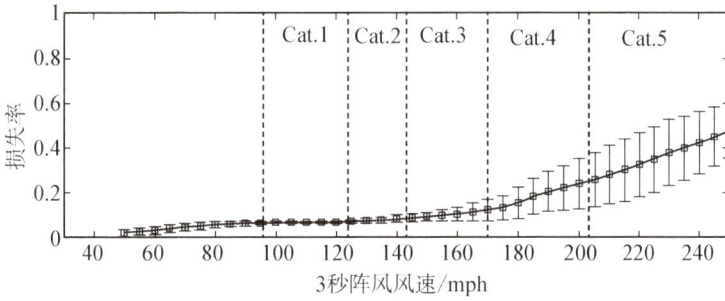

图 4-11 典型的飓风灾害脆弱性曲线

注：图中以木结构的单层建筑结构为例说明房屋损失率与 3 秒阵风风速之间的定量关系；图中的方块表达了特定风速下的期望损失率，纵向的区间表达了损失率的不确定性（Pita，et al.，2009）。1mph≈1.61km/h

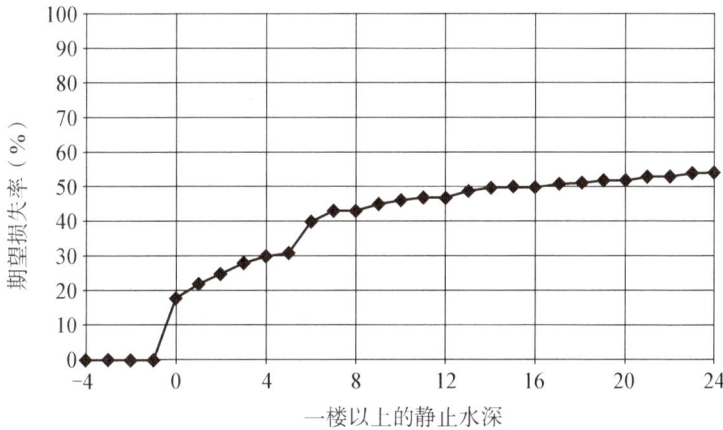

图 4-12 典型的洪涝灾害脆弱性曲线

注：图中是 FEMA 在其洪水灾害风险评估模型 HAZUS-flood 的技术手册中给出的位于 A 类洪水风险区的单一家庭住宅（单层、无地下室）在特定静止淹没水深时的建筑受损程度（期望建筑损失占建筑物重置成本的百分比）。

与脆弱性非常接近的一个概念为易损性（fragility）。易损性曲线是地震灾害风险分析中较为常用的一个概念，其含义是特定类型的建筑结构在特定的地震动强度（如不同的谱位移、谱加速度或峰值加速度）下，达到特定损失程度的超越概率［图 4-10（a）］。在易损性曲线中，损失程度之间存在递进关系（如无损、轻度损毁、中度损毁、重度损毁和全损）。在对各损失程度进行量化定义的基础上，可以将易损性曲线转换为脆弱性曲线，此时特定地震动强度下的脆弱性实际上等于各损失程度对应百分比损毁率的期望值。

脆弱性函数的量化主要包括经验方法和解析方法两大类（van Westen，et al.，2011）。在经验方法中，又可分为基于历史数据的统计分析、专家经验和打分三类；在解析方法中，也可依据分析的细节程度分为简单解析模型和复杂解析模型。脆弱性函数的主要量化方法如表 4-5 所示。

表 4-5　脆弱性函数的主要量化方法

方法大类	方法	描述
经验方法	历史/实验数据分析	利用历史灾害数据/实验数据分析事件损失(率)与致灾强度之间的对应关系;使用常见的统计(如直方图、各类回归)方法或机器学习算法(如随机森林、决策树、卷积神经网络等);精度取决于样本量和统计方法
	专家经验和打分	邀请相关领域的专家,依据经验对特定致灾强度下特定承灾体的损失程度进行评判和打分;取决于专家知识、样本量以及抽样方式,主观性相对较强
解析方法	简单解析模型	依据致灾因子影响承灾体的内在物理过程进行建模和推导;或依据指定的函数进行计算机内的模拟仿真实验
	复杂解析模型	使用更多能够表达物理过程细节的过程性模型进行建模和推导

注:依据 van Westen, et al., 2011 重制。

上述四类方法各具优势,适用于不同的应用场景。总体而言,经验方法更依赖事实和观测,需要的样本量更大,解析方法更依赖对物理机制的理解和推导,需要的数据样本可相对较小,仿真和计算的资源需求也更小。考虑到一般的数据可获取性,经验方法,特别是基于历史/实验数据分析的方法,更适宜于承灾体的大类;而解析方法则更适宜于特定的承灾体个体(Lang,2002)。

在针对保险定价需要而开展的脆弱性函数量化分析中,目前最为常用的方法仍然是基于历史损失/实验数据进行分析的经验方法。在数据量过小或缺失的情况下,则会考虑专家经验和打分。分析过程中常见的步骤如下。

(1)数据整理

对历史损失/实验数据进行清理,在综合考虑数据量、保险标的类型的前提下进行子样本划分。通常而言,子样本划分越细,脆弱性函数的针对性越强,由于分类混合造成的不确定性相对越小;但与此同时,可用的子样本量也相应越小,估计误差可能会相应增大。

(2)变量选取

结合对灾害损失过程物理机制的理解,配合致灾因子危险性建模,选取致灾强度变量与环境协变量。在前述的简单例子中,脆弱性函数均是损失(率)关于某个致灾强度变量的一元函数。事实上,致灾因子与承灾体作用形成损失的过程属于典型的多要素、非线性和多交互的复杂过程(史培军,1996)。致灾强度可以由多个变量共同构成(Ming,et al.,2015),例如,在农作物针对洪涝的脆弱性中,就需要同时考虑淹没水深和淹没时长(Shrestha,et al.,2019)。在估计过程中,引入环境协变量可能会大幅提高损失变化的解释能力(Anderson,et al.,2016)。

(3)统计分析

先进行初步的统计分析,如相关分析、散点图示等,找到损失(率)与致灾强度变量和环境协变量之间的统计关系。在此基础上,选取恰当的统计模型,对二者的关系进行拟合。在传统的脆弱性函数量化分析中,通常采用一元或多元线性回归方法(Shi and

Kasperson，2015)。随后的研究也进一步证实广义线性回归、广义可加模型等在脆弱性函数的量化中可能有更好的效果，特别是在处理非线性关系上(Anderson，et al.，2016；Li，et al.，2018)。近年来，机器学习算法上的进步，进一步拓宽了脆弱性函数量化的方法，机器学习、增强回归树、卷积神经网络等方法在该领域的应用也日趋广泛(Goetz，et al.，2015；Naghibi，Pourghasemi and Dixon，2016；Youssef，et al.，2016；Chen，et al.，2017)。

(4)交叉验证与模型优选

对拟合/训练完成的模型，进行拟合优度评估和交叉验证。通过拟合多个不同的函数，进行模型的优选，或进行模型集合，以尽可能减小模型选择和训练中产生的不确定性，并确定最终的定量函数关系。

4.3.4 承灾体暴露

广义的承灾体暴露是致灾因子在承灾体系统表面的投影(Adger，2006)。从灾害事件模拟角度，在特定致灾事件中的承灾体暴露，特指在致灾事件影响范围内、致灾强度达到有效阈值、能够对承灾体造成影响的那些区域的承灾体(保险标的)数量或价值。承灾体暴露是将前述计算得到的损失程度/损失率等指标转换为最终损失量的关键数据。一般意义上的灾害风险评估中主要关注人口、建筑物以及经济产出等风险，对应的承灾体的本底暴露(未叠加致灾因子影响范围时的全体)通常只有行政单元上的统计数据，而缺乏空间连续的栅格数据，更少有针对承灾体单体的详细数据。因此，有大量的研究致力于将各主要类型的承灾体数据进行空间化(Wu，et al.，2018)。这也是国际巨灾模型公司在搭建巨灾风险模型时重点投入的基础工作。对于保险产品定价而言，如保险标的明确，则可以依据保险合同记载的标的位置进行地理编码，生成准确的标的空间位置，用于风险评估和定价。

[案例 4-3] 海南省橡胶树风灾指数保险定价

(1)研究对象、产品要点与数据

天然橡胶是典型的大宗热带作物，是重要的战略物资和重要的工业原料。海南省是我国天然橡胶最大的生产基地。2018 年，海南省橡胶树种植面积达到 810 万亩，年产干胶 42 万吨，面积和产量均占全国一半以上。然而，海南省是西北太平洋热带气旋影响的热点区域。1949—2009 年，对海南省周围 200 千米范围内海域产生影响的热带气旋共358 场，其中台风及以上强度 226 场。而登陆海南省的热带气旋共 140 场，平均每年2.7 场，其中台风及以上强度 86 场，平均每年 1.7 场。热带气旋可造成橡胶树的严重损毁、橡胶生产中断，给广大胶农的生产和生活造成巨大影响，并使国家战略物资的供应出现较大波动。

为了完善灾害损失补偿机制，分散橡胶种植业的热带气旋灾害损失风险，2011 年，在世界银行的支持下，"海南省橡胶树风灾指数保险研究与试点"项目系统地分析了热带气旋灾害影响橡胶树的物理机制，完成了影响海南省的热带气旋随机事件模拟，量化了橡胶树对台风大风的易损性和脆弱性函数，设计了橡胶树风灾指数保险产品，并进行了试点赔付，取得了良好的效果。

在本案例中，以该产品的定价为例，说明基于灾害事件模拟的保险定价方法。

①产品要点。

橡胶树风灾指数保险产品是一款针对由于热带气旋大风造成的橡胶树损失对应的重置成本进行赔付的指数保险产品①。

a. 责任事故。该产品的保险责任为热带气旋造成的损失。在保险期间内，保险合同的一次风灾事故是指经保险橡胶树所在的行政区域县级或县级以上气象部门审核认定的热带气旋。一次风灾事故的持续时间以气象部门对该次热带气旋公布的起止时间为准，该次事故的风级以本次风灾事故期间内气象部门公布的距离保险橡胶树最近的自动气象站观测的 3 s 阵风风速的最大值所对应的风级为准。

在保险期间内，若保险橡胶树在 48 小时（含）内同时遭受两场（含）以上台风灾害，认定为一次风灾事故。

在保险合同中，有三种触发条件，分别是起赔风级≥8 级（折合风速 17.2 米/秒）、9 级（折合风速 20.8 米/秒）和 10 级（折合风速 24.5 米/秒）。

b. 保险金额。保险金额为橡胶树重置成本，已开割树和未开割树分别计算。

c. 赔付计算。橡胶树在大风影响下会出现倒伏、半倒、断主干 2 米以下（含 2 米）、断主干 2 米以上（不含 2 米）、全部主枝折断五种损失类型，不同损失类型对应不同的赔偿比例（表 4-6）。

表 4-6　橡胶树风灾不同损失类型的赔付比例表

损失类型	每株赔偿比例（%）
倒伏	100
半倒	30
断主干 2 米以下（含 2 米）	100
断主干 2 米以上（不含 2 米）	30
全部主枝折断	30

单次事故中特定橡胶农场的总赔付为已开割树和未开割树赔付之和。其中，已（未）开割树的总赔付为

$$已/未开割树赔付=重置成本×总承保株数×综合损失率，$$

$$综合损失率=[倒伏实物损失率②×100\%+半倒实物损失率×30\%+$$

$$断主干 2 米以下（含 2 米）实物损失率×$$

$$100\%+断主干 2 米以上（不含 2 米）实物损失率×$$

$$30\%+全部主枝折断实物损失率×30\%]。$$

由于一年之内同一橡胶农场可能受到多次台风的影响。多次台风事件的损失累加方式为当年第一场台风的有效株数以保险合同约定的标的株数为准，第二场台风的有效株数在原有株数的基础之上减去第一场台风中受到影响的部分，第三场台风的有效株数在第

---

①　本案例中使用的产品要点是在世界银行项目支持下形成的保险产品条款的原型，与海南省实际试点实施的保险产品存在细微的差异；但这些差异不影响示例说明保险定价的方法和流程。

②　实物损失率，即各种损毁状态占所有橡胶树有效株数的比率。

二场台风有效株数的基础之上减去第二场台风中受到影响的部分，以此类推。

②数据来源。

依据总体方法框架，完成该产品定价需要实现：a. 热带气旋致灾事件随机仿真；b. 橡胶树针对台风大风的定量脆弱性分析；c. 橡胶树暴露评估；d. 事件损失、年损失仿真以及损失超越概率曲线的生成。

相应需要使用的数据资料如表4-7所示。

表4-7 橡胶树风灾指数保险定价的基础数据

数据大类	数据名称	描述	数据来源
孕灾环境数据	海南省基础地理信息数据	行政边界、数字高程地形、土地利用等	
致灾因子数据	西北太平洋历史热带气旋路径数据	1949年以来历次台风灾害的编号、时间、每6小时台风中心位置、中心气压、最大风速等	中国气象局、日本气象厅、美国联合台风预警中心等多个机构
	海南省基本站、自动站气象观测数据	历史台风事件生命周期内逐日最大风速及风向、极大风速及风向、最低气压；正点时刻风速、风向，小时降水量，正点时刻气压等	中国气象局
承灾体数据	海南省橡胶农场基本资料	农场边界，橡胶种植数量、品系结构、产量等	海南省农垦局
历史灾情数据	海南省典型台风橡胶树损失数据	海南省全省、分县以及农场尺度受典型台风影响后达到不同损失类型的橡胶树株数	海南省农垦局

（2）致灾因子危险性建模与事件仿真

本案例中的热带气旋致灾因子危险性建模与随机模拟使用了由北京师范大学研制的热带气旋模拟模型（方伟华，石先武，2012；林伟，方伟华，2013；石先武，2012）。该模型主要包括两大模块：热带气旋随机事件模拟模块和热带气旋参数风场模块。

热带气旋随机事件模拟模块利用了西北太平洋地区历史热带气旋路径数据，分别对台风生成的年频次、年内时间分布、台风中心初始空间点位与气压、台风前移方向与速度、陆面衰减和终止强度等的概率分布参数进行了拟合。在此基础上，依据热带气旋随机仿真的方法，随机模拟生成了西北太平洋1万年热带气旋致灾事件集。

热带气旋参数风场模块主要用于生成逐个热带气旋事件的致灾强度场。台风参数风场模型通过输入中心气压、最大风速半径、径向风廓线形状系数、移动速度以及移动方向等关键参数，基于特定风廓线函数便能计算出梯度风场。在此基础上考虑下垫面情况，利用边界层模型计算梯度风速到地表10 m高处风速的折减系数，从而获得近地表风场。在该建模思路框架下，利用西北太平洋历史台风路径数据集以及台风中心探测记录数据，构建了最大风速半径及飞行层最大风速的统计模型；利用典型台风期间地面气象站点观测资料，对参数风场的Holland B系数进行了估计，并进一步分析了以土地利用类型为表征的地表粗糙度对近地面风速的修正方案。利用该参数风场模型，可以生成台风生命周期内任意时刻、相对于台风中心任意位置的阵风风速和风向，并可相应统计台风生命周期内任意位置上风速的统计特征值(如最大值、平均值、中位数等)(图4-13)。经与地面站点观测资料的比对，证实该参数风场模型可以很好地还原台风过程中的风速变化情况。

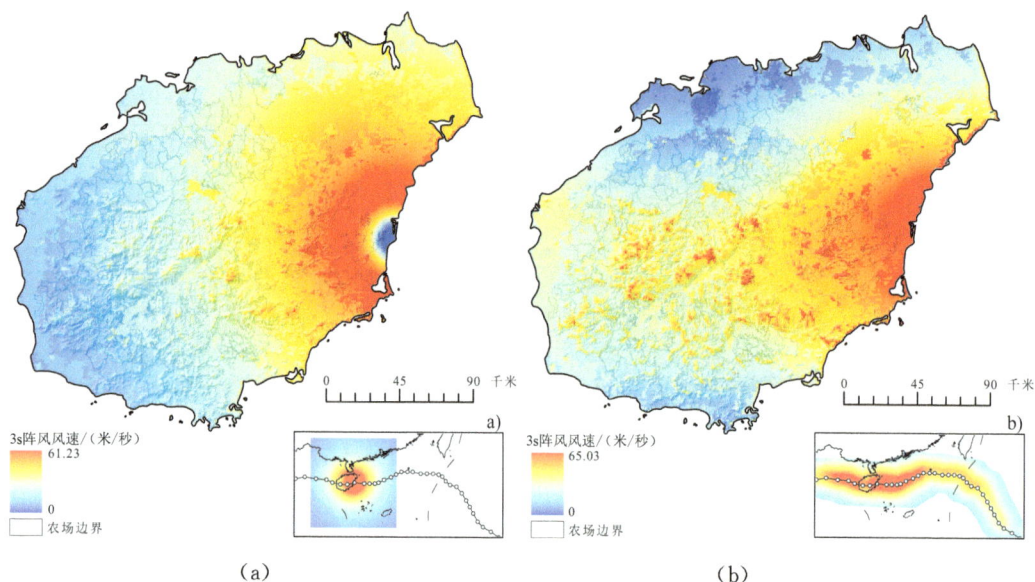

(a)   (b)

图4-13　台风参数风场模型模拟得到的热带气旋"达维"的风速图(吴小宁，等，2015)

注：(a)登陆时刻3 s阵风风速；(b)过程最大3 s阵风风速。

依据上述热带气旋随机模拟模型和参数风场模型，可以生成全海南省任意橡胶农场内历次热带气旋事件(包括历史事件和随机模拟得到的事件)的风速值，用于表征致灾强度。

(3)橡胶树风灾脆弱性函数

依据本章中脆弱性的定义及其在定价中的作用，橡胶树风灾脆弱性分析的核心是量化橡胶树在热带气旋大风影响下受损程度与风速及其他环境变量之间的关系。

在海南省当地橡胶农场和研究机构的调研显示，橡胶树风灾的成灾核心是台风发生时，在风力矩与重力矩的共同作用下，橡胶树的主干或树冠发生倒伏与弯折。在风压的动力作用下，橡胶树做倒伏、弯曲和扭转振动。橡胶树倒伏的力学条件是树冠风振载荷产生的倒伏力矩大于其根系的附着力矩。橡胶树弯折的力学条件是由风振载荷产生的交变应力引起树干疲劳。橡胶树在风振载荷作用下，往往包含弯曲和扭转的组合作用。由于损失由风力矩与重力矩共同造成，橡胶树风灾损失主要由风力与橡胶树生长状况决定。

海南省拥有相对较好的橡胶树风灾历史损失数据。《海南省农垦资料汇编(1950—2011)》记录了1970—2011年全省范围的总损失情况。其中，详细到农场尺度损失数据的较为完整的台风记录共有6场，分别为7220、0312、0518、0907、0919、1002号，共计360个有效样本。这些数据中，记录了热带气旋编号、登陆时经纬度，以及造成各橡胶农场开割树和未开割树(2类)全倒、半倒、2米以上断主干、2米以下断主干以及全部主枝折断五种损失类型的损失率。为此，在针对海南省的橡胶树风灾脆弱性函数量化过程中，主要使用了基于历史损失数据的经验估计方法。

刘新立等(2017)和吴小宁等(2015)分别针对该数据进行了脆弱性和易损性的分析。刘新立等(2017)以不同损失类型的橡胶树占农场总株数的比例(分类型损失率)为因变量，建立了与致灾强度变量和孕灾环境协变量之间的多元线性回归关系，并进行了变量优选。在这些变量中，包括由前述风场模型生成的台风生命周期橡胶农场范围内任意1 km网格风速的时间维和空间维统计特征值(最大值、最小值、平均值和变率等)；风向的时间维和空间维统计特征值(同前)；热带气旋风前降水量、期间降水量；地形起伏和坡度等。从建模结果的拟合优度来看，已开割或未开割总损失率的解释效果较好，调整R^2达到0.8或0.7左右，而对于各种单项损失率解释的效果相对较差，其中未开割单项损失的估计效果最差；就显著的解释指标来看，最大风速、阵风风速的网格间均值的时间序列最大值、平均值、最小值，最大风速、阵风风速网格间最大值的时间序列标准差，在各种风速指标中对损失率的影响可能较大，平均风向变动和风前降雨对损失率的影响可能也较大。

吴小宁等(2015)主要关注了不同损失状态的株树占比与大风风速之间的关系，是简单的一元函数，在具体操作的过程中进行了一些细致的处理。考虑到不同损失状态的损失率与风速之间可能存在非线性关系，在拟合过程中对不同风速区间内的样本点个数进行了统计分析，依据分段样本量和散点图的形态，将分段损失率平均值与风速进行了分段拟合。在3s阵风风速较低时，样本量相对较多，且呈现出明显的非线性特征，因此使用了logistic函数进行拟合和平滑处理；在阵风风速超过九级时，由于样本数量过少，因此将每个风力等级内损失率的中值进行线性插值。得到的各损失类型的拟合损失率以及求和的总损失率如图4-14所示。

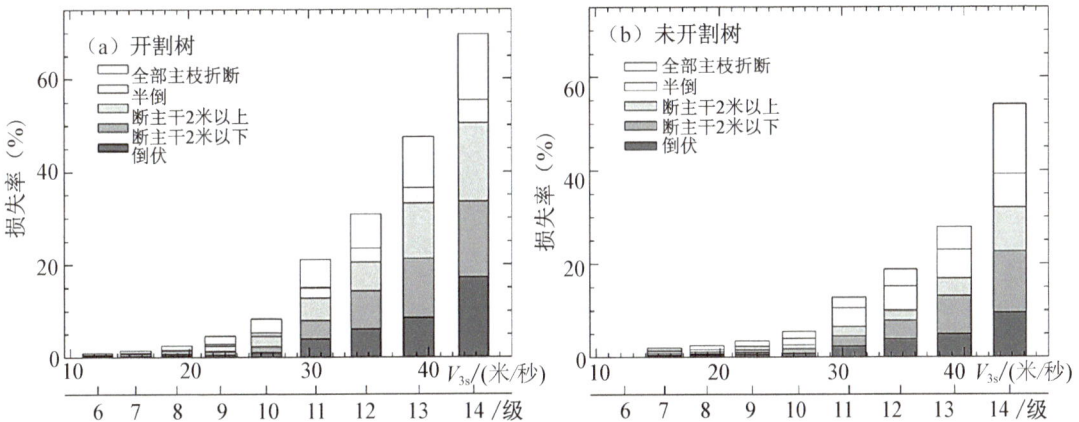

图4-14 依据历史损失数据拟合得到的橡胶树台风大风脆弱性(吴小宁，等，2015)

注：不同类型的橡胶树损失率与热带气旋生命周期内最大3 s阵风风速之间的对应关系。图4-14中采用了堆积图的方式进行表达，从而方便获取总损失率。在作者的原文中，将该图的结果定义为易损性；但由于其纵轴量为损失率，在此处将其改为脆弱性。

以上两种脆弱性函数的量化方法均具有很强的代表性。在本案例的后续计算中，使用吴小宁等的函数形式进行事件损失的估计。

(4)橡胶树暴露

海南省橡胶树的总体空间分布可依据橡胶农场边界作为空间矢量位置，结合橡胶农场统计资料中记载的已开割、未开割树的品系、株数作为矢量数据生成。

在逐次热带气旋事件中，以模型模拟得到的六级以上(含)风圈边界作为该场热带气旋的影响范围，提取影响范围内的橡胶农场作为事件暴露。当农场只有部分在风圈范围内时，由于缺少更具体的农场内橡胶树空间分布，依据圈内农场面积占总面积的比重折算该农场的实际暴露量。

(5)灾害事件损失仿真与保险损失估计

①事件损失与保险损失仿真。

对于任意一次热带气旋致灾事件，提取每个暴露农场单元内的过程最大3 s阵风风速作为致灾强度。将致灾强度代入已量化的脆弱性函数，即可获得该农场范围内不同损失类型的橡胶株数占比。将株数占比代入赔付方案中确定的公式，即可确定该次热带气旋的保险赔付。记录农场事件损失；在生成当年逐次事件损失后，生成农场年总损失(图 4-15)。

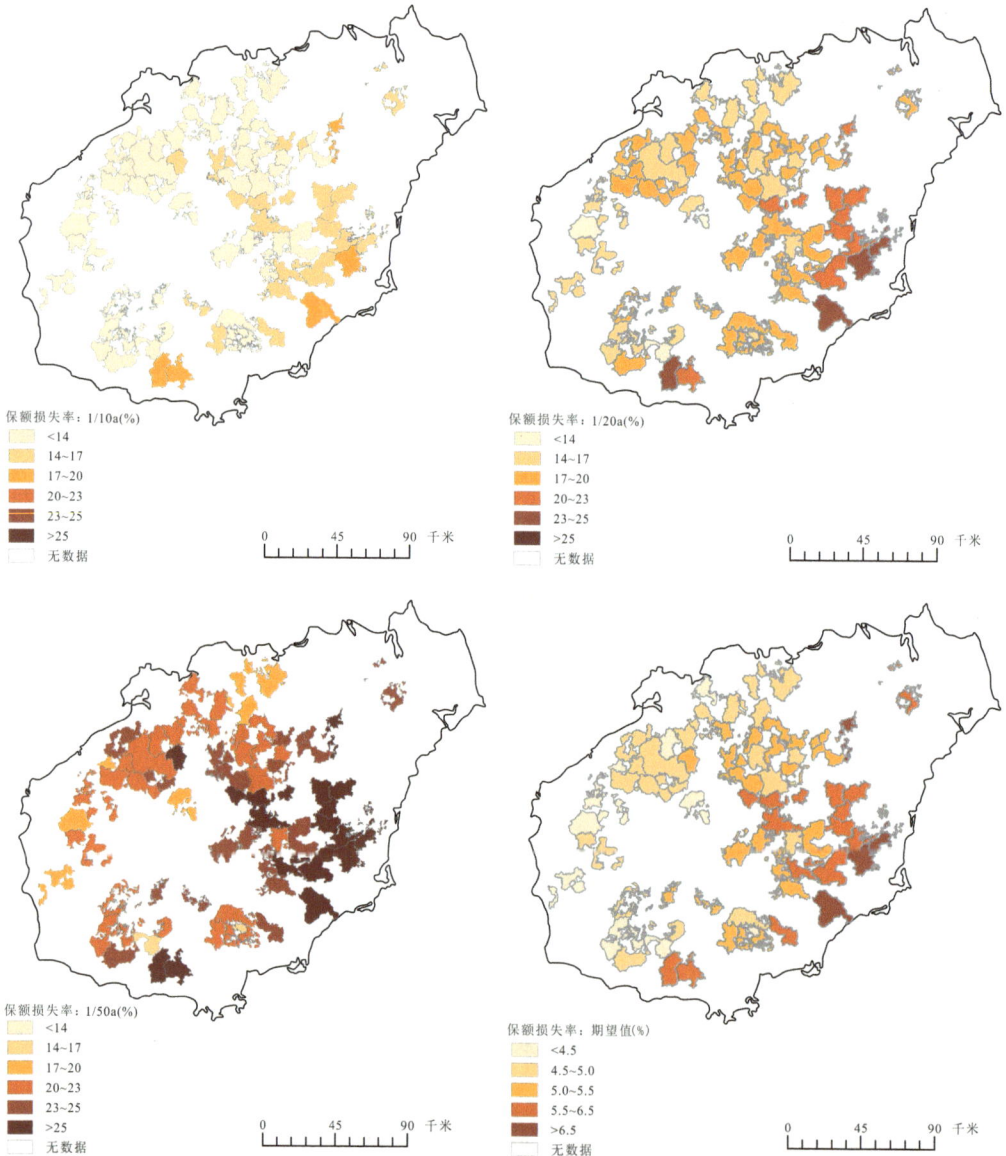

图 4-15 海南省橡胶树风灾指数保险损失风险评估结果

保险合同中共有三档触发标准供投保人选择，此处使用八级起赔标准作为示例。相应地，所有未达到起赔标准的农场，保险损失计为 0；达到起赔标准的，保险损失按依据风速预测得到的损失。

②年度总损失估计。

台风事件的特征决定了一年之中同一空间位置可能受到一次以上的台风影响。因此，在计算年度总损失时，必须考虑多次台风之间的叠加损失。依据保险赔付方案中确定的基数调整方案，如第 i 场台风对应的总损失率（达到各种损失类型的橡胶树占比之和）为 δ_i，第 1 场台风结束后未触发赔付的标的所占比例相应为 $1-\delta_1$；第 2 场台风结束后未触发赔付的标的所占比例相应为 $(1-\delta_2)(1-\delta_1)$；以此类推，第 n 场台风结束后未触发赔付的标的所占的比例相应 $\prod_{i=1}^{n}(1-\delta_i)$。若对应第 i 场台风的综合损失率为 θ_i，则对应承保基数为 N 株橡胶树的年度总损失为

$$L = N \cdot \sum_{k=1}^{n}\left[\prod_{i=1}^{k}(1-\delta_{i-1})\delta_i\theta_i\right]。 \tag{式 4-12}$$

③年度保险损失风险评估结果。

依据前述流程，可得到海南省每个橡胶农场以及县（区）、地级市、省级尺度上 10 000 个事件年的仿真事件损失、年度损失。

④定价结果。

依据定价公式，用各农场年平均损失（AAL）除以对应的保额，即可获取保额损失率的期望值，亦即各农场的纯风险损失率（精算公平费率）（表 4-8）。

表 4-8　海南省橡胶树风灾指数保险纯风险损失率厘定结果

承保单元	保额损失率(%)	承保单元	保额损失率(%)	承保单元	保额损失率(%)	承保单元	保额损失率(%)
东兴农场	7.38	南吕农场	5.77	新星农场	4.91	红泉农场	3.54
东太农场	6.44	南岛农场	6.11	新盈农场	4.50	红田农场	4.39
东岭农场	6.61	南平农场	5.56	新进农场	6.13	芙蓉田农场	4.88
东平农场	6.36	南方农场	5.38	昆仑农场	4.74	蓝洋农场	5.29
中坤农场	4.74	南林农场	7.17	晨星农场	4.53	西华农场	4.44
中建农场	5.88	南茂农场	5.07	热作所农场	3.97	西培农场	5.37
中瑞农场	5.90	卫星农场	4.93	牙叉农场	4.03	西庆农场	4.94
乌石农场	5.76	和岭农场	5.21	珠碧江农场	4.70	西流农场	5.13
乐中农场	5.03	大丰农场	5.90	畅好农场	5.12	西联农场	4.69
乐光农场	4.28	大岭农场	4.02	白沙农场	3.96	西达农场	5.07
乘坡农场	5.63	太平农场	5.47	福报农场	4.78	邦溪农场	4.57
保国农场	3.48	山荣农场	4.82	立才农场	6.30	金江农场	5.26

续表

承保单元	保额损失率（%）	承保单元	保额损失率（%）	承保单元	保额损失率（%）	承保单元	保额损失率（%）
保显农场	4.55	岭头茶场	4.96	红光农场	4.78	金鸡岭农场	7.15
八一农场	4.58	广坝农场	4.57	红华农场	4.68	长征农场	5.15
公爱农场	4.02	广青农场	5.35	红岗农场	5.22	阳江农场	5.07
加来农场	4.71	抱伦农场	4.27	红岭农场	4.98	黄岭农场	5.20
加钗农场	5.13	新中农场	6.23	红明农场	6.39	龙山农场	4.88
南俸农场	5.68	新伟农场	5.24	红林农场	4.01	龙江农场	4.60
海南省累计				5.13			

在此基础上，将海南省作为一个整体，取重现期 PML 计算巨灾风险附加费率 $\lambda = (PML_{RP} - AAL)/M$。为方便分析，表 4-9 列出了各主要重现期对应的巨灾风险附加费率水平。

表 4-9　海南省橡胶树风灾指数保险不同重现期标准的最大可能保额损失率

重现期	1/10a	1/20a	1/50a	1/100a
巨灾风险附加费率（%）	7.17	10.86	16.01	19.12

从表 4-9 中不难看出，风灾指数保险具有较强的系统性，呈现出比较明显的厚尾特征。当考虑 20 年一遇的重现期水平时，巨灾风险附加费率就已达到了精算公平费率的近 2 倍左右。在实际实施时，保险人可依据自身的风险水平与分散能力，选取特定的重现期水平确定相应的巨灾风险附加费率以及费用率，从而确定最终的费率表。

[案例 4-4]　青藏高原畜牧业雪灾指数保险定价

（1）研究对象、产品要点与数据

青藏高原是全球海拔最高的牧场（Wang，Wang and Wang，2016），有丰富的草场资源，高寒草地面积 157 万平方千米，支持了超过 200 万牧民和 300 万农牧民从事农牧业生产活动（Miller，2005）。2014 年，青藏高原总共有 3 亿多只牲畜，畜牧业产值高达 230 亿元。青藏高原是中国三大降雪区之一，冬季的平均雪盖面积可达 61 万平方千米，并且雪盖持续 240 天不化。大面积的、长期不消融的积雪加上广泛的畜牧业生产活动使该区域成为畜牧业雪灾的重点受灾区域。青藏高原东部地区在 1974—2009 年，总共 1 800 多万只牲畜死于雪灾。1995—1996 年的冬季，连续的降雪造成了 100 多万只牲畜死亡；1997—1998 年的冬季，降雪造成了 82 万只牲畜的死亡，威胁着 10 万当地居民的生命安全（刘光轩，2008）。

青藏高原地区属于典型的地域广阔、区域差异相对较小、保险标的分散的情况，特别适宜于使用指数类型的产品。

①产品要点。

畜牧业雪灾指数保险产品是一款针对由于雪灾造成的牲畜死亡对应的重置成本进行

赔付的指数保险产品。

a. 雪灾事故。该产品的保险责任为雪灾造成的牲畜死亡。在保险期间内，保险合同的一次雪灾事故是经过保险雪灾所在的行政区域县级或县级以上气象部门审核认定的雪灾灾害。

b. 保险金额。当地畜养牛、羊的重置成本（仔畜购买成本）。

c. 赔付计算。畜牧业雪灾单次事故的赔付依据保险指数计算得到的牲畜死亡率，结合保险合同中载明的承保牛羊头（只）数共同确定。其中：单次事故牲畜死亡率依据畜牧业雪灾脆弱性函数，由雪灾持续时间、雪灾期间平均日最大风速、雪灾前一生长季累计降水以及当地（县）上一年度畜牧业增加值共同确定。具体的函数形式可参见脆弱性估计一节。

一年内发生多次事故时，对承保牛羊头（只）数进行动态调整：当年第一场雪灾的有效牲畜数量以保险合同约定的标的头数为准，当年第二场雪灾的有效牲畜头数在原有头数的基础上减去第一场雪灾中受到影响的部分，当年第三场雪灾的有效牲畜头数在第二场雪灾的有效牲畜头数的基础上减去第二场雪灾中受到影响的部分，以此类推。

②数据来源。

依据总体方法框架，完成该产品定价需要实现：a. 雪灾事件仿真；b. 牲畜针对雪灾和环境胁迫因素的定量脆弱性分析；c. 牲畜雪灾暴露度估算；d. 事件损失、年损失仿真以及不同重现期损失的生成。

畜牧业雪灾指数保险定价的基础数据如表4-10所示。

表4-10　畜牧业雪灾指数保险定价的基础数据

数据大类	数据名称	描述	数据来源
孕灾环境数据	青藏高原基础地理信息数据	行政边界、土地利用、草场类型等	
致灾因子数据	青藏高原区域内基本站、自动站气象观测数据	1980—2016年逐日最大风速、平均风速、最高气温、最低气温、平均气温、降水量等	中国气象局
承灾体数据	青藏高原草地类型基本资料、县域畜牧业社会经济资料	草地种类、分布、单位面积的载畜量、县域畜牧业增加值等	西藏、青海、甘肃、四川、新疆、云南等地统计年鉴《西藏自治区草原资源与生态统计资料》
历史灾情数据	青藏高原畜牧业雪灾损失数据	1980—2015年历次雪灾的发生时间、县域、牲畜损失数量	《中国气象灾害大典》（全国卷、西藏卷、青海卷、四川卷、甘肃卷、新疆卷、云南卷），《中国气象灾害年鉴》（2005—2016）

(2)致灾因子危险性建模

在本案例中，致灾因子危险性建模与事件仿真的核心是实现对青藏高原地区雪灾事件的模拟和仿真。依据畜牧业雪灾的国家标准（牧区雪灾等级 GB/T20482—2006），畜牧业雪灾的发生和等级划分主要依据积雪掩埋牧草程度、积雪持续日数和积雪面积比三项指标进行确定。三项指标中，积雪掩埋牧草程度需掌握积雪深度和入冬前草深两项数据；积雪面积比需要对积雪和草场的空间分布进行监测；而持续日数则要求对前述两项指标实现逐日动态观测。这些指标中，积雪深度仅在国家基准站的人工观测中才有记录。对雪深和积雪面积比进行空间连续动态观测通常需要依赖遥感数据（如 MODIS 和被动微波遥感），但反演精度尚不能满足相关的需求。此外，由于雪灾的发生通常与天气过程有关，即使实现了对地面雪深和雪盖面积比的有效观测，也难以反推降雪过程，因此，必须使用其他方法进行建模。

针对牲畜雪灾风险评估的需求，Ye 等开发了一种基于机器学习算法的畜牧业雪灾事件判定与仿真模块（Ye, et al., 2019）。该方法的基本理念是通过训练机器学习模型，模仿气象观测员依据天气过程对雪灾的起止过程进行判定；对雪灾天气过程的判定是通过对气温、降水、地面积雪等多种气象要素的综合研判确定的。该模块主要分为两个步骤：a. 在特定的逐日的气象条件下，某一日期是否会被判定为"雪灾日"？这一过程可以使用机器学习等统计方法，建立"雪灾日"（是/否，0/1 变量）与气象指标之间的多元非线性关系。通过建模，可以估计在任意气象条件下，某一日期被判定为"雪灾日"的概率。b. 哪些"雪灾日"会被判定为同一雪灾过程，从而确定雪灾的起止日期和持续时间？通过设定阈值，可以将"雪灾日"概率转换为"是/否"的二元结果，并将日期上临近的"雪灾日"集合在一起，即可获得雪灾过程。然而，由于通过 0/1 变量建模得到的"雪灾日"概率中存在噪声，可能导致"集合"的结果将一个雪灾过程误判为相互独立的两个。因此，在使用阈值之前，需要通过滤波和平滑解决噪声问题。

利用青藏高原 2008—2015 年的雪灾事件数据，配合雪灾期间的逐日雪深、日最高气温、日最低气温、日平均气温、日最大风速、日平均风速、逐日降水和自上一次雪灾发生后的逐日降水的平均值，构建了增强回归树（boosted regression tree）模型。经模型变量筛选，最终确定日最高气温、自上一次雪灾发生后的逐日降水的平均值、最大风速、平均气温、最低气温和平均风速六个指标为相对贡献最大的指标。构建的模型的曲线下面积（area under the curve, AUC）可达 0.948，交叉验证的 AUC 可达 0.909，证实有很好的预测效果。在此基础上，通过调整阈值和滑动平均的步长参数，使《雪灾日》集合与实际的雪灾日期达到最佳匹配。最终确定的阈值为 0.18、滑动平均的步长为21 天。

在此基础上，利用中国地面大气驱动（每 3 小时、0.1 度空间分辨率）再分析数据，重建了青藏高原地区 1980—2015 年间每个栅格上的雪灾发生日期，并可相应统计雪灾发生的频次、历次雪灾的持续时间。利用参数或非参数概率分布拟合，相应可获取雪灾发生频率以及持续时间的年平均值和重现期特征值，从而获得致灾因子危险性的关键参数。

雪灾发生频次的相关基础数据如图 4-16、图 4-17 所示。

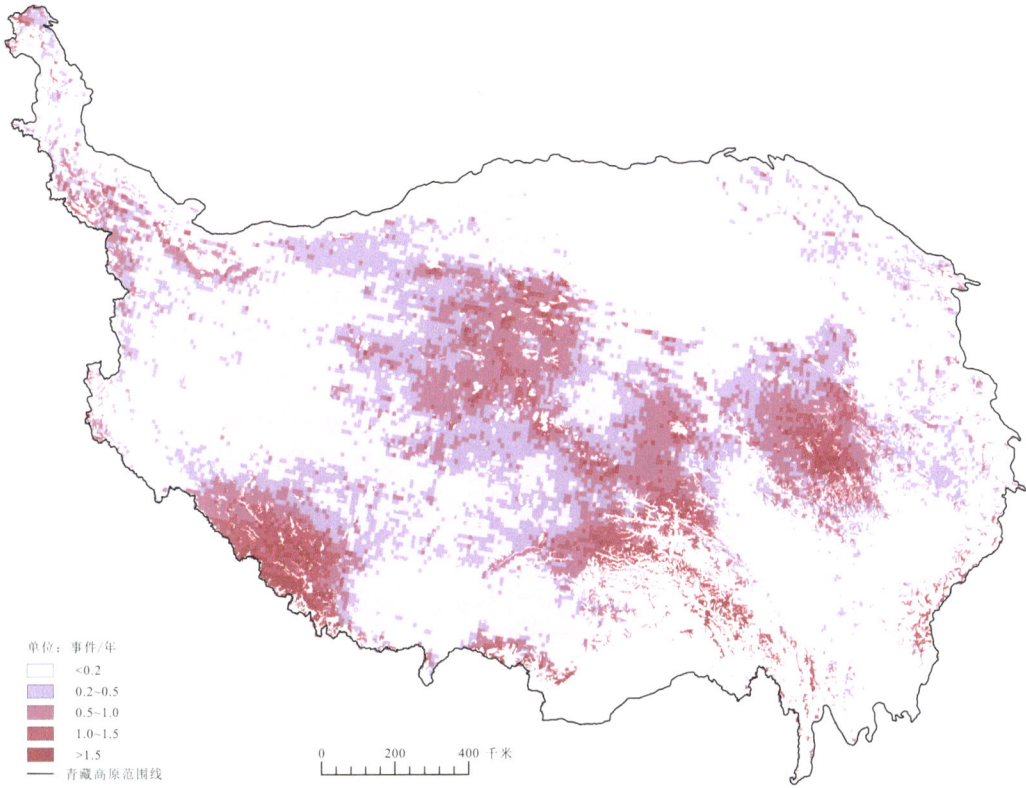

图 4-16 致灾危险性建模提取得到的青藏高原年雪灾平均发生频次（1980—2015）

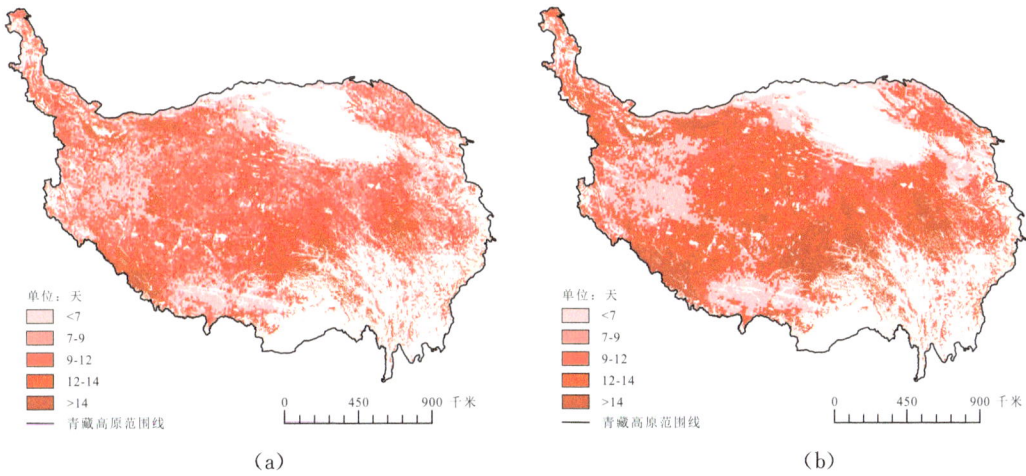

（a）   （b）

图 4-17 致灾危险性建模提取得到的青藏高原雪灾事件持续时长

注：（a）雪灾事件平均持续时长；（b）20 年一遇雪灾事件持续时长（1980—2015）

（3）畜牧业雪灾脆弱性估计

对于畜牧业雪灾而言，脆弱性估计的核心是建立牲畜死亡数或死亡率与雪灾致灾强度、灾中和灾前环境胁迫以及设防能力之间的定量关系。现有研究中，已经对可能影响牲畜在雪灾中的死亡数的各类要素进行了阐述（Wang, et al., 2013; Wei, et al., 2017），部分研究也构建了定量模型（Tachiiri and Shinoda, 2012; Fang, et al., 2012），但这些研究多数使用了年度死亡数据进行建模。这与保险基于事件的赔付，以及聚合风险模型的基本建模框架是不匹配的。因此，必须在事件损失数据的基础上进行量化建模分析。

基于文献分析和青藏高原实地调查，Li 等（2018）建立了牲畜雪灾损失（死亡数/死亡率）与雪灾致灾强度、环境胁迫（包括常态、灾前和灾中三类）、承灾体暴露以及防灾能力之间的脆弱性概念框架（图 4-18），使用 1980—2001 年的雪灾事件损失数据，应用广义加和模型对统计关系进行了拟合，并对变量进行了优选（Li, et al., 2018）。针对死亡数和死亡率，该研究分别给出了每个要素中至少包括一个变量的"解释模型"和拥有最小变量数的"预测模型"。牲畜死亡数和死亡率模型的拟合优度分别可达 0.794 和 0.666，能够很好地解释雪灾引起的牲畜死亡情况，并进行相应的预测。

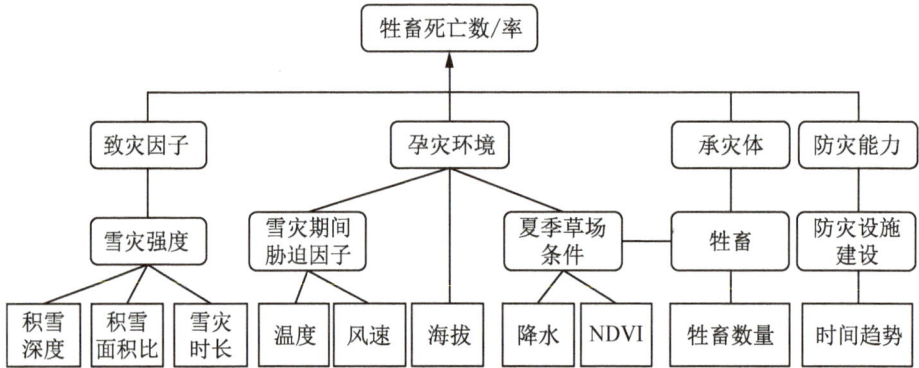

图 4-18　牲畜雪天死亡数率的影响要素（李懿珈，2018）

Ye 等对上述定量脆弱性模型做了进一步修订。在原模型中，使用时间趋势来表达防灾能力的提升难以反映雪灾发生在青藏高原不同区域时的差异性。为此，他们分别尝试了使用县域地区生产总值、人均 GDP（国内生产总值）、县域财政收入、财政支出以及畜牧业增加值等指标作为防灾能力的代用指标。经过模型拟合与变量优选后，结果显示使用畜牧业增加值作为社会经济指标的模型拟合效果最好，R^2 达到了 0.625。对应的脆弱性函数如下：

$$\ln \text{LR} = s(\text{Duration}) + s(\text{Wind}) + s(P) + s(\text{Value\_Add})。 \qquad （式 4-13）$$

式中，牲畜死亡率的自然对数值（$\ln \text{LR}$）由雪灾持续时间（Duration，天）、雪灾期间最大风速的平均值（Wind，米/秒）、5—9 月累计降水（P，毫米）、用畜牧业增加值衡量的设防水平（Value_Add，万元）共同决定。$s(\cdot)$ 是广义加性模型的平滑函数。

与该脆弱性函数对应的响应曲线如图 4-19 所示。

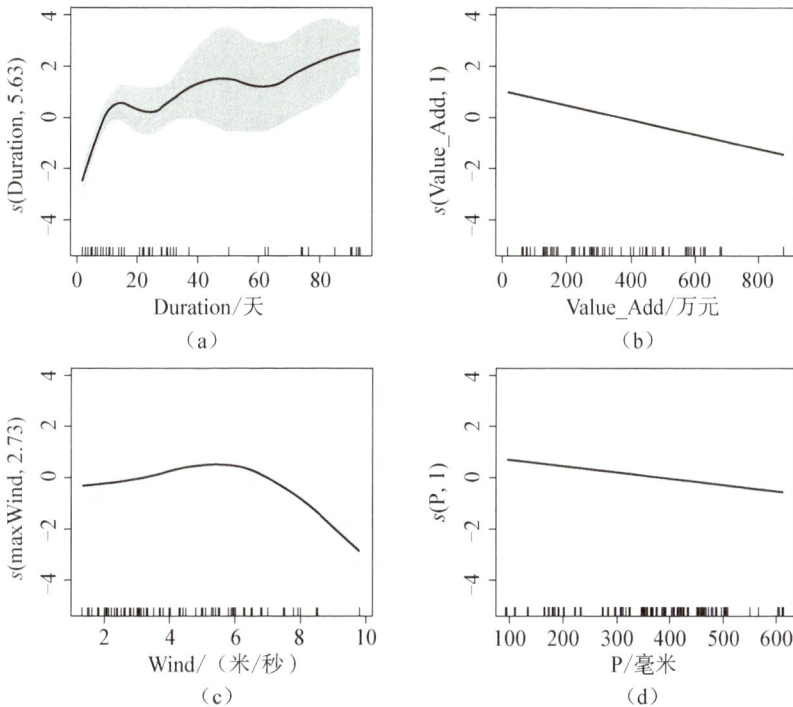

图 4-19　青藏高原雪灾脆弱性函数的响应曲线

资料来源：Ye, et al.，2019。

从脆弱性拟合结果来看，死亡率的对数值与雪灾持续时间呈现明显的非线性递增关系。当持续天数在 15 日及以下时，牲畜死亡率的对数值有快速的增长；当持续天数超过 15 日后，增长速度放缓。死亡率对数值与畜牧业增加值之间存在明显的负向线性关系，与牧草生长季降水也存在明显的负向线性关系。雪灾期间风速对死亡率的影响是非线性的，在 6 米/秒以下时，死亡率对数值随风速增大而增加，但当风速达到 6 米/秒以上之后，二者呈现负向关系，很可能是由于更多牧民选择停止放牧并将牲畜关进棚圈。

（4）畜牧业雪灾暴露估计

在本案例的分析框架中，暴露代表暴露在雪灾风险下的牛羊数量或密度的空间分布，是将脆弱性模型中的死亡率转换成死亡数的关键变量。为了能够与雪灾危险性的分析结果进行匹配，畜牧业雪灾暴露也最好为空间连续的栅格数据。在青藏高原地区仅有县级及以上行政区划的畜牧业的官方统计数据，空间连续的牛羊头（只）数栅格分布必须通过其他途径进行估计。

对牛羊头（只）数的空间分布估计可依赖草地载畜量进行。2006 年，原农业部正式发布了关于减缓过度放牧的饲料平衡管理办法，草场放牧的牲畜数量必须被严格地限制在草地载畜量之下。自 2011 年起，西藏自治区开始实施草地生态保护补贴与补偿机制，以控制牲畜数量、保护草场质量。截至 2014 年年末，西藏自治区已基本实现了草畜"动态平衡"。因此，草场载畜量已十分接近实际放牧牲畜数量，而此部分牲畜恰恰是暴露在雪灾风险下的。相反，农区和半农半牧区的牲畜则通常圈养于养殖场内，并有农区生产的秸秆饲料，并不完全依赖天然放牧，相应也不会完全暴露在雪灾的威胁下。

决定载畜量的因素有很多，其中最重要的是草地的类型。在原农业部的草地载畜量计算标准（NY_T635—2015 天然草地合理载畜量的计算）中，草地类型决定了牧草再生率、草地合理利用率、标准干草折算系数等若干重要参数。因此，在数据相对缺乏的情况下，可依据草地类型分布数据，综合参考文献中草地载畜量的结果，制定载畜量-草地类型的查找表格，并依据研究区草地类型的分布数据，生成最终的载畜量栅格分布数据。统计该数据每个县内的载畜量，与西藏自治区的分县数据进行比较，相关系数达到 0.769，较好地表达了羊单位数的空间分布。

依据草地类型和载畜量折算的青藏高原畜牧业雪灾暴露空间分布，如图 4-20 所示。

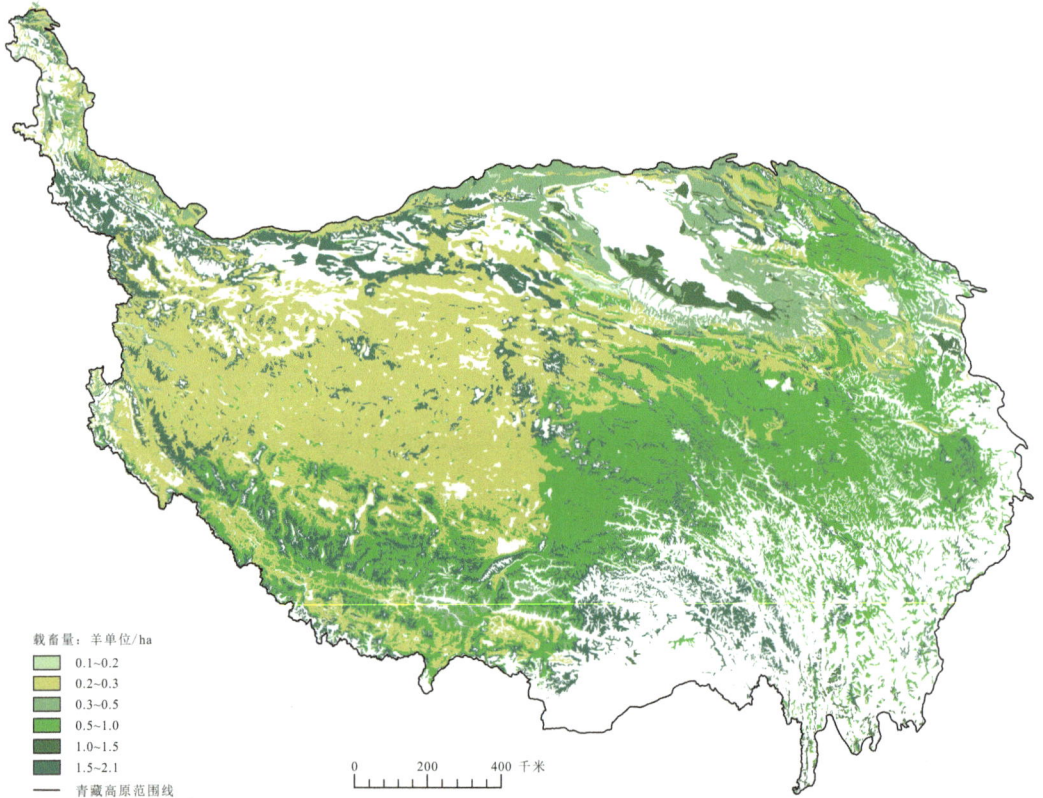

载畜量：羊单位/ha
- 0.1~0.2
- 0.2~0.3
- 0.3~0.5
- 0.5~1.0
- 1.0~1.5
- 1.5~2.1
—— 青藏高原范围图线

0   200   400 千米

图 4-20　依据草地类型和载畜量折算的青藏高原畜牧业雪灾暴露空间分布
资料来源：Ye, et al., 2019。

（5）畜牧业雪灾事件仿真与保险损失估计

①事件损失仿真。

在得到脆弱性函数的前提下，估计任意一次雪灾事件的损失，只需将雪灾持续时间、雪灾期间风速、上一年末畜牧业增加值以及上一生长季累计降水量代入所对应的定量函数，即可获得该次事件对应的牲畜死亡率对数值。经过幂函数折算后，即可获得对应的死亡率。

在脆弱性函数的输入数据中，雪灾持续时间和雪灾期间风速需要利用雪灾危险性分析与事件仿真的结果，依据每个雪灾季节中逐次雪灾事件的起止日期，配合同期栅格化的气象数据进行提取。生长季累计降水可使用雪灾发生日期的上一个生长季 5—9 月的累计降水量。关于上一年末畜牧业增加值，则有两种选择：一是利用历史实际值，代表的是历史时期的防灾能力水平，是对历史损失的重现估计；二是利用当前值，代表的是当

前时期的防灾能力水平，是假定历史雪灾发生在当前防灾能力水平下可能造成的损失。由于风险评估要求历史事件损失不包含随环境与社会经济水平变化带来的趋势，因而在此处应使用畜牧业增加值的当前值进行计算。

②年度总损失估计。

在计算任意空间位置上的年度总损失时，必须考虑一个雪灾季节内（每年10月至次年5月）发生一次以上雪灾事件的可能性。在此种情况下，与海南省台风案例类似，也需要对年度总损失率进行折算。牛羊损失状态只有未死亡/死亡（0/1）两类，若单次雪灾的牲畜死亡率记为 δ_i，相应地，令 $\theta_i = 1$，化简即可求得年度总损失率为 $1 - \prod_{i=1}^{n}(1 - \delta_i)$。

③年度保险损失风险评估结果（图4-21）。

在获取历年历次雪灾损失的情况下即可对保险损失风险的特征值进行估计。在本案例中，因未进行完全的随机天气仿真，因此致灾因子建模部分实际得到的是1980—2015年的历史雪灾事件的重建。受到样本的限制，利用了非参数方法中的核密度估计方法，使用高斯核函数和最优带宽，拟合得到每个像元上的年期望死亡数（羊单位数），以及10年一遇、20年一遇和50年一遇的死亡数（羊单位数）。

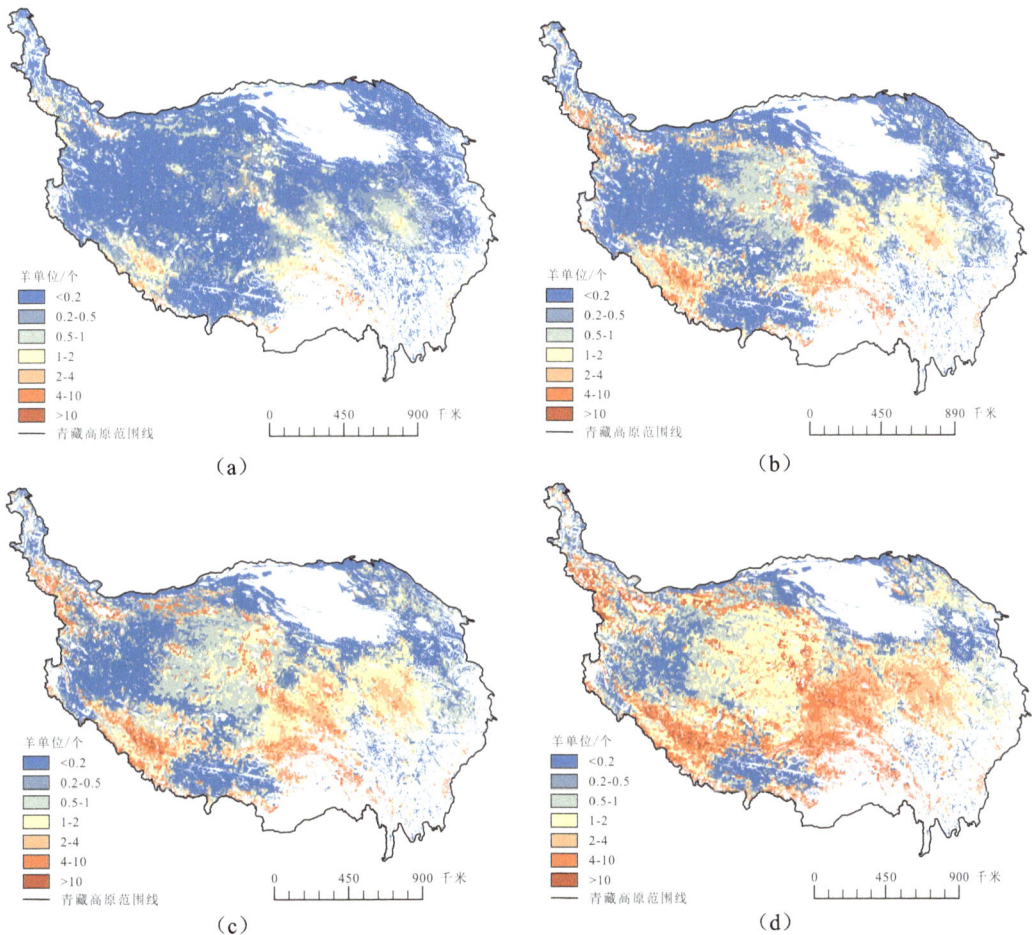

图4-21　利用雪灾事件仿真得到的年牲畜死亡数风险评估结果（1980—2015）

注：（a）年平均；（b）1/10a；（c）1/20a；（d）1/50a。

（6）定价结果

依据定价基本原理，保额损失率的期望值即为对应的纯风险损失率（图4-22）。

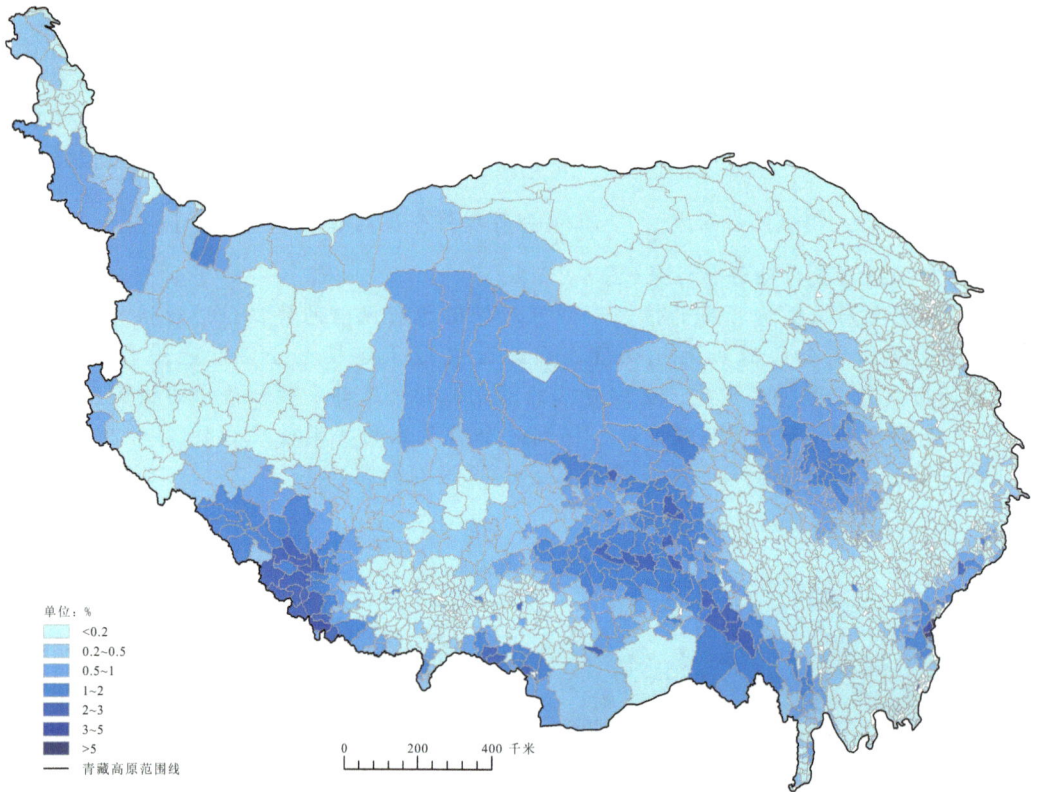

单位：%
- <0.2
- 0.2~0.5
- 0.5~1
- 1~2
- 2~3
- 3~5
- >5
— 青藏高原范围线

图 4-22　青藏高原畜牧业雪灾指数保险纯风险损失率厘定结果

参考文献

[1]Cummins J D. Statistical and Financial Models of Insurance Pricing and the Insurance Firm[J]. The Journal of Risk and Insurance，1991，58(2)：261-302.

[2]Wang H H，Zhang H. On the Possibility of a Private Crop Insurance Market：A Spatial Statistics Approach[J]. The Journal of Risk and Insurance，2003，70(1)：111-124.

[3]Stojanovski P，Muir-Wood R. Comprehensive Disaster Risk Modeling for Agriculture[J]. Agricultural and Food Sciences，2015，3(1)：158-167.

[4]Hochrainer-Stigler S，Lugeri N，Radziejewski M. Up-scaling of Impact Dependent Loss Distributions：A Hybrid Convolution Approach for Flood Risk in Europe[J]. Natural Hazards，2014，70(2)：1437-1451.

[5]Beard R E，Pentikäinen T，Pesonen E. Risk Theory[M]. London：Chapman and Hall，1984.

[6]Paulson A S，Dixit R. Cash Flow simulation models for premium and surplus analysis[M]//Cummins J D，Derrig R A Huebner International Series on Risk，

Insurance and Economic Security. Dordrecht：Springer，1989.

[7]Maddala G S. Introduction to Econometrics[M]. 3rd Edition. India：Wiley，2001.

[8]Cleveland W S. Robust Locally Weighted Regression and Smoothing Scatterplots [J]. Journal of the American Statistical Association，1979，74(368)：829-836.

[9] Bessler D A. Aggregated Personalistic Beliefs on Yields of Selected Crops Estimated Using ARIMA Processes[J]. American Journal of Agricultural Economics，1980，62(4)：666-674.

[10] Moss C B，Shonkwiler J S. Estimating Yield Distributions with a Stochastic Trend and Nonnormal Errors[J]. American Journal of Agricultural Economics，1993，75(4)：1056-1062.

[11]Just R E，Weninger Q. Are Crop Yields Normally Distributed? [J]. American Journal of Agricultural Economics，1999，81(2)：287-304.

[12] Ramirez O A，Misra S，Field J. Crop-Yield Distributions Revisited [J]. American Journal of Agricultural Economics，2003，85(1)：108-120.

[13]聂建亮，叶涛，王俊，等. 基于双尺度产量统计模型的农作物多灾种产量险费率厘定研究[J]. 保险研究，2012(10)：47-55.

[14]Ye T，Nie J L，Wang J，et al. Performance of Detrending Models of Crop Yield Risk Assessment：Evaluation on Real and Hypothetical Yield Data[J]. Stochastic Environmental Research and Risk Assessment，2015，29：109-117.

[15]Ker A P，Coble K. Modeling Conditional Yield Densities[J]. American Journal of Agricultural Economics，2003，85(2)：291-304.

[16]Silverman B W. Density Estimation for Statistics and Data Analysis[M]. New York：Routledge，1998.

[17]黄崇福，顾世山，汪培庄. 两点式分布概型的信息扩散估计[J]. 北京师范大学学报(自然科学版)，1993，29(3)：331-336.

[18]Goodwin T H. The Information Ratio[J]. Financial Analysts Journal，1998，54(4)：34-43.

[19]张尧庭. 连接函数(copula)技术与金融风险分析[J]. 统计研究，2002，19(4)：48-51.

[20]Rayens B，Nelson R B. An Introduction to Copulas[J]. Technometrics，2000，42(3)：317.

[21]Tosunoglu F，Can I. Application of Copulas for Regional Bivariate Frequency Analysis of Meteorological Droughts in Turkey [J]. Natural Hazards，2016，82：1457-1477.

[22]湖南省统计局. 湖南统计年鉴[M]. 北京：中国统计出版社，2017.

[23]高瑜，叶涛，王季薇，等. 种植业多灾种综合险与区域产量指数保险中的大灾风险比较研究[J]. 农业现代化研究，2017，38(5)：827-833.

[24] Zhang L，Singh V P. Gumbel-Hougaard Copula for Trivariate Rainfall Frequency Analysis[J]. Journal of Hydrologic Engineering，2007，12(4)：409.

［25］易丹辉，董寒青. 非参数统计：方法与应用［M］. 北京：中国统计出版社，2009.

［26］Kinoshita Y，Tanoue M，Watanabe S，et al. Quantifying the Effect of Autonomous Adaptation to Global River Flood Projections：Application to Future Flood Risk Assessments ［J］. Environmental Research Letters，2018，13(1)：014006.

［27］Anagnos T，Kiremidjian A S. A Review of Earthquake Occurrence Models for Seismic Hazard Analysis［J］. Probabilistic Engineering Mechanics，1988，3(1)：3-11.

［28］Mulargia F，Stark P B，Geller R J. Why is Probabilistic Seismic Hazard Analysis（PSHA） still used？［J］. Physics of the Earth and Planetary Interiors，2017(264)：63-75.

［29］Zhuang J，Touati S. Theme V-Models and Techniques for Analyzing Seismicity Stochastic Simulation of Earthquake Catalogs［EB/OL］.［2019-03-23］. Community Online Resource for Statistical Seismicity Analysis，2015.

［30］石洪源，尤再进，胡聪，等. 不同台风合成风场方案在南海的适用性研究［J］. 海洋湖沼通报. 2018(6)：17-23.

［31］廖恒丽，周岱，马晋，等. 台风风场研究及其数值模拟［J］. 上海交通大学学报(自然版)，2014，48(11)：1541-1561.

［32］Trigg M A，Birch C E，Neal J C，et al. The Credibility Challenge for Global Fluvial Flood Risk Analysis［J］. Environmental Research Letters，2016，11(9)：094014.

［33］Ward P J，Jongman B，Weiland F S，et al. Assessing Flood Risk at the Global Scale：Model Setup，Results，and Sensitivity［J］. Environmental Research Letters，2013，8(4)：044019.

［34］Adger W N. Vulnerability［J］. Global Environmental Change，2006，16(3)：268-281.

［35］Gallopín G C. Linkages Between Vulnerability，Resilience，and Adaptive Capacity［J］. Global Environmental Change，2006，16(3)：293-303.

［36］Lavell A，Oppenheimer M，Diop C，et al. Climate change：New Dimensions in Disaster Risk，Exposure，Vulnerability，and Resilience［M］//Field C B，Barros V，Stocker T F，et al. Managing the Risks of Extreme Events and Disasters to Advance Climate Change Adaptation. USA：Cambridge University Press，2012.

［37］Shi P J，Kasperson R E. World Atlas of Natural Disaster Risk［M］. Beijing：Beijing Normal University Press and Springer，2015.

［38］Federal Emergency Management Agency（FEMA）. Multi-hazard Loss Estimation Methodology：Earthquake Model（HAZUS-MH 2.1 Technical Manual)［R/OL］.［2019-03-23］. https：//www. fema. gov/media-library-data/20130726-1820-25045-1705/hzmh2_1_aebm_um. pdf.

［39］Dixit A M. Risk and Vulnerability Assessment：Experience of Nepal［M］//Shaw R，Lzumi T. Civil Society Organization and Disaster Risk Reduction：The Asian Dilemma. Tokyo：Springer，2014.

［40］Pita G L，Pinelli J P，Gurley K，et al. Vulnerability of Low-rise Commercial-Residential Buildings in the Florida Public Hurricane Loss Model［C］//Proceedings of the 11th Americas Conference on Wind Engineering. San Juan：Puerto Rico，2009.

［41］van Westen C J，Alkema D，Damen M C J，et al. Multi-hazard Risk Assessment：Distance education course-Risk City Exercise book 2011［M］. Enschede：University of Twente Press，2011.

［42］Lang K. Seismic vulnerability of existing buildings［D］. Zurich：Swiss federal Institute of Technology in Zurich，2002.

［43］史培军. 再论灾害研究的理论与实践［J］. 自然灾害学报，1996，5(4)：6-17.

［44］Ming X D，Xu W，Li Y，et al. Quantitative Multi-hazard Risk Assessment with Vulnerability Surface and Hazard Joint Return Period［J］. Stochastic Environmental Research and Risk Assessment，2015，29(1)：35-44.

［45］Shrestha B B，Sawano H，Ohara M，et al. Methodology for Agricultural Flood Damage Assessment［M］//Abbot J，Hammond A. Recent Advances in Flood Risk Management. London：IntechOpen，2019.

［46］Anderson D，Davidson R A，Himoto K，et al. Statistical Modeling of Fire Occurrence Using Data from the Tōhoku，Japan Earthquake and Tsunami［J］. Risk Analysis，2016，36(2)：378-395.

［47］Li Y J，Ye T，Liu W H，et al. Linking Livestock Snow Disaster Mortality and Environmental Stressors in the Qinghai-Tibetan Plateau：Quantification Based on Generalized Additive Models［J］. Science of The Total Environment，2018，625(12)：87-95.

［48］Goetz J N，Brenning A，Petschko H，et al. Evaluating Machine Learning and Statistical Prediction Techniques for Landslide Susceptibility Modeling［J］. Computers & Geosciences，2015，81：1-11.

［49］Naghibi S A，Pourghasemi H R，Dixon B. GIS-based Groundwater Potential Mapping Using Boosted Regression Tree，Classification and Regression Tree，and Random Forest Machine Learning Models in Iran［J］. Environmental Monitoring and Assessment，2016，188(1)：144.

［50］Youssef A M，Pourghasemi H R，Pourtaghi Z S，et al. Landslide Susceptibility Mapping Using Random Forest，Boosted Regression Tree，Classification and Regression Tree，and General Linear Models and comparison of Their Performance at Wadi Tayyah Basin，Asir Region，Saudi Arabia［J］. Landslides，2016，13(5)：839-856.

［51］Chen W，Xie X S，Wang J L，et al. A Comparative Study of Logistic Model Tree，Random Forest，and Classification and Regression Tree Models for Spatial Prediction of Landslide Susceptibility［J］. Catena，2017，151：147-160.

［52］Wu J D，Li Y，Li N，et al. Development of An Asset Value Map for Disaster Risk Assessment in China by Spatial Disaggregation Using Ancillary Remote Sensing Data［J］. Risk Analysis，2018，38(1)：17-30.

［53］方伟华，石先武. 面向灾害风险评估的热带气旋路径及强度随机模拟综述［J］.

地球科学进展，2012，27(8)：866-875.

[54]林伟，方伟华. 西北太平洋台风风场模型中 Holland B 系数区域特征研究[J]. 热带地理，2013，33(2)：124-132.

[55]石先武. 西北太平洋热带气旋路径-强度时空特征分析及随机模拟[D]. 北京：北京师范大学，2012.

[56]吴小宁，方伟华，林伟，等. 海南省橡胶树热带气旋风灾易损性评估[J]. 热带地理，2015，35(3)：315-323.

[57]刘新立，叶涛，方伟华. 海南省橡胶树风灾指数保险指数指标设计研究[J]. 保险研究，2017(6)：93-102.

[58]Wang J，Wang Y，Wang S J. Biophysical and Socioeconomic Drivers of the Dynamics in Snow Hazard Impacts Across Scales and Over Heterogeneous Landscape in Northern Tibet[J]. Natural Hazards，2016，81(3)：1499-1514.

[59]Miller D J. The Tibetan Steppe[M]//Suttie J M，Reynolds S G，Batello C. Grasslands of the World. Rome：Food and Agriculture Organization of the United Nations，2005.

[60]刘光轩，温克刚. 中国气象灾害大典(西藏卷)[M]. 北京：气象出版社，2008.

[61]Ye T，Liu W H，Wu J D，et al. Event-based Probabilistic Risk Assessment of Livestock Snow Disasters in the Qinghai-Tibetan Plateau[J]. Natural Hazards and Earth System Sciences，2019，19(3)：697-713.

[62]Wang W，Liang T G，Huang X D，et al. Early Warning of Snow-caused Disasters in Pastoral Areas on the Tibetan Plateau[J]. Natural Hazards and Earth System Science，2013，13(6)：1411-1425.

[63]Wei Y Q，Wang S J，Fang Y P，et al. Integrated Assessment on the Vulnerability of Animal Husbandry to Snow Disasters under Climate Change in The Qinghai-Tibetan Plateau[J]. Global and Planetary Change，2017，157：139-152.

[64]Tachiiri K，Shinoda M. Quantitative Risk Assessment for Future Meteorological Disasters：Reduced Livestock Mortality in Mongolia[J]. Climatic Change，2012，113(3-4)：867-882.

[65]Fang Y P，Zhao C，Ding Y J，et al. Impacts of Snow Disaster on Meat Production and Adaptation：An Empirical Analysis in the Yellow River Source Region[J]，Sustainability Science，2016，11(2)：249-260.

[66]李懿珈. 青藏高原畜牧业雪灾风险定量评估研究[D]. 北京：北京师范大学，2018.

第 5 章　灾害保险市场[①]

5.1　灾害保险市场结构

5.1.1　灾害风险转移链

灾害保险市场由保险产品的供给方、需求方和市场的监管方所组成，其中灾害保险产品的供给方和需求方分别对应直保人和投保人。保险市场上交易的是"风险"，即投保人以购买保单的方式将自己所面临的特定风险转嫁给保险公司，而保险公司则是在被保险人发生约定保险事故时进行赔偿或给付。

灾害保险产品需求方（投保人）、灾害保险产品供给方（直保人）、再保人、保险经纪人（包括直接保险经纪人和再保险经纪人）以及巨灾模型公司是灾害保险市场上主要的利益相关者，他们彼此联系，共同构成灾害风险转移链（图 5-1），将灾害风险进行有效分摊和转移，使得灾害保险市场健康运行。直保人根据巨灾模型公司所提供的巨灾风险模型对产品定价。投保人为转移自身可能面临的灾害风险，可经由直接保险经纪人与保险人订立灾害保险合同，缴纳一定的保险费，使风险的损害后果得以减轻或消化。由于灾害保险涉及的保险业务金额较大且风险比较集中，因此，再保险作为保险人分散灾害保险风险的手段，有着重要作用。直保人可通过再保险经纪人与再保人订立再保险合同，并支付规定的再保险费，从而将其承保的风险和责任的一部分转移给再保人，以分散风险、降低责任，保证其自身业务的稳定性。再保人不仅可将其拥有的风险转移给其他保险人（转分保），还可通过金融工具将风险转移到资本市场。

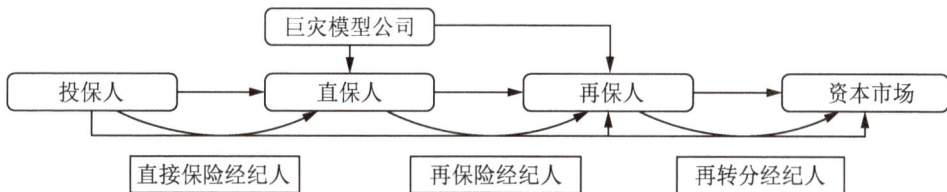

图 5-1　灾害风险转移链示意图

5.1.2　灾害保险市场的利益相关者

5.1.2.1　投保人

投保人，即保险产品的需求方。投保人是对保险标的具有保险利益，向保险人申请订立保险合同，并负有缴付保险费义务的人。在灾害保险市场上，投保人通常就是被保险人，是灾害保险风险分担机制的第一层级风险承担者，是灾害保险的最终保障对象，可以为政府、企业或个人。在国际灾害保险市场上，针对企业和个人的保险业务已经较

---

① 本章撰写人：叶涛，刘新立，杨婷婷。

为发达。我国的一些灾害保险以政府为保障对象，如在广东省试点的巨灾指数保险（台风、强降雨、地震），就由政府作为投保人，灾害发生后，保险公司直接赔付地方政府，地方政府再将赔付资金用于救灾。投保人应满足以下三个条件。

(1)投保人具有相应的权利能力和行为能力

根据《中华人民共和国民法典》的相关规定，十八周岁以上的自然人为成年人。成年人为完全民事行为能力人，可以独立实施民事法律行为。十六周岁以上的未成年人，以自己的劳动收入为主要生活来源的，视为完全民事行为能力人。

(2)投保人对保险标的具有保险利益

保险利益是指投保人对保险标的具有法律上承认的利益，即投保人因保险标的的存在而享有利益，因保险标的的丧失或者损害而遭受损失。在财产保险中，根据投保人对财产的所有、占有或者其他权利关系，能够比较容易地判断投保人对保险标的是否具有保险利益。

(3)投保人负有交付保险费的义务

保险合同为有偿合同，投保人取得经济保障的代价就是支付保险费。支付保险费的义务为投保人所有，保险人一方无权免除投保人的这一义务。保险合同成立后，投保人按照约定交付保险费，保险人按约定的期间承担保险责任。

5.1.2.2 直保人

直保人，即保险商品的供给方，是指在保险市场上，提供各类保险商品，承担、分散和转移他人风险的保险人。直保人有不同类型，包括股份有限公司、相互保险公司、相互保险社、保险合作社和专业自保公司。按照现行法律，直保人需要依法注册成立，其经营有一定的地域和业务范围限制。

灾害保险市场上，由于标的主要为家庭或企业财产，因此直保人一般为大型财险公司。有时某种灾害保险的承保主体是一个直保人团体，如我国的城乡居民住宅地震巨灾保险共同体，就由 45 家符合条件的财产保险公司组成，这些保险公司需满足的条件包括：a. 成立 3 年以上的境内财险公司；b. 一个季度偿付能力充足率在 150% 以上；c. 具有较完善的分支机构和较强的服务能力；d. 具有经营相关险种的承保理赔经验。

5.1.2.3 再保人

再保险也称分保，是保险人在原保险合同的基础上，通过签订分保合同，将其所承保的部分风险和责任向其他保险人进行投保的行为。在再保险交易中，分出业务的公司称为原保险人或分出公司；接受业务的公司称为再保人或分保接收人、分入公司。由于灾害风险的系统性特征，往往一次灾害发生就伴随着巨大的损失，大多数直保人不能凭借自己的能力予以偿付，通过分保、转分保的方式，风险得以分散，从而可以有效地避免保险公司因损失超过自身赔付能力造成经营的不可持续性。

再保险人根据其经营的再保险业务和直接保险业务的比重不同，可以分为两类：一是专业的再保险人。其通常以经营再保险业务为主，虽然也同时经营直接保险业务，但直接保险业务规模较小，与再保险业务相比尚未达到一定的比例，如瑞士再保险公司。二是再保险和直接保险业务共同经营的再保险人。其不仅经营再保险业务，同时还经营较大规模的直接保险业务，如慕尼黑再保险公司。

在再保险业务中，分保双方责任的分配与分担是通过确定的自留额和分保额来体现的。而自留额和分保额都是按危险单位来确定的。危险单位是指保险标的发生的一次灾

害事故可能造成的最小损失范围。对于每一危险单位或一系列危险单位的保险责任，分保双方通过合同按照一定的计算基础对其进行分配。分出公司根据偿付能力所确定承担的责任限额称为自留额，经过分保由再保险人所承担的责任限额称为分保额。再保险的分保方式可分为比例分保和非比例分保两大类。

比例分保是指原保险人与再保险人之间按某一比例分担风险的再保险方式，比例再保险形式有两种，分别为成数再保险和溢额再保险。

例如，某成数再保险合同规定，每一风险单位的最高限额为500万元，自留部分为30%，分出部分为70%。若风险单位A的保险金额为300万元，则保险费和今后的赔款按30%和70%的比例分摊；如果风险单位B的保险金额为600万元，由于该金额超过了合同规定的最高限额，所以自留部分30%为保险金额150万元，分出部分70%为350万元，超过合同限额的100万元应列入其他合同或安排临时分保。

又如，某溢额再保险合同，每一风险单位自留额为50万元，溢额分保的限额为500万元。当风险单位A的保险金额为30万元时，原保险人自留全部责任。当风险单位B的保险金额为150万元时，自留与溢额分保的责任比为1∶2，即保费和赔付责任的分摊比例为1∶2。当风险单位C的保险金额为600万元时，自留50万元，溢额分保为500万元，超过总承保能力的50万元列入其他合同。

非比例分保则是设定一个原保险人的自留风险限额，对于超出限额的部分，由再保险人承担，自留额和分保额无比例关系。非比例再保险的常见形式包括超额赔款再保险和赔付率超额再保险，其中超额赔款再保险又包括险位超赔再保险和事故超赔再保险两类。

例如，现有一起赔点为100万元，限额为500万元的火险险位超赔分保合同。在一次事故中有三个危险单位遭受损失，每个危险单位损失200万元。如果每次事故对危险单位没有限制，则赔款的分摊如表5-1所示。

表5-1 险位超赔再保险赔款分摊表 单位：万元

危险单位	发生损失	分出公司承担赔款	接受公司承担赔款
Ⅰ	200	100	100
Ⅱ	200	100	100
Ⅲ	200	100	100
总计	600	300	300

又如，有一起赔点为200万元，限额为200万元的巨灾超赔分保合同，一次台风持续4天，该事故共损失600万元，赔款分摊如表5-2所示。其中，认定为一次事故情况下，超过总承保能力的200万元列入其他合同。

表5-2 事故超赔再保险赔款分摊表 单位：万元

赔偿次数	如果认定为一次事故		如果认定为二次事故（假设连续48小时为一次事故，则第一、二个48小时各损失300万元）	
	原保险人	再保险人	原保险人	再保险人
1	200	200	100	100
2			200	100

再如，现有一超赔率赔付合同规定，赔付率在 70％ 以下由分出公司负责，超过 70％ 至 120％，即超过 70％ 以后的 50％ 由分入公司负责，并规定赔付金额以 60 万元为责任限制，两者以较小者为准。假设净保费 100 万元，已发生赔款 130 万元，赔付率 130％，分出公司负责 70％，分入公司负责 50％，即 50 万元，剩余 10 万元由分出公司承担。

5.1.2.4　保险经纪人

保险经纪人活动于保险人与投保人之间，其基于投保人的利益，为投保人与保险人订立保险合同提供中介服务，并依法从保险人那里收取佣金。保险经纪人既可以是个人，也可以是公司。例如，在灾害保险市场上的投保人和直保人之间进行活动的，就是直接保险经纪人；在直保人和再保人之间活动的，就是再保险经纪人；基于再保人利益，再次为其转出风险分摊而提供中介服务的就是再转分经纪人。

经纪人是投保人的代表，在投保人的授权范围内，经纪人的行为可以约束投保人，但不能约束与投保人订立合同的保险人。保险经纪人这一属性一方面是由法律、法规规定的，另一方面是由保险商品的特点和保险市场信息不对称的状况决定的。

灾害保险市场上的保险经纪人，包括直接保险经纪人、再保险经纪人等，不仅要熟悉保险市场上各保险公司的主流灾害保险产品，还要学习和熟知保险条件、保险费率等专业知识和技能。

5.1.2.5　巨灾模型公司

相较于传统的财产保险，巨灾风险难量化、难定价，由此在灾害保险市场上，衍生出另一利益相关者，即巨灾模型公司。巨灾模型的功能，即借助计算机技术以及现有的人口、地理及建筑等方面的信息，评估某种自然灾害对给定区域可能造成的损失风险。开展灾害风险模型评估，可以使风险管理者更好地评估、分散和优化公司的保险业务，以支撑保险产品定价和开展承保业务。建立在定量风险评估基础上的保险精算，是投保人与保险人通过保险交互实现互利共赢的前提，也是保险业务可持续的重要保障。

主流的灾害风险评估依据"致灾因子-脆弱性-暴露"的方法进行，强调从损失形成的机理层面对承灾体脆弱性进行建模，利用历史数据和相应的动态情况在地学空间分析环境下进行仿真模拟，估算出一定概率状态下未来灾害事件可能造成的覆盖区域、严重程度和经济损失等。巨灾模型的建模思路和原理基本按照这一灾害风险分析流程进行，总体上可以分为三个模块，分别是致灾因子模块、脆弱性模块和金融模块。致灾因子模块由各灾害研究领域的专家负责，强调致灾因子形成的机理，并进行仿真模拟，然后估算出一定区域内未来可能发生的灾害事件的集合。脆弱性模块由灾害风险领域专家融合工程、建筑等方面的知识，从承灾体的角度出发，关注在给定区域内某一灾害事件发生时，不同风险标的的破坏情况。金融模块由精算师等金融背景人员负责，主要任务是将前两个模块的结果转换为损失的统计量，并设计保险条款。

巨灾模型能够预估一定概率下灾害的潜在损失，因此成为保险企业对其财产承保业务进行有效管理的重要工具，近年来在保险业中得到广泛应用，尤其是在财产保险市场比较发达的国家和地区，如北美、欧洲和日本等。中国人民财产保险集团股份有限公司于 2006 年开始使用 AIR 环球公司开发的中国地震风险模型，标志着巨灾风险模型进入中国保险行业。2019 年，中国再保险集团发布了我国第一个经地震学会认证并拥有自主知识产权、可商业应用的地震巨灾风险模型，改变了我国依赖国外产品的历史，对提升我国巨灾风险量化能力有着重大意义。

5.2 全球及中国灾害直保市场

5.2.1 全球灾害直保市场

2022 年，全球自然灾害与人为灾害造成的经济损失总额约 2 840 亿美元，占全球 GDP 的 0.27%，高于前十年的平均值 2 200 亿美元，与前十年平均值占全球 GDP 的 0.27% 持平。如图 5-2 所示，在全球经济损失中，北美洲地区经济损失最大，约 1 760 亿美元，占其 GDP 的 0.64%。非洲地区经济损失最小，约为 80 亿美元，占其 GDP 的 0.27%。在全球自然灾害与人为灾害造成的经济损失中，2 750 亿美元由自然灾害造成。

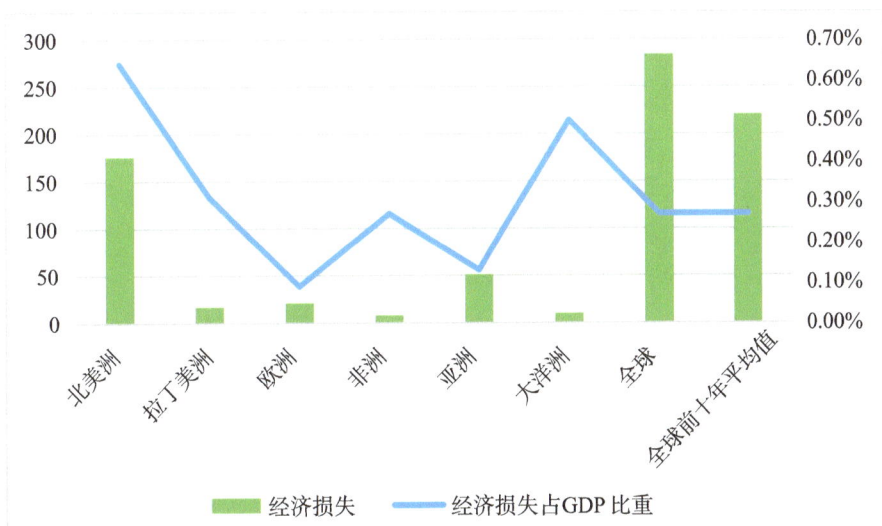

图 5-2　2022 年全球自然灾害造成的经济损失分布（10 亿美元，按 2022 年价格）
数据来源：Swiss Re，Sigma，2023 年第 1 期。

全球保险业承担了 1 325 亿美元的经济损失，保险损失比例为 46.66%，占全球财险原保费收入的 6%，高于 2021 年的 1 300 亿美元和前十年平均值的 91 亿美元。其中自然灾害保险损失为 1 250 亿美元，远高于前五年平均值的 1 100 亿美元和前十年平均值的 810 亿美元（经通胀调整），图 5-3 显示了按类别划分的 2022 年全球自然灾害保险损失，热带气旋与强对流风暴一直是造成全球自然灾害保险损失的主要原因。

自 2017 年来，再保险业已为与天气有关的自然灾害索赔支付了 6 500 亿美元，但保险收入没有相对增加，再保险业保险利润持续下降。此外，有证据表明自然灾害活动增加，以及建筑物和其他固定资产的可保价值上升，使得保险需求有所上升，与之对应，在风险偏好降低的环境下，资本供应受限。种种原因使得再保险费率自 2018 年起逐年上涨，2023 年 1 月续保期间，全球风险调整后的财产巨灾费率对无损失的投资组合来说上升了 20%～50%。

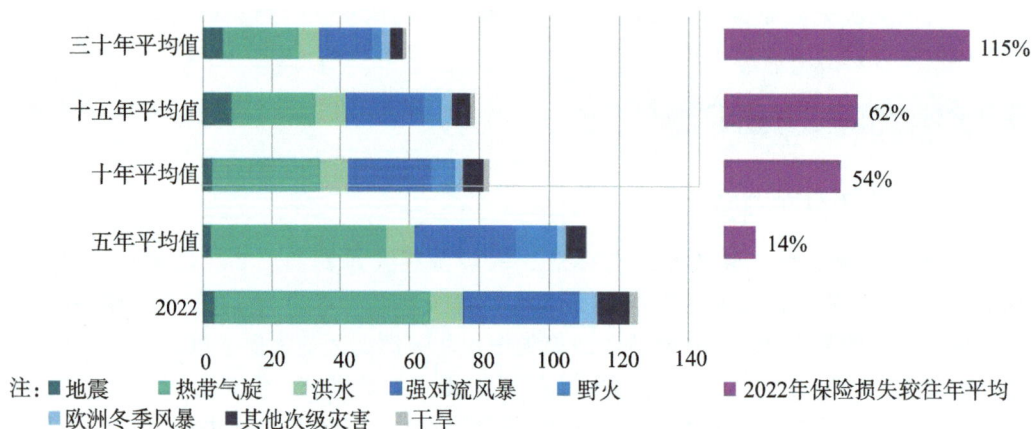

图 5-3　2022 年全球自然灾害保险损失（10 亿美元，按 2022 年价格）

数据来源：Swiss Re，Sigma，2023 年第 1 期。

图 5-4 显示了 1992—2022 年全球自然灾害保险损失的状况，可见保险损失以年均 5％～7％的速度增长，其主要原因是主要和次要危险事件造成的损失严重程度不断上升。此外，经济因素是保险损失持续增加的主要驱动力。经济增长、城市化和人口增长造成的通货膨胀（2022 年发达市场平均通货膨胀率达 7％，新兴经济体的平均通货膨胀率达 9％）提高了自然灾害造成损失的保险赔偿。

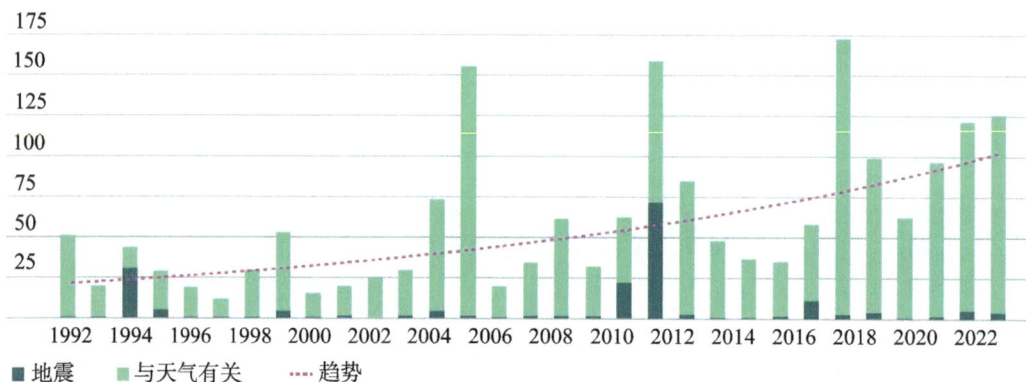

图 5-4　1992—2022 年全球自然灾害保险损失（10 亿美元，按 2022 年价格）

数据来源：Swiss Re，Sigma，2023 年第 1 期。

图 5-5 显示了长期以来灾害经济损失与保险损失之间的差额，即保险保障缺口，是指由灾害造成的，但没有保险保障的财务损失。2022 年，全球保险保障缺口约为 1 510 亿美元，低于 2021 年的 1 730 亿美元，但高于 10 年平均值 1 300 亿美元，占总经济损失的 53％，低于 10 年平均值（59％）。2022 年最大损失事件是飓风"伊恩"，造成 500 亿至 650 亿美元的保险损失，将主要保险损失比例从此前十年的平均值 37％提高到 57％。

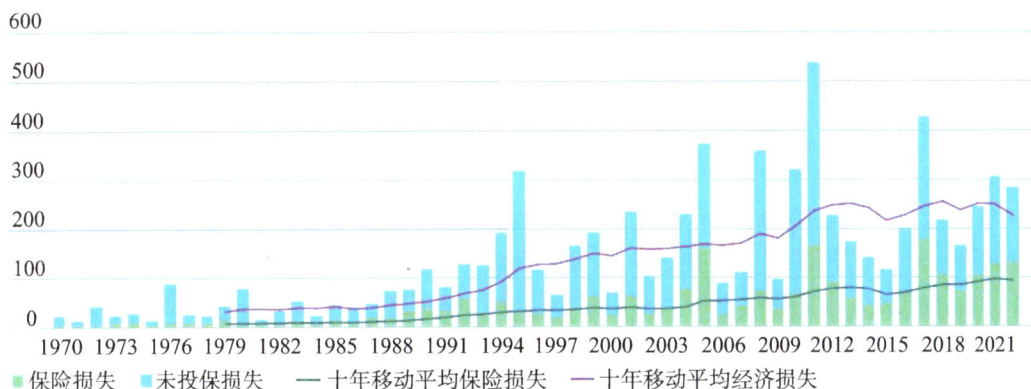

图 5-5　1970—2021 年全球保险损失与未投保损失（10 亿美元，按 2022 年价格）

注：经济损失＝保险损失＋未投保损失。

数据来源：Swiss Re，Sigma，2023 年第 1 期。

5.2.2　中国灾害直保市场

自 2010 年起，我国财产保险（含农业保险、企业财产保险、家庭财产保险和机动车辆保险）的承保规模呈上升趋势，从 2010 年的 3 506.09 亿元增长至 2022 年的 12 712.38 亿元（图 5-6）。其中，机动车辆保险的承保规模占比最大，近十年平均占比超过 85%。近年来，农业保险的承保规模不断上升，2022 年达 1 219.35 亿元。尽管我国财产保险具有相当规模，但巨灾保险仍然存在市场渗透率低、保费严重不足等方面的问题。2019 年，中国巨灾保险保费收入规模为 188 亿元，不到农业保险承保规模的 30%。

图 5-6　2010—2022 年中国农业保险、企财、家财和车险保费收入

数据来源：中国保险年鉴。

中国自然灾害经济损失主要是由地震、台风、干旱、暴雨洪涝和雪灾引起的。1990—2022 年，我国自然灾害造成的直接经济损失呈上升趋势。其中，2008 年直接经济

损失最为突出，达 11 752.4 亿元，当年有两次重大的灾害事件，分别是年初的南方冰冻雨雪灾害和"5·12"汶川大地震。2008—2022 年，自然灾害造成的直接经济损失均处于较高水平，仅有三年在多年平均值以下。除 2008 年有明显的跃升外，直接损失占 GDP 的比重呈下降趋势，因此，伴随着社会经济的发展，我国的灾害风险管理水平和风险防范的基础设施有一定提高和改善。

根据全球巨灾保险的相关数据统计，在发达地区，巨灾保险赔偿可占直接经济损失的 20%～40%（欧洲 21%，北美 38%，澳大利亚和新西兰 33%）；而在亚洲，这个数字只有 9%。原中国保险监督管理委员会的数据显示，中国自然灾害保险的赔款占直接经济损失的比重不到 1%。我国年来年自然灾害直接经济损失、保险赔付及占比如表 5-3 所示。

表 5-3 我国近年来自然灾害直接经济损失、保险赔付及占比

灾害及年份	直接经济损失/亿元	保险赔付/亿元	保险赔付占比（%）
1998 年特大洪灾	2 484	33.5	1.3
2008 年冰冻雨雪灾害	1 517	50	3.3
2008 年汶川地震	8 451	16.6	0.2
2010 年玉树地震	640	0.08	0.013
2013 年台风"天兔"	—	—	3
2014 年重大自然灾害	731.94	76.31	10.4
2019 年重大自然灾害	3 270.9	—	10.4

5.3 全球及中国灾害再保险市场

5.3.1 全球灾害再保险市场

再保险市场是指从事各种再保险业务的再保险交换关系的总和，其可以有许多买方和卖方自由进出。按照区域划分，再保险市场可以分为国内再保险市场和国际再保险市场。由于巨灾风险市场渗透率较低，保费不足、赔付金准备规模小等方面的问题，可通过在灾前的分保安排将风险转移一部分到再保险尤其是国际再保险市场。再保险对灾害风险的分散，具有平均风险责任的含义。目前，全球最大的三大再保险市场分别为北美再保险市场、欧洲再保险市场和中国再保险市场。

由于保险行业的特殊性，决定了保险是一个资本密集度非常高的行业，资本实力是影响再保险供给能力的重要因素，直接决定了再保险公司的业务能力。据图 5-7，除 2008 年因为巨灾损失，尤其是全球金融危机的影响，导致再保资本金出现了较明显的同比下降（−17%）外，全球再保险资本金总体呈增长趋势。2019 年，全球再保险公司的资本总量达 6 250 亿美元，较 2018 年增长了 7%。从资本持有形式来看，传统再保险仍处于稳固地位，但可以看到替代资本数量增长明显，从 2006 年的 160 亿美元增长至 2019 年的 950 亿美元，增幅达 493.75%。替代资本原来主要活跃在转分保市场，但近期也越来越多地参与到巨灾再保合约中，这种变化可以增强再保险市场的流动性和活力。

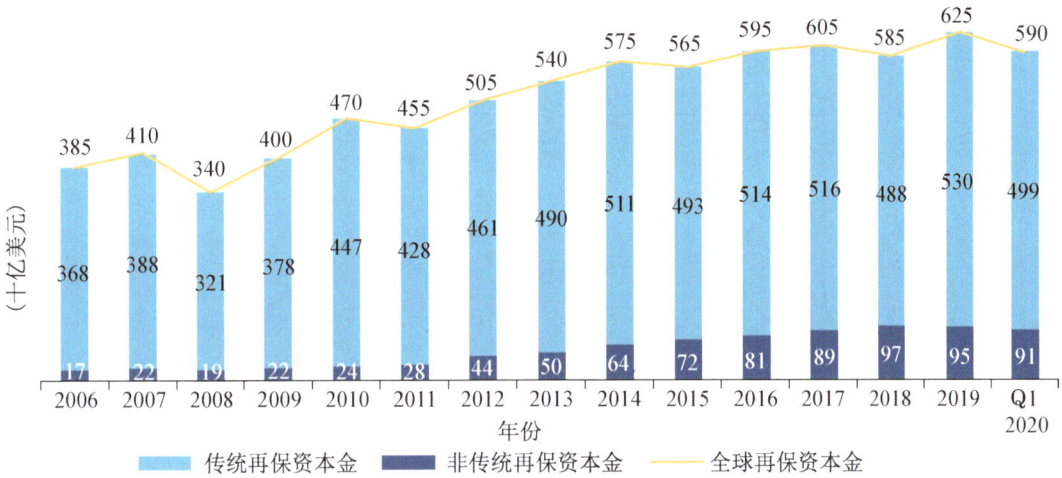

图 5-7　全球再保险市场再保资本金变化情况（2006—2020Q1）

数据来源：Aon，Reinsurance Market Outlook，2020。

随着直保公司投融资功能日益增强，金融再保险合同及与证券资本市场挂钩的衍生再保险产品逐步推出。这类产品兼有风险转移与融资的功能，可以有效减少由于国际再保险市场周期性波动带来的影响，增强保险市场上的资本流动性。资本市场资金进入巨灾再保险市场上的创新衍生品，例如抵押再保险、巨灾债券、行业损失担保（industry loss warranties，ILWs）和侧挂车（sidecars）等。

由图 5-8 可知，近十年来，抵押再保险发展迅速，巨灾债券紧随其后，此外，行业损失担保、侧挂车的数量也在悄然增长。

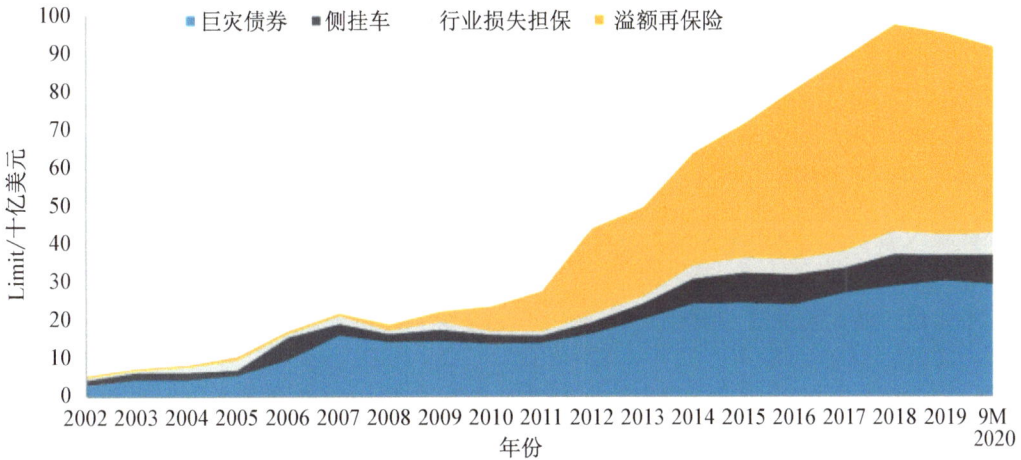

图 5-8　全球再保险市场替代资本变化（2002—20209M）

数据来源：Aon，Reinsurance Market Outlook，2020。

再保险领域的保险责任比（rate on line，ROL）是指已付保费与再保险合同中可弥补损失的比率。ROL 反映了价格增长（或收缩）、风险敞口、风险度量方法以及市场状况等变化的影响。由图 5-9 可知，近年来，全球巨灾财产险 ROL 总体呈现下降趋势，ROL 在

1994 年达到峰值(329.9)，很可能与 1994 年美国的北岭地震有关，后 ROL 呈波动变化，近五年趋于平稳。

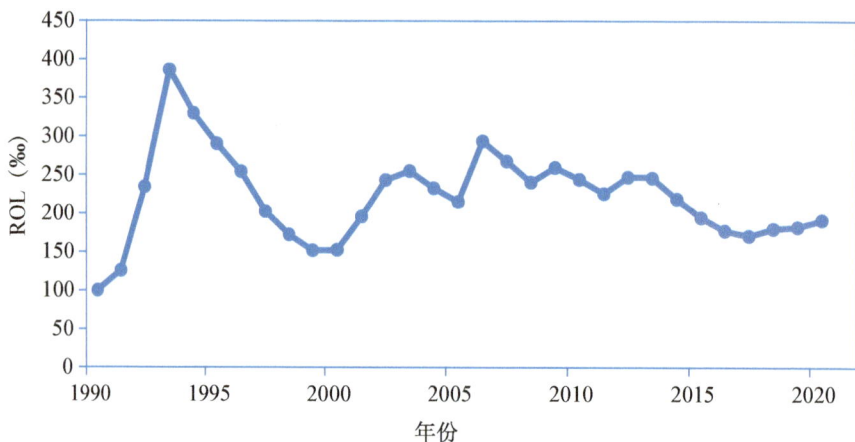

图 5-9　全球巨灾财产再保险 ROL(1990—2020)

资料来源：The Guy Carpenter Global Property Catastrophe Rate-on-Line Index，2023。

5.3.2　中国灾害再保险市场

我国再保险行业经历了四个发展阶段。①1949—1980 年，萌芽阶段；②1980—1995 年，初具雏形阶段；③1995—2002 年，探索阶段；④2002 年至今，快速成长阶段。经过多年发展，我国现已形成多家中资公司和外资公司分公司共同经营、有序竞争的发展格局。截至 2020 年年末，中国境内专业再保险公司由 2000 年的 1 家增加到 14 家，其中中资公司 7 家，外资公司 7 家。

2020 年，再保险行业分保费收入 1 878.9 亿元，同比增速 19.2%。此外，净资产规模达到 700.7 亿元，同比增速 15.1%；净利润水平达到 56.3 亿元，同比增速 23.7%，但其中财务投资收益 128.0 亿元，传统保险业务仍然处于亏损状态。从各再保险公司来看，2020 年，中再寿险分保费收入 665.2 亿元，为 14 家公司中规模最大，其次是中再财险，分保费收入为 377.2 亿元，汉诺威再保险、瑞士再保险和慕尼黑再保险分别为 180.5 亿元、177.5 亿元和 132.7 亿元。从净利润水平来看，中再寿险和中再财险仍然位于第一位、第二位，然而德国通用再保险的净资产收益率(return on equity，ROE)却是 14 家公司中最高的，为 32.9%。

中国再保险集团(以下简称中再集团)作为我国再保险行业的龙头企业，提供了国内保险市场 80% 以上的巨灾再保险承保能力，"十三五"期间累计承保台风的风险保额达到了 20 000 亿元，地震风险保额达到 5 000 亿元，旱灾风险保额达到 1 000 亿元。在与资本市场对接方面，2015 年 7 月 1 日，中再集团在境外成功发行以我国地震风险为保障对象的巨灾债券，迈出了我国保险风险对接国际资本市场的第一步。

5.4　灾害保险监管

保险监管是指保险监管机构对保险人、保险市场进行监督管理，以确保保险市场的

规范运行，促进保险业有序健康发展。一个国家的保险监管制度通常由两部分构成，一是国家通过制定保险法律法规，对本国保险业进行宏观指导与管理；二是国家专门的保险监管职能机构依据法律或行政授权对保险业进行行政管理，以保证保险法规的贯彻执行。有些国家，保险监管是金融监管部门众多职能的一部分，例如英国金融服务监管局和日本金融监督厅就涵盖了保险监管职能；而另外一些国家，保险监管职能则由相对独立的一个部门来承担。

与银行业的统一监管规则"巴塞尔协议"不同，全球保险监管尚未形成统一规则体系。1994 年成立的国际保险监督官协会（International Association of Insurance Supervisors，IAIS）是保险业监管的重要国际组织，自成立以来，IAIS 在制定全球保险监管标准、改善跨行业的监管、推动保险监管国际规则的执行等方面取得了明显成效，2002 年，它首次发布了保险监管核心原则（insurance core principles，ICP），为全球的保险监管提供了一般性监管原则的总体框架。2008 年，美国金融危机之后，国际保险监管的重点由对市场行为的监管转变为对偿付能力的监管。目前，国际上具有代表性的偿付能力监管模式主要包括美国以风险为基础的资本监管模式（risk-based capital，RBC）、欧盟的偿付能力标准二号（Solvency Ⅱ）和中国风险导向的偿付能力体系（China risk oriented solvency system，C-ROSS）等。

5.4.1 保险监管制度的变迁

5.4.1.1 国际保险监管制度的变迁

（1）美国模式

美国保险业在发展初期采取自由竞争的发展策略，政府对保险业几乎不监管。但后来发生了众多的保险公司破产案，如 1835 年美国纽约大火使得该州 26 家火灾保险公司中 23 家破产，19 世纪 70 年代，芝加哥和波士顿大火又使全国近 75% 的火灾保险公司破产，沉痛的教训使专门的保险监管机构应运而生。1850 年，美国新罕布什尔州首先设立了保险监督委员会，对该州保险业进行监管，这被认为是美国最早的保险监管机构，随后，各州均设立了自己的保险监管机构。保险监管的目的是监管保险公司的偿付能力、对被保险人的利益保护以及维护市场的公平竞争秩序。

美国对保险业实行州政府和联邦政府双重监管制度，监管工作主要由州政府层面完成，包括保护消费者、向保险公司和中介机构授予许可、制定市场运作规则、确保保险公司的偿付能力等，联邦政府起辅助作用。1871 年，美国保险监督官协会（National Association of Insurance Commissioners，NAIC）成立，它由美国 50 个州、哥伦比亚特区以及四个美国属地的保险监管官员组成，其目的是协调各州对跨州保险公司的监管，尤其着重于对保险公司财务状况的监管，同时，NAIC 也提供咨询和其他服务，如协调各州保险立法，拟定样板法律和条例，供各州保险立法参考；规范美国保险业财务、技术、数据等业务细节标准及信息共享等。

早期的保险监管重心在市场行为，核心是对保险费率的监管，但因利率波动和严格的保险费率监管限制了美国保险业的发展，20 世纪 60 年代开始，纽约州等一些州率先放开了对保险费率的严格监管，随后，因一些规模较大的保险公司破产的情况发生，保险监管的重心逐渐转为对保险公司偿付能力的监管。当然，放松市场行为的监管并不是不要监管。保险主体的市场行为仍然是保险监管的主要领域，只是可以通过监管主体的转换，实现更有效率的保险监管。市场经济发达国家的实践表明，能够从根本上并有效规范市场主体行为的结果是通过其他监管方式实现的，治本性的保险公司治理、约束性的保险行业自律和社会监管等第三方监管力量是比政府监管更优的选择。因此，放松市场行为监管是有前提条件的，那就是将保险监管置于体系之中，通过体系化的监管方式，实现偿付能力监管的加强和市场行为监管的放松，最终达到最优监管的目的。

最初对偿付能力的监管主要是设定最低资本限额，限额由各州立法规定，存在很大差异。20 世纪 70 年代中期，NAIC 和各州监管部门开始使用包含有 11 项财务比率指标的保险监管信息系统（insurance regulation information system，IRIS）对保险公司的偿付能力进行审查，20 世纪 90 年代初，NAIC 又为全国性的大保险公司建立了另一套包含指标更多的系统，即财务分析和偿付能力跟踪系统（financial analysis solvency tools，FAST）。接下来，NAIC 还提出了风险资本要求，与固定的最低资本相比，风险资本是变化的，风险资本要求的基本思想是：按照保险公司面临的承保风险、资产风险、信用风险和赔款准备金风险分别规定风险资本额，并与风险因子相乘，得到一个假设的最低资本金数额（也称"风险资本总额"，risk based capital，RBC），然后将其与保险公司总调整资本比较，以确定该公司的资本金是否充足，监管部门据此采取相应的干预措施。1992 年，NAIC 对寿险和健康险公司采取了 RBC 要求，1993 年扩展到非寿险公司。

美国的保险监管体系偏重于规则导向，包括方向监管预警、风险资本要求、州保障基金制度三个核心。监管预警体系包括 IRIS、FAST 的指标体系以及现金流量分析，重点是对财务比率进行评估，NAIC 根据风险监管预警结果将保险公司划分为需要立即关注、优先关注、例行监测等几种类型，并向监管部门提出针对性的监管意见。风险资本要求，即 RBC 要求，随着保险公司资产、负债和保费的具体规模和公司类型而变化，风险越高的保险公司需要持有更多的资本，以满足风险资本的监管要求。州保障基金制度是 20 世纪 70 年代后期以来，根据 NAIC 提出的示范法和立法提议，各州建立起来的制度。各州按照保费收入的一定比例向保险公司征收基金，用来抵御偿付能力不足时无法足额支付保险金的风险。规则导向的优点是方向明确，简便易行，但缺点是在处理个体情况时缺乏弹性，限制了评估保险人整体风险状况的能力。由于整个行业都用同一种方式对某一情况做出反应，规则导向的方法也增加了诱发系统性风险的可能性。

NAIC 的 RBC 公式在过去 20 年的应用过程中经历了许多改进，其中也包括巨灾因子的调整。RBC 面临的挑战之一源于 2004 年，当年大西洋飓风季节造成了从佛罗里达州到北卡罗来纳州的巨额财产损失，创纪录地超过了 400 亿美元。全年共有 15 场风暴和 9 场飓风影响了美国，其中飓风"查利""伊万"及"弗朗西斯"都是 3 级或更强的飓风。而 2004 年的纪录在 2005 年就被轻易打破了，在 7 个月的时间里，28 场风暴和 15 场飓风影响了大西洋盆地，有 6 次飓风袭击了美国，其中 4 次（"丹尼斯""卡特里娜""丽塔"和"威马逊"）为 3 级或更强，造成的经济损失超过 1 430 亿美元。2005 年损失的严重程度很大程度上是飓风"卡特里娜"造成的，仅这场飓风就在路易斯安那州、密西西比州和亚拉巴马州等 7 个州等造成了 1 080 亿美元的破坏，成为美国历史上损失最大的飓风。这些损失中的大部分实际上来自飓风"卡特里娜"的风暴潮，风暴潮达到了创纪录的 27.8 英尺（1 英尺 ≈ 0.305 米）的高度，并冲毁了保护新奥尔良的堤坝。"卡特里娜"飓风夺走了 1 200 多人的

生命，成为迄今为止最致命的飓风之一。大西洋盆地有记录以来最强烈的飓风"威尔玛"也发生在 2005 年。在登陆美国之前，它的气压达到了 882 毫巴(1 毫巴＝100 帕)的历史低点。据慕尼黑再保险公司称，热带气旋在 2004 年造成的全球保险损失为 300 亿美元，2005 年超过 800 亿美元；2004 年美国三次飓风的保险损失总计超过 190 亿美元，2005 年超过 570 亿美元。连续两个破纪录的大西洋飓风季节给保险业造成很大压力。

面对挑战，美国的保险公司、监管机构、巨灾模型公司和评级机构都对其风险管理框架进行了调整，尤其是对一年内多场风暴的累积影响给予了更多关注。

保险公司发现，仅承保风灾损失的保单面临洪水损失的索赔纠纷，例如在风暴潮洪水后，在仅限风的保单中如何处理洪水覆盖范围内的损失。通常，很难区分风或水造成的损害，尤其是在完全破坏的情况下。保险公司发现，在有些案例中，他们需对一些洪水造成的损失进行赔付，而之前他们认为这些损失应该由国家洪水保险计划(NFIP)的保单承保。因此，保险公司重新编写了保单合同，修订了相关保单条款，以更好地区分风和水的损失，或将洪水保险完全排除在外。此外，很多保单也调高了免赔额，降低了赔付上限。

飓风高风险的州通过法律方面的调整来应对挑战。佛罗里达州在 2004 年通过了新的立法，以解决由连续风暴造成的累积损失所引起的问题。在法律方面的调整有：一是将保单的单次免赔额汇总在一起，形成一个年度总免赔额，以和多重索赔对应。从 2005 年飓风季开始，佛罗里达州还限制保险公司应用单一免赔额；二是保险产品发布之前，佛罗里达飓风损失预测模型委员会需确认保险人的精算假设和变量足够可靠，可以用于费率申报。

巨灾模型公司在 2006 年对美国的飓风模型进行了更新。在 2004—2005 年飓风季节，巨灾模型中的需求膨胀变量使用的是单一事件视角。需求膨胀是指在一场或一系列灾难之后，由于劳动力和物资短缺而导致的维修成本的增加。这种单一事件视角使得在接连发生多次飓风的情况下，模拟出的损失严重低估了实际的需求膨胀的影响。鉴于此，巨灾模型公司将模型中的需求膨胀变量进行了合并，形成了基于多个事件视角的汇总变量，一直沿用至今。巨灾模型中还对风险选项进行了扩充，增加了海温升高趋势变量，以对历史数据进行调整。此外，建模人员还基于新的经验数据和建筑性能特征，更新了风暴潮模型及脆弱性函数。

飓风季节过后，评级机构也对评级模型进行了较大调整，并增加了保险公司需要提供的数据。惠誉评级从单一的风险角度转向关注尾部风险价值，即超过规定阈值的所有模拟损失的平均度量。贝氏开始要求保险公司提供辅助业务线的信息，并要求保险公司在其损失估计中包括风暴潮、地震后火灾和需求膨胀的选项，此外，还要求保险人提供总保险价值的风险敞口信息。标准普尔将 100 年损失的标准调整为 250 年累计灾害损失的标准，以评估具有财产灾害风险的再保险人的资本费用。贝氏、标准普尔和穆迪都开始要求对飓风事件频率进行短期观察。

(2) 欧盟模式

欧盟保险监管制度的演变可以划分为四个阶段。

第一阶段是初创时期(1964—1988 年)，主要由再保险指令和第一代保险指令组成，提出了寿险和非寿险的偿付能力监管标准，根据保费或者赔款的特定比例，设定最低保证金和法定偿付能力额度，其核心框架和基本标准沿用至今。

第二阶段是发展时期(1988—2002 年)，主要由第二代和第三代保险指令组成，在这一阶段欧盟取消了对产品和费率的管控，代之以偿付能力监管。

第三阶段是偿付能力Ⅰ时期(2002—2014 年)，主要由第四代保险指令组成，修改和完善了第一代寿险和非寿险偿付能力监管标准，推出了统一的偿付能力监管标准，即"偿付能力一号(Solvency Ⅰ)"，在 2004 会计年度正式生效。Solvency Ⅰ并未改变原有偿付能力标准的计算方法，只是调整了一些要素，以更好地反映实际情况，它具有简明性和稳健性的特点，其结果可以在各公司之间进行比较，但缺点是没有考虑保险公司特定的风险特征，没有依据市场一致性原则对资产和负债进行评估，不能充分反映面临的所有风险，也没有考虑业务多样化等因素对资本金要求的影响，以及资产和负债之间的依赖性。随着欧洲保险业的不断发展，Solvency Ⅰ监管体系逐渐显露出不足之处，宽松的管制导致了保险公司之间的过度竞争，进而增加了保险公司的风险暴露。欧盟急需要一个能将准备金风险、定价风险、信用风险、市场风险、现金流风险、运营风险和集团风险等保险公司在实际经营中所面临的全部风险都考虑在内的偿付能力模式。

实际上，欧盟早在推行 Solvency Ⅰ时，就启动了 Solvency Ⅱ的规划，Solvency Ⅱ的动议最早源于 2003 年 3 月，当时欧盟委员会提交了一份有关未来实施审慎监管体系的设计说明。Solvency Ⅱ的建设主要分为两个阶段。第一阶段讨论新偿付能力制度的总体设计，第二阶段阐述新偿付能力制度的详细设计情况。2004—2005 年，欧盟委员会向欧洲保险与职业养老金监督官委员会(Committee of European Insurance and Occupational Pensions Superrisors，CEIOPS)三次发出意见征求书，征求关于 Solvency Ⅱ的各方面意见。在经过了广泛的内部研究和外部讨论后，CEIOPS 向欧盟委员会提交了对各次征求意见书的反馈意见，在完成相关的审议程序后，欧盟委员会于 2007 年 7 月正式接受 Solvency Ⅱ改革计划。2011 年，CEIOPS 更名为欧洲保险与职业养老金局(European Insurance and Occupational Pensions Authority，EIOPA)。

欧盟委员会原本计划于 2007 年 7 月正式采纳 Solvency Ⅱ改革计划，但由于希腊、西班牙、意大利等欧洲国家相继发生了主权债务信用危机，Solvency Ⅱ的正式实施日期推迟至 2014 年。

第四阶段是 Solvency Ⅱ时期(2014 年至今)，Solvency Ⅱ借鉴了巴塞尔资本协议Ⅲ的有关经验，克服 Solvency Ⅰ的不足，建立了以"三支柱"为核心，涵盖所有风险的动态偿付能力监管制度，各成员国(地区)的保险监管机构共同参与制度设计、改进与执行，其主要目标为协调整个欧盟境内的保险监管，改善对投保人的保护并且增加整个金融系统的稳定性。

Solvency Ⅱ的"三支柱"包括量化要求(第一支柱)、监管评估(第二支柱)和市场规范(第三支柱)。第一支柱中规定了数量性指标，主要包括资产与负债的估值原则、技术性准备金、自由资金、资本要求、投资规则等。与 Solvency Ⅰ相比，Solvency Ⅱ对资本要求的计算方法发生了重大改变，由简单的固定比率法转变为以保险公司风险为基础的系统计算方法，具体包括偿付能力资本要求(solvency capital requirement，SCR)和最低资本要求(minimum capital requirements，MCR)。

SCR 是欧盟 Solvency Ⅱ资本要求的关键，它是指保险公司应该满足的目标资本水平，

其计算采用在险价值法(value at risk，VaR)，置信度设定为 99.5%，时间为 1 年。为了更好地反映单个保险公司所面临的风险，SCR 的计算除可以采用标准法之外，还可以采用内部模型法。标准法是指采用规定好的参数和公式来计算偿付能力资本要求，主要包括承保风险、市场风险、信用风险和操作风险，每类风险又分为若干子风险。内部模型法是指保险公司可以根据自有的内部风险模式(当然这些模式必须被监管部门所认可)来计算偿付能力资本要求，这些内部风险模式必须是主体特定的并且能反映一个保险公司真正的风险状况。内部模型一经采用，保险公司不能随意换回标准法计算。

MCR 是保护投保人利益的最低必需资本。MCR 不是基于风险基础的资本，保险公司对 MCR 没有选择权。最低资本要求采用简化方法与绝对底线方法来计算。简化方案要求计算置信度为 80%~90%、时间为 1 年的基本自有资金的在险价值。绝对底线要求规定，成员国(地区)中非寿险和再保险公司的最低资本不得低于 100 万欧元。

第二支柱中，为了弥补第一支柱仅考虑定量因素要求的不足，引入了公司治理、风险管理、内部控制、监管审查流程等对偿付能力同样起着重要作用的定性因素。第三支柱则规定了公开性、透明性的要求，确保保险消费者的知情权和选择权，披露内容分为公开披露与监管报告两部分，以此来加强市场规范。

欧盟的保险监管体系偏重于原则导向，原则导向更为灵活，通过利用诸如单个保险公司的数据而不是监管者的数据，能够对个别风险状况做出评估。Solvency Ⅱ 以经济资本作为评估基础，基于保险公司的个体风险承担情况评估偿付能力风险，充分考虑个体差异，同时鼓励使用内部模型以及进行自身风险和偿付能力评估，促使公司发展适合自身特点的风险管理体系，创新风险管理工具。但对原则导向的过度依赖，可能会增加监管者、保险公司的执行难度和运行成本，需要时间和资源将这些原则整合到模型、流程之中，并且原则的不精确也可能导致公司在实际操作中的不一致，从而会降低保险公司之间的可比性。

5.4.1.2　中国保险监管制度的变迁

自 1949 年以来，我国保险业不断发展，保险监管制度也不断革新，监管目标、组织机构等作为保险监管制度的核心也经历了一系列变化。

(1)监管法律基础建设

我国的保险监管自 1985 年开始起步。当年 3 月，国务院颁布了《保险企业管理暂行条例》(已失效)，规定了国家保险管理机关是中国人民银行，并对保险业的性质、组织、资本要求、准备金及再保险事项制订了具体规则，第一次提出了保护被保险人的利益这一重要的监管原则和目标。

1995 年 10 月 1 日，《中华人民共和国保险法》(以下简称《保险法》)正式颁布施行，标志着保险行业发展跨入了崭新阶段，保险监管有法可依。《保险法》采用了国际上一些国家和地区集保险业法和保险合同法为一体的立法体例，对保险公司、保险合同、保险经营规则、保险业的监督管理以及保险代理人和经纪人等进行了较为详细的规定。为了配合《保险法》的实施，中国人民银行于 1996 年 2 月颁布了《保险代理人暂行规定》，1996 年 7 月颁布了《保险管理暂行规定》，1997 年 11 月颁布了《保险代理人管理规定(试行)》，我国保险业监管体系初步建设完成。《保险法》于 2002 年进行了第 1 次修订，2009 年修订形成新的《保险法》。新《保险法》突出了保护被保险人、加强监管和防范风险，以及拓宽保险服务领域，对保险业的依法合规经营提出了更高的要求。此后，2014 年、2015 年又分别进行了两次修订。

（2）监管机构确立

1997 年以前，我国施行的是混业监管，由中国人民银行及有关司局对金融机构进行监管。1997 年 11 月，中央召开首次全国金融工作会议，会议决定对金融业实行分业监管，人民银行专司对银行业、信托业的监管，国务院证券委与中国证监会合并为新的中国证监会，负责证券业的监管，成立中国保险监督管理委员会（以下简称保监会），负责保险业的监管。在会议精神指导下，1998 年 11 月 18 日，保监会正式成立，根据国务院授权履行行政管理职能，依照法律、法规统一监督管理全国保险市场。保监会的成立，标志着中国保险业的监管进入了一个新的时期。

2018 年 3 月，第十三届全国人民代表大会表决通过了关于国务院机构改革方案的决定，设立中国银行保险监督管理委员会（以下简称银保监会），将中国银行业监督管理委员会和保监会的职责整合。这是我国金融监管领域的重大变革，标志着我国金融监管框架由"一行三会"转变为"一委一行两会"，向着分业监管和混业监管协调统一的金融经济发展要求迈进。2023 年 3 月，在中共中央、国务院印发的《党和国家机构改革方案》中明确，在银保监会基础上组建国家金融监督管理总局。2023 年 5 月 18 日，国家金融监督管理总局正式挂牌。

（3）监管重点与模式创新

为保证保险公司在经营管理过程中能够遵循《保险法》，维护被保险人的合法权利，必须加强对偿付能力的监督和管理。我国于 20 世纪 80 年代恢复保险业务以后，中国人民银行作为监管机构对保险公司的监管以市场行为监管为核心，很少涉及对偿付能力的监管。2003 年，原保监会发布《保险公司偿付能力额度及监管指标管理规定》，明确要求保险监管机构建立健全偿付能力监管指标体系。2008 年，原保监会正式发布第一代偿付能力监管标准（以下简称"偿一代"），其以规模为导向，要求保险公司资本与业务规模相适应，侧重于资产负债评估。"偿一代"体系对于推动保险公司树立科学的风险资本管理理念发挥了重要作用。由于"偿一代"在运行中反映出一系列不足，无法支撑保险行业的持续发展和市场化改革，原保监会自 2012 年起正式启动"偿二代"建设，对偿付能力的监管由规模导向转变为风险导向。2015 年 2 月，《保险公司偿付能力监管规则（1—17 号）》（已失效）发布，标志着"中国风险导向偿付能力体系"（以下简称"偿二代"）建设进入到实施阶段，经过一年的过渡期，2016 年年初完成了两套偿付能力监管体系的切换。

"偿一代"技术标准共有 17 项，涵盖了保险公司的实际资本、最低资本、可量化风险的最低资本、压力测试、风险评级、偿付能力评估、信息披露、信用评级等全方位的监管技术指标，可划分为三大支柱，即第一支柱"定量资本要求"，第二支柱"定性监管要求"与第三支柱"市场外部约束机制"，评价保险公司偿付能力状况的指标从单一的资本和业务规模升级为三大指标，即核心偿付能力充足率、综合偿付能力充足率和风险综合评级。前两个指标反映公司量化风险的资本充足状况，第三个指标反映公司与偿付能力相关的全部风险的状况。

"偿二代"的实施对涉及灾害保险较多的财产保险公司的经营产生深远的影响，其中最直接的影响集中在资本管理与风险管理两个领域。在资本管理领域，"偿二代"从资产、

负债的认可方式，到资本的分级管理，再到最低资本的构成和计量方式都做出了新的规定；在风险管理领域，"偿二代"的最低资本要求里明确提出了控制风险的最低资本，即根据保险公司风险管理能力的高低来增加或减少资本要求，风险管理能力优秀的保险公司，最低资本要求可以降低10%，而风险管理能力较差的保险公司，最多需要增加40%的最低资本，因此，保险公司风险管理的重要性大大提升。此外，在再保险领域，"偿二代"根据再保险人的偿付能力状况、境内外属性、有无第三方担保等来确定对应收再保款项的资本要求，对再保险尾部风险的管理功能定位更加清晰，从而有利于进一步发挥再保险的风险转移功能。财产保险公司在订立再保险合同时，也会考虑再保险交易对手的综合状况及其提供风险管理服务的能力。

由于财产保险公司相比于人寿保险公司更容易遭受巨灾风险的影响，因此财产保险公司对巨灾的应对能力将直接影响其资本管理和风险管理的能力，进而影响公司的偿付能力。与之前的监管体系相比，"偿二代"首次提出了对巨灾风险的最低资本要求，使巨灾风险与保费、准备金一道成为计算保险公司风险最低资本的三大因素。

2017年9月，"偿二代"二期工程正式启动，2022年第一季度全面实施。

5.4.2　监管的巨灾风险最低资本要求

5.4.2.1　中国"偿二代"对巨灾风险的最低资本要求

"偿二代"对不同非寿险业务中的巨灾风险最低资本做了具体的要求，提出保险公司应对车险、财产险和农业险三大业务计提巨灾风险最低资本。其中，车险的巨灾风险最低资本为各区域车险风险因子加权的净自留保额之和在99.5%概率下的在险价值，财产险的台风、洪水及地震巨灾风险的最低资本为各区域涉及这三种巨灾事故的财产险风险因子加权的净自留保额之和在99.5%概率下的在险价值；农业险的巨灾风险最低资本为各区域种植险风险因子加权的净自留保额之和在99.5%概率下的在险价值。其中车险、台风、洪水与地震、农业险所对应的巨灾场景与风险因子各不相同，巨灾风险的风险区域在境内按省（自治区、直辖市）行政区划进行划分，境外不划分区域，合并计算。

(1)承保业务的巨灾风险最低资本

车险、财产险及农业险这三类业务的巨灾风险最低资本的计算公式为

$$\mathrm{MC} = \mathrm{VaR}\left(\sum (\mathrm{EX}_{各区域} \times \mathrm{DR}_{各区域,各情景}),\ p\right)。 \tag{式5-1}$$

式中，MC为某类业务的巨灾风险最低资本；VaR为在险价值；$\mathrm{EX}_{各区域}$为保险公司在各风险区域内承保的车损险，包含台风及洪水巨灾风险责任的财产险、地震巨灾风险责任的财产险，以及种植险在比例分保后的净自留有效总保险金额；$\mathrm{DR}_{各区域,各情景}$为相应巨灾事件情景对每个风险区域的某类业务巨灾损失因子；p为置信度，$p=99.5\%$。

对于车险，保险公司只需计算其中车损险的巨灾风险最低资本；对于农业险，只需计算其中种植险的巨灾风险最低资本。

(2)购买巨灾超赔再保险后的巨灾风险最低资本

保险公司为某类巨灾风险购买巨灾超赔再保险时，该类巨灾风险最低资本的计算公式为

$$\mathrm{MC}_{巨灾_i} = \min(\mathrm{MC}_{巨灾_i^*},\ \max(\mathrm{MC}_{巨灾_i^*} - \mathrm{OL}_{巨灾_i},\ \mathrm{RT}_{巨灾_i}))。 \tag{式5-2}$$

式中，$\text{MC}_{\text{巨灾}_i}$ 为考虑巨灾超赔再保险后类型 i 的巨灾风险最低资本；$\text{MC}_{\text{巨灾}_i}^*$ 为未考虑巨灾超赔再保险时类型 i 的巨灾风险最低资本；$\text{OL}_{\text{巨灾}_i}$ 为保障类型 i 巨灾风险的巨灾超赔再保险的各超赔层事故责任限额总和；$\text{RT}_{\text{巨灾}_i}$ 为保障类型 i 巨灾风险的巨灾超赔再保险的起赔点。

(3) 总体巨灾风险最低资本

在计算某公司总体的巨灾风险最低资本时，"偿二代"使用了基于行业经验的相关性系数矩阵进行加总，计算公式为

$$\text{MC}_{\text{巨灾}} = \sqrt{\sum_i \text{MC}_{\text{巨灾}_i}^2 + \sum_{i,\,j(i>j)} 2 \times \rho_{i,\,j} \times \text{MC}_{\text{巨灾}_i} \times \text{MC}_{\text{巨灾}_j}}。 \qquad (\text{式 5-3})$$

式中，$\text{MC}_{\text{巨灾}}$ 为考虑巨灾风险最低资本；$\text{MC}_{\text{巨灾}_i}$ 和 $\text{MC}_{\text{巨灾}_j}$ 分别为类型 i 和类型 j 的巨灾风险最低资本；$\rho_{i,j}$ 为 $\text{MC}_{\text{巨灾}_i}$ 和 $\text{MC}_{\text{巨灾}_j}$ 的相关系数，如表 5-4 所示。

表 5-4　不同类型巨灾风险最低资本的相关系数

相关系数	车险巨灾	财产险台风/洪水	财产险地震	农业险巨灾
车险巨灾	1	0.75	0	0.25
财产险台风/洪水	0.75	1	0	0.5
财产险地震	0	0	1	0
农业险巨灾	0.25	0.5	0	1

研究表明，"偿二代"一方面能促进风险管理水平高的公司释放更多资本金，另一方面能促使风险管理水平较低的公司调整业务结构、提高风险管理水平，从而增加全行业对巨灾风险的应对能力。

5.4.2.2　美国 RBC 对巨灾风险的最低资本要求

早期针对财产险公司的 RBC 要求中并未明确考虑巨灾风险，这主要是因为计算公式基于年度财务报表，而财务报表中并没有单独记录灾害损失、财产风险增长或地理集中度等方面的指标。在较早时期，鉴于飓风造成的损失一直相对稳定且较低，增加这一指标的相关成本和复杂性似乎并不重要，因此，灾害风险只是在用于计算承保风险费用的基础数据中有所涉及。2004 年和 2005 年飓风季节的严重损失使得监管部门认识到，RBC 模型可能在 2004 年之前灾害不很严重的那十年间，对灾害风险估计不足，而在之后灾害严重的十年间，又对灾害风险的估计过高。经过几年的研究和讨论，NAIC 于 2012 年对财险公司的 RBC 公式进行了修改，将巨灾风险费用纳入公式中，并要求保险公司在 2013 年开始报告地震和飓风风险的巨灾风险费用。随后，RBC 模型一直在不断修改完善，在 2017 年版的公式中，地震和飓风不再作为两个单独的指标，而是合并为一个指标 R_{Cat}，这也便于今后向其中增加其他灾害风险。适用于财产险公司的经协方差调整的 RBC 公式为

$$\text{RBC} = R_0 + \sqrt{R_1^2 + R_2^2 + R_3^2 + R_4^2 + R_5^2 + R_{\text{Cat}}^2}。 \qquad (\text{式 5-4})$$

式中，R_0 为对子公司的投资风险；R_1 为固定收益资产风险，如利率和信用风险等；R_2 为权益资产风险；R_3 为信用风险，即与再保险可回收性相关的风险；R_4 为承保风险中的损失准备金风险，主要指与损失增加相关的风险；R_5 为承保风险中的保费风险，主

要指定价过低或业务快速增长的风险；R_{cat} 为巨灾风险，包括地震和飓风。

对于灾害风险模块 R_{cat} 来说，如何量化是一个关键问题。NAIC 认为，使用历史数据来评估准确的灾害风险资本存在太多缺陷。历史经验不能说明未来灾害的地理位置或损失风险的增加（例如在风险易发地区有了新建筑的情况）。此外，历史数据还可能会因罕见和严重的灾难而失真。而巨灾模型能够根据所有严重性灾害事件的预期未来频率以及保险人自身当前财产风险敞口、保单条款和灾害再保险结构为保险人的未来灾害损失建模。NAIC 允许保险公司使用佛罗里达公共飓风损失模型（The Florida Public Hurricane Loss Model，FPHLM），或 AIR、EQECAT、RMS 等模型公司的模型，或应用研究协会（applied research association，ARA）的模型计算灾害风险资本。他们也可以混合使用这些模型，之所以推荐这五个模型，是因为它们大多已经使用了 20 多年，并经历了多次更新和广泛的现场测试。保险公司可以使用自己的一套假设，即内部模型，但必须证明模型暴露数据输入和参数与其内部灾害风险管理的相关指标是相同的。此外，保险公司必须在其 RBC 计算文件中说明其计算中使用的以下建模选项和假设：①时间依赖性；②需求膨胀；③风暴潮；④地震后的火灾；⑤继发不确定性。

根据 RBC 作为最低资本度量的功能，巨灾风险费用使用了基于百年一遇的模拟飓风和地震的损失水平，并扣除再保险。然而，这一损失水平可能不足以覆盖飓风"安德鲁"期间遭受的大规模损失。为了解决这一问题，还要求保险公司在其年度 RBC 报告中报告其 250 年一遇和 500 年一遇的模拟损失，并提供信息。

如前所述，早期的计算中，巨灾损失包含在保险公司报告的损失数据中，为避免重复计算，还须从承保风险费用（R_5）部分使用的行业和公司损失数字中删除历史飓风和地震损失。NAIC 规定，行业数据将使用统计数据提供商提供的逐行灾难损失信息进行调整，美国境内的灾害事件参考美国保险服务办公室（Insurance Service Organization，ISO）财产索赔服务处（Property Claims Service，PCS）的报告，美国境外的灾害信息可参考瑞士再保险公司和慕尼黑再保险公司的报告。保险公司须按年度报告其承担的美国境内及境外的灾害损失。

由于人口增长、风险易发地区价值较高建筑的增加以及气候变化，近年来灾害风险敞口持续上升，保险人面临着灾难性事件导致保险损失增加的可能性，这可能对其偿付能力产生重大影响。因此，州保险监管机构必须帮助保险公司，确保其有足够的资本，以减轻严重灾害损失。财产保险公司的 RBC 模型中增加了巨灾风险费用是实现这一目标的重要一步。未来，如果美国国家洪水保险计划（NFIP）部分私有化，私营洪水保险公司的潜在风险可能相当大。出于这个原因，NAIC 可能还要考虑在灾害风险费用指标中增加洪水风险，并评估潜在的增加其他灾害风险的可能性，如严重风暴和龙卷风、野火与恐怖主义。

5.4.2.3 欧盟 Solvency II 对巨灾风险的最低资本要求

欧盟 Solvency II 的非寿险巨灾风险模块包括下列子模块：①自然灾害风险子模块；②非比例财产再保险巨灾风险子模块；③人为灾难巨灾风险子模块；④其他非寿险巨灾风险子模块。

非寿险巨灾成本风险模块中，资本要求为

$$SCR_{nlCAT} = \sqrt{(SCR_{natCAT} + SCR_{npproperty})^2 + SCR_{mmCAT}^2 + SCR_{CATother}^2} \text{。}\qquad \text{（式 5-5）}$$

式中，SCR_{natCAT} 表示对自然灾害风险的资本要求；$SCR_{npproperty}$ 表示对非比例财产再保险巨灾风险的资本要求；SCR_{mmCAT} 表示人为灾难巨灾风险的资本要求；$SCR_{CATother}$ 表示其他非寿险巨灾风险的资本要求。

（1）自然灾害风险子模块

自然灾害风险子模块包括如下风险：①风灾风险；②地震风险；③洪水风险；④冰雹风险；⑤次生风险。

对自然灾害风险的资本要求按如下公式计算：

$$SCR_{natCAT} = \sqrt{\sum_i SCR_i^2} \text{。}\qquad \text{（式 5-6）}$$

式中，i 应包括上述所有灾害类型；SCR_i 表示对风险 i 所要求的资本。

（2）非比例财产巨灾再保险风险子模块

非比例财产再保险的巨灾风险资本要求应等于保险和再保险公司的基本自有资金损失，该损失是指涉及规定范围的再保险责任下的瞬时损失（instantaneous loss），瞬时损失（不扣除再保险合同和特殊目的工具的可收回金额）应等于以下金额：

$$L_{npproperty} = 2.5 \cdot (0.5DIV_{npproperty} + 0.5) \cdot P_{npproperty} \text{。}\qquad \text{（式 5-7）}$$

式中，$DIV_{npproperty}$ 为基于网格的地理分散化系数，$P_{npproperty}$ 是指保险或再保险公司在接下来的 12 个月内为每个规定范围内的合同赚取的保费的估计值。

（3）人为灾难巨灾风险子模块

人为灾难巨灾风险子模块包括如下风险：①机动车责任风险；②海运风险；③空运风险；④火灾风险；⑤责任风险；⑥信用与保证风险。

人为灾难巨灾风险对应的资本要求按如下公式计算：

$$SCR_{mmCAT} = \sqrt{\sum_i SCR_i^2} \text{。}\qquad \text{（式 5-8）}$$

式中，i 应包括上述所有风险类型；SCR_i 表示对风险 i 所要求的资本。

（4）其他非寿险巨灾风险子模块

其他非寿险巨灾风险的资本要求应等于瞬时损失导致的保险和再保险业务基本自有资金损失，不扣除再保险合同和专门目的工具的可回收金额，该金额的计算公式如下：

$$L_{other} = \sqrt{(c_1 \cdot P_1 + c_2 \cdot P_2)^2 + (c_3 \cdot P_3)^2 + (c_4 \cdot P_4)^2 + (c_5 \cdot P_5)^2} \text{。}\qquad \text{（式 5-9）}$$

式中，P_1，P_2，P_3，P_4，P_5 表示在不扣除再保险合同可回收金额的情况下，保险或再保险公司在接下来的 12 个月内就规定的保险和再保险业务组合总保费估计值；c_1，c_2，c_3，c_4，c_5 表示保险和再保险业务组合的风险因素。

参考文献

[1]Swiss Re Institute. World Insurance：Riding Out the 2020 Pandemic Storm[R/OL]. [2022-08-09]. https：//www. swissre. com/dam/jcr：d50acbcd-ce5c-4ee9-bc60-a3c1e55f8762/sigma-4-2020. pdf.

［2］Swiss Rc Institute. Natural Catastrophes in Times of Economic Accumulation and Climate Change ［R/OL］. ［2022-08-09］. https：//www. swissre. com/dam/jcr：85598d6e-b5b5-4d4b-971e-5fc9eee143fb/sigma-2-2020-en. pdf.

［3］王和. 巨灾保险制度研究［M］. 北京：中国金融出版社，2013.

第 6 章 巨灾风险证券化^①

6.1 巨灾风险证券化概述

6.1.1 由来

20 世纪 90 年代初期发生在美国的飓风"安德鲁"和北岭地震，使保险业和再保险业遭受巨大损失，全球 60 余家财产和责任保险公司破产，保险公司和再保险公司承担风险的能力急剧下降。之后，保险行业重新审视了巨灾风险暴露，意识到巨灾可能带来的损失远远超过理论上的预期。这些灾难事件和随之而来的态度、观念的转变，短时期内带来了再保险需求增加的效应，再保险产品价格随之上升。业内人士开始寻求其他转移巨灾风险的工具，以期达到扩大保险资金来源、转移和分散巨灾风险的目的。同时，资本市场发展日渐成熟，并且一直不断寻找新的资产类别和可以证券化的资产以实现进一步的风险分散，提升收益水平。此外，保险行业出现了明显的合并、收购和重组趋势，并且出现了保险组织去共同化的讨论。

在此背景下，巨灾风险证券化应运而生。巨灾风险证券化是指通过创造和签发金融证券将保险人承保的巨灾风险转移给资本市场。保险风险可以实现证券化是基于两个重要的原因：一是巨灾可能会给保险业带来较大的赔付压力，而资本市场则可以轻而易举的承受同样大小的损失，从而在体量上为保险证券化提供可能；二是与资本市场具有较强的系统性风险的特性相比，巨灾风险被认为是与资本市场不相关的，因此具有分散投资风险的潜力，且其高于市场平均水准的回报率也使得投资者青睐于这样的资产。

1992 年，芝加哥期货交易所（Chicago Board of Trade，CBOT）推出了巨灾期货和期权，成为巨灾风险证券化的全球首次探索，但最终因交易量低而退市。1994 年，汉诺威再保险公司发行了金融史上的首只巨灾债券。巨灾债券是目前市场上最重要的一类保险连接证券（insurance-linked securities，ILS），^② 也是保险公司和再保险公司转移巨灾风险的重要渠道。1996 年汉诺威再保险公司成功推出首例巨灾互换交易。而后行业损失担保和侧挂车等创新融资工具也相继出现。2005 年飓风"卡特里娜"之后，行业损失担保和侧挂车的规模大幅增加，已成为传统再保险和巨灾债券的有力补充。图 6-1 显示了保险连接证券的发行量与流通量。

6.1.2 主要类型

巨灾风险证券化的产品类型主要包括：巨灾期货/期权（catastrophe futures/options）、

---

① 本章撰写人：刘新立，杨婷婷，叶涛。

② 保险连接证券是将保险风险向资本市场转移的金融产品的统称。

巨灾债券(catastrophe bonds，CAT bonds)、巨灾互换(catastrophe swaps)、行业损失担保、侧挂车等。

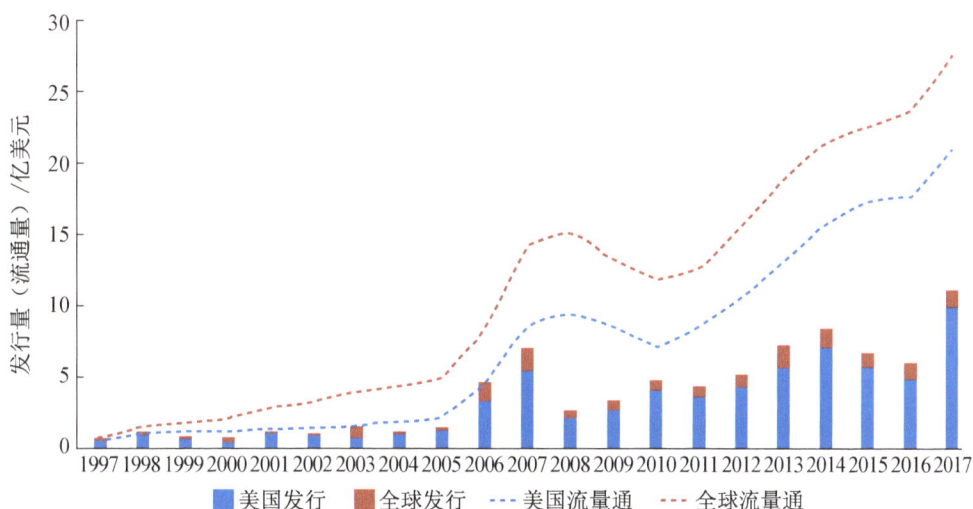

图 6-1　1997—2017 年保险连接证券发行量与流通量

数据来源：www. artemis. bm。

6. 1. 2. 1　巨灾期货/期权

巨灾期货/期权是以未来某个时点的巨灾风险指数为标的的期货/期权。与传统的期货合约相比，巨灾期货的标的物为美国保险服务办公室提供的巨灾投保损失赔付率指数，其大小取决于巨灾事件的损失额度和当期的保费收入等。巨灾期货的购买者为需要对冲巨灾风险的保险公司和再保险公司，出售者为对冲基金等。巨灾期权是指保险公司通过在期权市场上缴纳期权费，购买在未来一段时间内的一种价格选择权，即保险公司有权力按期权合同约定的执行价格进行交易。当巨灾发生且巨灾损失指数满足触发条件时，巨灾期权购买者可以选择行使该期权获得收益，以弥补所承担的巨灾损失。巨灾期权的形式主要有三种：巨灾期权买权(call)、巨灾期权卖权(put)和巨灾买权价差(call spread)。期货和期权在理论上为对冲巨灾风险提供了比巨灾债券等结构更严密、担保更充分的有效机制，但其可能存在的较高的基差风险、交易对手违约风险、流动性不足等缺陷也严重阻碍了其发展。

6. 1. 2. 2　巨灾债券

巨灾债券是指通过发行一种收益与指定的巨灾损失(如飓风、地震、洪水等)相关联的债券，将保险公司或再保险公司承担的部分巨灾风险转移给资本市场上的债券投资者。巨灾债券的触发指数包括行业损失指数、模型损失指数和参数指数三大类。

巨灾债券的发行通常是为了覆盖所谓的高层再保险保护，例如，防止发生概率在0.01 或更小的事件(至少 100 年的重现期)。对于这种规模的事件，分出保险公司往往会放弃高层再保险。由于巨灾债券是完全抵押的，因此它们消除了对信用风险的担忧。巨灾债券也可以锁定多年保护，不像传统的再保险，通常是一年期，并且可以保护保险人免受再保险市场的周期性价格波动。大多数巨灾债券的多年期限也允许保险人将债券发行的固定成本分摊到多年期内，从而以年为单位降低成本。鉴于巨灾债券是现今最成功的结构化证券，后文将对此进行详细讨论。

6.1.2.3 巨灾互换

巨灾互换是指交易双方基于特定的巨灾触发条件交换彼此的巨灾风险责任，当巨灾触发机制条件满足时，可以从互换对手中获得现金赔付。1996 年汉诺威再保险公司成功推出首例巨灾互换交易，同年，美国纽约巨灾风险交易所成立并开办巨灾风险互换交易业务，对巨灾互换市场的迅速发展起到了巨大的推动作用。巨灾互换的优势在于实现风险多元化，提高资本运营效率，并且交易成本低，灵活性高。但由于巨灾损失历史数据有限且规律复杂，难以实现完全对等的互换巨灾损失。与其他巨灾衍生品相比，巨灾互换还可能增加对基差风险的风险敞口，并产生信用风险。

6.1.2.4 行业损失担保

行业损失担保(ILWS)是一种特殊的再保险合同，它与传统巨灾超赔再保险合同的最大不同是，传统的巨灾超赔再保险只有一个触发条件，即合同约定的起赔点，但行业损失担保的赔偿需要两个触发条件：首先，它要求保险公司自身的巨灾损失必须超过某一约定金额；其次，它还要求整个行业的巨灾损失必须超过某一约定金额。只有满足两个触发条件，保险公司才能通过行业损失担保获得巨灾损失补偿。ILWs 的优点是，它被视为监管目的的再保险，可用于填补再保险计划的空白，提高资金有效利用率。

(5)侧挂车

侧挂车是一种与传统再保险和巨灾债券有一些相似之处的创新融资工具。从本质上讲它是一个特殊目的的再保险公司，是由某些再保险公司根据特定需要发起设立的，因此也有人将之归入"特殊目的机构(special purpose vehicle，SPV)"的范围。多数侧挂车由对冲基金等私人投资者出资，但保险公司和再保险公司也参与这一融资工具。侧挂车使担保再保险公司能够将一些风险转移到资产负债表外，从而提高杠杆率。其通常用来承保特定类型的再保险，如财产巨灾配额份额或超额损失，并且通常寿命有限。侧挂车和超额损失巨灾债券可以作为补充工具协同工作，这与传统再保险计划中的配额份额和超额损失非常相似。

6.1.3 特点

巨灾风险的证券化与传统再保险相比，存在鲜明的优势。

第一，与资本市场证券交易总量相比，保险公司和再保险公司的股本规模微乎其微，因此，将此类风险直接转移到资本市场可能会更有效率。巨灾模型公司估计，在美国佛罗里达州或加利福尼亚州发生 1 000 亿美元的事件的可能性在 1%～2%。相对于全球再保险行业的能力而言，此类巨灾损失仅占美国交易的股票和债券的价值不到 0.5%。

第二，保险连接证券与具有类似金融评级的股票和其他证券相比，收益率较高，且与股票和债券等传统证券以及大多数资产支持证券的相关性相对较低。尤其是巨灾债券，对投资者的主要吸引力是它们的收益率。这一点在恩格尔(Engel，1995)和利曾伯格(Litzenberger，1996)中均有相应数据作为支持。Litzenberger(1996)提出了一个简单的模型来证明巨灾债券确实有较高收益率。该模型将一年期巨灾债券拆分成一个普通债券 A

加上一个看涨巨灾期权 B 空头，B 的执行价格为巨灾债券的触发条件 K，A 的回报率为巨灾债券提供的回报率。通过计算债券 A 的现值与美国一年期国债的现值之差，得到巨灾债券的隐含再保险费(implicit reinsurance premium)，再除以该巨灾期权提供的保额得到保费责任比率(rate on line)。通过计算巨灾期权 B 的精算价值 $\Pr[LR>K]\times Payout$ 得到隐含的公平保费，公平保费与实际保费之差即为投资者承担巨灾风险所得到的风险溢价。20 世纪 90 年代，因为巨灾的发生，再保险的费率进一步提高，使得巨灾债券有可能提供更高的风险溢价。Litzenberger(1996)又进一步利用 Black-Litterman 模型证明了将巨灾债券纳入投资组合中可以给投资组合带来额外的回报率。近年来，巨灾债券的收益率一直在下降，现在它们的价格与再保险和 BB 级的公司债券相当。因此，与承担的风险相比，似乎并没有出现收益率过高的情况。与其他投资风险的低相关性使得这些保险连接证券对投资者具有多元化的吸引力，同时，与再保险相比，这些合同可能允许以相对较低的成本转移风险。

第三，一些保险连接证券，特别是巨灾债券还有充分抵押的优势，可使投资者免于承担保险人的信用风险。从长远来看，交易对手违约和资产信贷质量不会成为保险连接证券的问题，这使保险连接证券比再保险具有优势，因为买家面临再保险公司的信用风险。如果结构合理，证券化金融工具还可以显著降低或消除再保险保单固有的信贷风险(破产风险)。

第四，大多数保险连接证券比其他类型的资产支持证券，如抵押贷款支持债券(mortgage-backed security，MBS)和担保债务凭证(collateralized debt obligation，CDO)更透明。招股说明书中明确规定了触发保险连接证券支付的区域、危险和事件，以及超额损失曲线的模拟和其他精算数据。特定的一只巨灾债券有着确定的巨灾发生概率和巨灾发生后平均支付，这与债券评级中综合考虑的因素类似。与银行证券化工具(如 MBS 和 CDO)相比，保险连接证券还具有更好地协调投资者和出让公司、保险公司或再保险公司的利益的优势，道德风险较低。

第五，和再保险相比，提出再保险合同不是完全意义上的风险转移机制，因为再保险合同隐含了投保人会持续从同一再保险提供者购买再保险的条件，且巨灾事件发生后的再保费会升高，而巨灾风险本身的概率分布却没有变化。相比之下，巨灾债券是更加纯粹的风险转移机制，因为巨灾债券是"无记忆"的，它的价格与之前发生过的巨灾事件无关。Cummins(2008)认为，巨灾债券和再保险相比的好处是可以锁定多年期的巨灾保护，而再保险合同通常是一年期的。多年期的巨灾债券也可以在一定意义上实现发行时固定成本的分摊。

但巨灾风险证券化也存在潜在的障碍。

第一，监管、会计、税务和评级机构待遇。巨灾风险证券化过程中主要的监管和会计问题是，交易是否被视为监管和会计目的的再保险，以及交易对偿付能力资本的影响。用于转让重大风险且没有过度基差风险的巨灾债券和行业损失担保等交易通常被视为监管和会计目的的再保险。然而，期货和期权等合约往往不被视为再保险。各司法管辖区监管和会计处理不一致也造成了不确定性，并增加了所有类型的保险连接证券的交易成本。

第二，评级机构对保险连接证券交易处理不一致。评级机构在确定保险公司和再保险公司资本充足率标准时，并不总是充分支持保险连接证券交易，有时还会对未充分反映特定问题质量的保险连接证券设置评级上限。

第三，交易成本较高。巨灾债券的交易成本包括精算、法律、投资银行、会计和审计费用，以及巨灾建模成本和设置特殊目的机构的成本。自 1997 年至 2005 年，交易成本约占巨灾债券本金的 1.5%。然而，随着市场的发展，发行巨灾债券的成本已经大幅下降。

第四，交易缺乏标准化。尽管近年来标准化程度有所提高，尤其是非赔偿型巨灾债券。新的标准化损失指数的制定有助于发展市场，特别是在美国以外地区。加强标准化还将促进二级市场交易，从而增加流动性。解决基差风险和合约规模问题，有利于保险连接证券期货和期权市场的发展：即按照目前的合同设计，基差风险可以说是太高，合同规模太小，需要对冲者购买大量的合同来重复再保险、巨灾债券，或行业损失担保。

第五，保险业缺乏证券化知识和经验。解决这个问题的一种方法是鼓励买方发展内部风险管理职能，将传统再保险与资本市场解决方案相结合。这需要在技术和人才培养方面进行投资，以增强和扩大保险公司的资本管理能力。

6.2 巨灾债券的市场运行

6.2.1 市场规模

1992 年的飓风"安德鲁"推动了 1997 年巨灾债券市场的产生，之后，3 个主要事件进一步促进了其增长：2005 年的飓风"卡特里娜"，2008 年的美国金融危机以及危机后的低利率时期。

巨灾债券市场的第一次重大转变发生在飓风"卡特里娜"之后，这是美国历史上损失最惨重的自然灾害。从 1997 年到 2005 年，巨灾债券发行量稳定但较低，平均每年约 12 亿美元。飓风"卡特里娜"之前的巨灾债券发行集中于少数保险公司，1997 年至 2005 年，瑞士再保险和 USAA（United Service Automobile Association）发行的巨灾债券分别占总发行量的 20% 和 17%。飓风"卡特里娜"造成的 620 亿美元保险损失耗尽了再保险资本并导致再保险价格上涨，此后巨灾债券成为风险分散的一种重要手段。再保险价格的飙升吸引了大量资金进入巨灾债券市场，资本流入使得巨灾债券总发行量连续两年创造史上最高纪录——2006 年为 47 亿美元，2007 年为 71 亿美元。巨灾债券与其他保险连接证券历年发行量和流通量如图 6-2 所示。

然而，在 2008 年 9 月，雷曼兄弟倒闭后的金融危机期间，巨灾债券发行量大幅下滑。投资者认为，当时巨灾债券交易的证券化结构使他们面临太大的交易对手风险。这些担忧导致 2008 年 9 月至 2009 年 1 月巨灾债券发行几乎完全停止，直至开发出更安全的交易结构。雷曼兄弟倒闭后，以美国国债货币市场基金为抵押的特殊目的的机构结构成为常态，到 2009 年第四季度，投资者重新回到巨灾债券市场，仅 2009 年第四季度新增发行量就达到 16 亿美元。

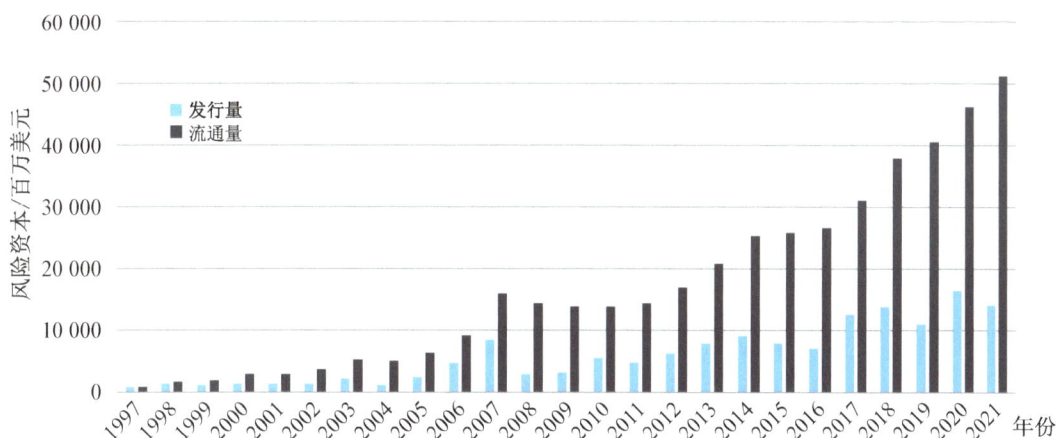

图 6-2 巨灾债券与其他保险连接证券历年发行量和流通量

数据来源：www.artemis.bm。

在危机后的几年里，巨灾债券市场出现了强劲的增长。例如，2010 年至 2017 年，流通中的巨灾债券数量增加了一倍以上。持续的低利率环境一直是非保险业资本进入巨灾债券市场的重要驱动力。随着长期国债的收益率创下历史新低以及公司债券利差紧张，许多机构投资者都被巨灾债券提供的相对较高的收益率以及与资本市场不相关风险所吸引。此外，巨灾债券估值、定价技术的改进使得巨灾债券发行人能够证券化更广泛的风险，机构投资者可以更轻松地评估潜在风险。

目前，保险业正致力于改善巨灾债券估值模型，以涵盖新型风险——如网络攻击风险和恐怖袭击风险等。因此，巨灾债券的市场很可能将继续增长，为发行人提供转移各种风险的新途径。

6.2.2 发行主体、标的与触发类型

从巨灾债券目前的存量金额来看，图 6-3 统计了存量排名前 10 位的发行人的信息[①]。排第一位的是美国好事达保险公司，巨灾债券存量总额 28.58 亿美元。紧随其后的是美国联合服务汽车协会和加州地震局，分别以 25.75 亿美元和 22.70 亿美元的巨灾债券存量总额位居第二和第三。然后是美国州立农业保险公司、汉诺威再保险公司、艾弗再保险公司、得克萨斯风灾保险协会、日本全劳联保险公司、北卡罗莱纳州联合承保协会。

---

① 本节数据截至 2024 年 3 月。

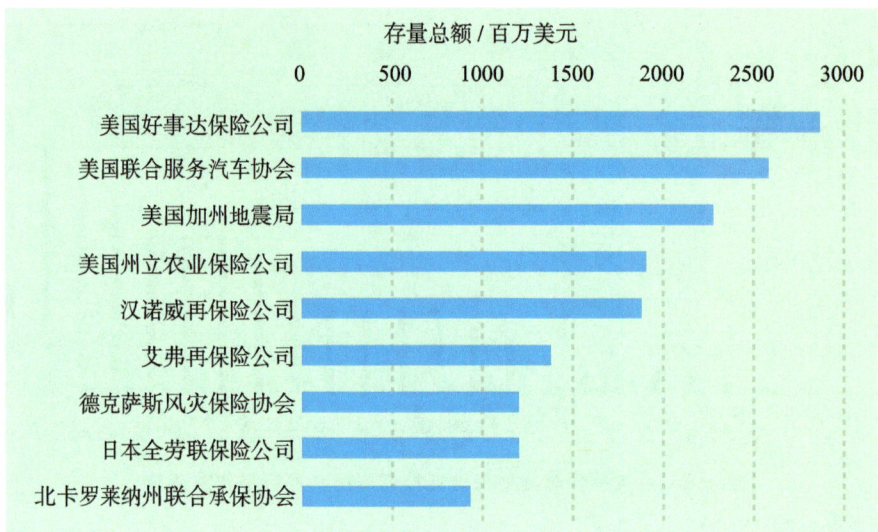

存量总额 / 百万美元

美国好事达保险公司
美国联合服务汽车协会
美国加州地震局
美国州立农业保险公司
汉诺威再保险公司
艾弗再保险公司
德克萨斯风灾保险协会
日本全劳联保险公司
北卡罗莱纳州联合承保协会

图 6-3　巨灾债券存量总额前 10 位的发行人

数据来源：www. artemis. bm。

　　图 6-4 统计了所发行的巨灾债券的巨灾风险标的。从图中可见，保障国际多种风险的巨灾债券占比最多，其次是保障美国多种风险和类国地震的巨灾债券，再次是美国命名风暴和飓风，以及日本地震。总体看来，美国的巨灾债券运用最为广泛。

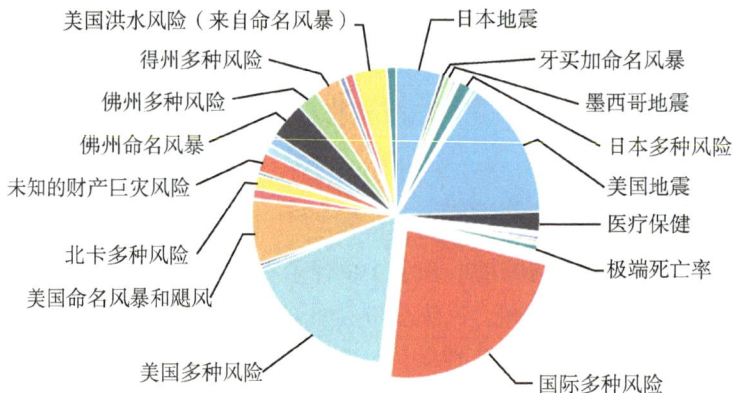

美国洪水风险（来自命名风暴）
得州多种风险
佛州多种风险
佛州命名风暴
未知的财产巨灾风险
北卡多种风险
美国命名风暴和飓风
美国多种风险
国际多种风险
日本地震
牙买加命名风暴
墨西哥地震
日本多种风险
美国地震
医疗保健
极端死亡率

图 6-4　巨灾债券的巨灾风险标的统计

资料来源：www. artemis. bm。

　　除了标的风险，已发行巨灾债券的触发种类也值得关注。图 6-5 展示的是以发行和流通的巨灾债券资金为权重统计的触发类型比例。可以看到，损失赔偿型触发的巨灾债券在市场中占据主要地位，总共占 70.1％。随后是行业损失指数型（占市场的 19.2％），参数型巨灾债券以 3.2％ 的比例紧随其后，模型损失型和多种触发因素型相对较少，仅 0.8％ 和 0.7％。医疗损失和死亡率不属于本书讨论范围，因此不予比较。由此可见，虽然巨灾债券的标准化趋势将减少损失赔偿型触发类型的应用，但是从目前市场的情况来看，损失赔偿型触发类型仍然占据市场的主要地位。

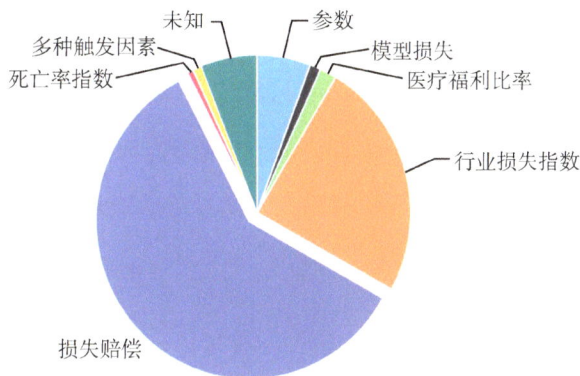

图 6-5 巨灾债券的触发类型统计

资料来源：www.artemis.bm。

6.2.3 息票率

图 6-6 显示的是巨灾债券各年预期平均损失率和平均息票率①的折线图。从图中可以看到，当年的预期平均损失率和平均息票率的变化具有一定的相似之处。比如当 2006 年预期平均损失率有一个较大的增长时，当年的平均息票率也从上一年的 6.89% 上涨到 11.46%。不过平均息票率的变化幅度更大，而且并不总是随着预期平均损失率变化。另外，从图 6-7 中可以看到，巨灾债券平均息票率对预期平均损失率的倍数，在 2001 年升至 7.5 的顶点后有下降的趋势。这个倍数代表着投资人相对一定的风险获得补偿的程度，倍数越高，则补偿程度越高，对投资人的吸引力也就越大。不断降低的倍数也从另一个角度说明了巨灾债券成功发行量在近年来呈下降趋势的原因。

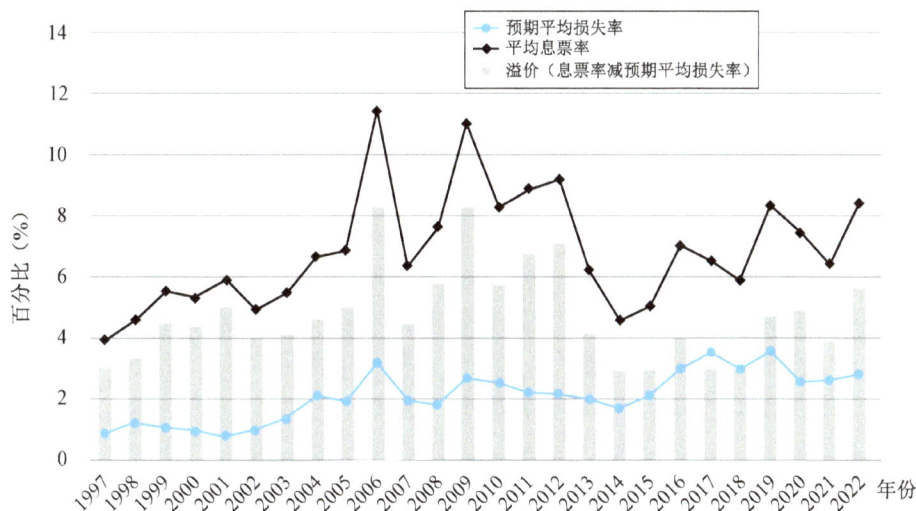

图 6-6 巨灾债券平均息票率和预期平均损失率

数据来源：www.artemis.bm。

---

① 息票率，即名义利率，是指印在债券面额上的固定利率。

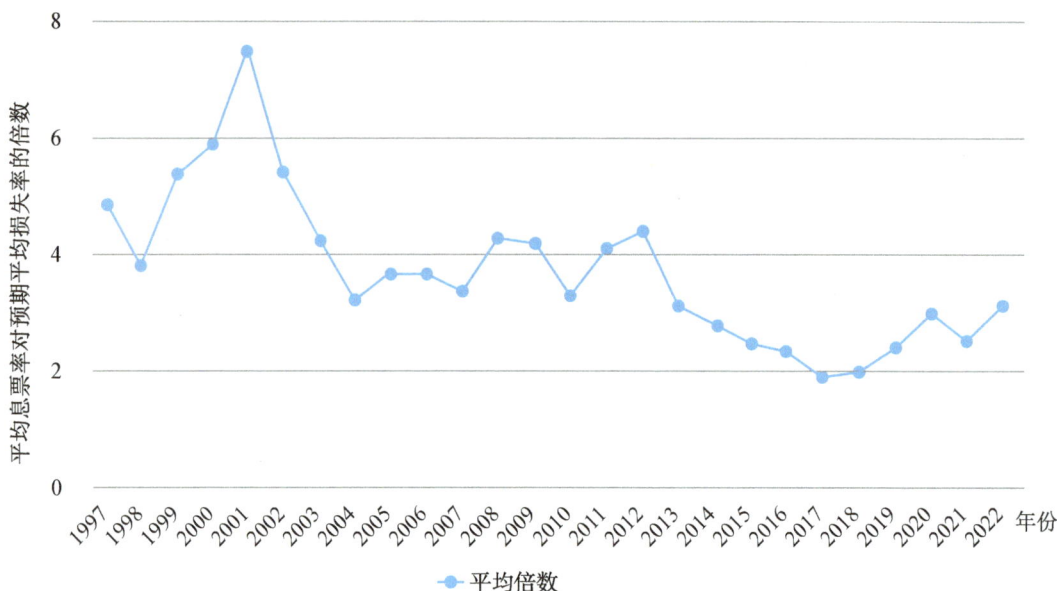

图 6-7 巨灾债券平均息票率除以预期平均损失率结果

数据来源：www.artemis.bm。

6.3 巨灾债券的交易机制

巨灾债券作为保险连接证券最主要、发展最成熟的一种形式，有着结构化的发行体系和较透明的风险分散机制。

6.3.1 架构

巨灾债券的一般操作流程是：保险人通过一个特殊目的机构发行以其汇聚的一定巨灾风险的保费收入现金流为标的的债券，这个特殊目的机构通常为离岸再保险公司，以获取税收和财务上的优惠。

保险人作为委托方发行债券获得期初融资，期间每一期期末以当期保费收入为保证向投资者支付息票利息，到期时发行者连本带息支付给投资者。一般情况下，巨灾债券交易流程与其他债券是没有区别的，但如果在发行期间内约定的触发条件启动，例如巨灾造成保险损失达到一定程度的话，保险公司向投资者偿付本金或利息的义务将部分乃至全部被免除，保险人将运用该笔资金弥补超过限额的承保损失；否则，债券投资者可得到高于无风险利息的回报，作为承担相应承保风险的补偿。

6.3.2 发行

巨灾债券发行首先要建立一个"单一目的再保险人"（single purpose reinsurer，SPR），这是特殊目的机构的一种形式。由 SPR 向投资者发行债券，将债券发行收入投资到一个安全、相对短期的资产中，例如政府债券或 AAA 评级的公司债券中，并储存在信托账户里。嵌入在债券中的是一个看涨期权，由一个特定的巨灾事件作为触发事件。当该事件发生后，SPR 信托账户中的全部或部分资产会被释放到保险人处用于赔偿巨灾损失。大部分巨灾债券中，如果巨灾损失足够大，投资者的本金可能全部损失。作为回报，保险人向 SPR 支付一笔保费。信托账户里投资于固定收益资产的本金会换成以伦敦同业拆借利率(London interbank offered rate，LIBOR)或其他市场利率指数为基础的浮动收益资产，这样可以消除投资人和保险人的利率风险和违约风险。如果没有巨灾发生，投资者到期收回本金。部分巨灾债券提供本金保护的层级(tranche)，即使巨灾发生，投资者也可以收回部分或全部的本金，本金的收回可能发生在之后的很多年中。巨灾债券发行结构如图 6-8 所示。

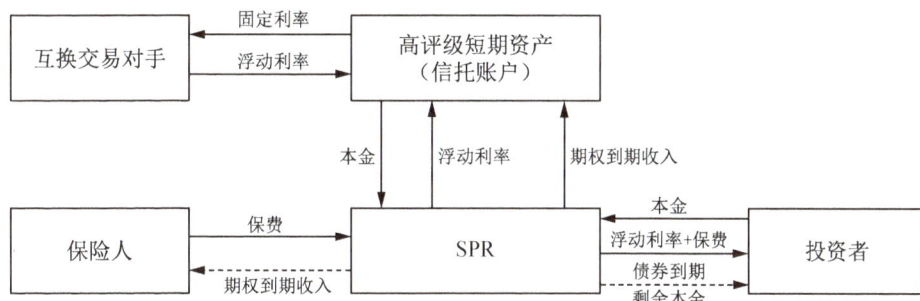

图 6-8　巨灾债券发行结构

巨灾债券发行的程序可以分为六个阶段。

阶段一：识别/评估风险。

界定债券发行所承担的巨灾风险，并选取适当的风险评估模型。在实际中，通常由专业的风险评估公司进行评估。

阶段二：确定证券发行的结构。

针对风险转移者的个别需求以及发行者的国家或地区相关金融保险法律规定，设计出合乎法规要求的债券发行结构与形态，诸如 SPR 究竟是采取保险公司形式还是采取再保险公司形式等。

阶段三：审查评定。

在巨灾债券发行前，由会计师或律师针对分保公司的财务状况、原承保公司的经营状况、分保风险的内容以及 SPR 公司的财务状况做出评定报告。

阶段四：文件编写。

编写债券合同发行的内容，主要内容包括发行者与投资者的权利义务、投资税赋、风险转移内容、损失计算等。

阶段五：债券信用评级。

由国际信用评级公司(如标准普尔、穆迪等)提供巨灾债券信用等级信息，作为投资者承包和购买债券的参考。

阶段六：上市发行。

通常会交给投资银行或证券公司，由其负责债券发行上市的承销工作。

SPR 具有两个重要的特点：破产独立性和债券评级独立性。破产独立性是指当保险公司因故破产时，SPR 的资产不属于保险公司的破产清算资产之列，从而保障了巨灾债券投资者的权益；债券评级独立性是指 SPR 与保险公司的信用评级是分离的，它可以通过一系列操作使自己发行的巨灾债券获得较高的评级，从而顺利发行。

6.3.3 触发

触发条件包括赔偿触发、参数触发、指数触发以及模型触发等不同类型。

赔偿触发基于分出人实际的巨灾损失。早期巨灾债券市场发展时，普遍采用赔偿触发条件，其能消除或最小化分出人的基差风险，并且也与传统的再保险最为相似。但相对于投资人与信用评级机构而言，赔偿触发条件依赖分出人数据披露的完整性与可靠性，该类巨灾债券需要向投资人提供高质量的业务数据，而这种详尽的业务数据的披露往往令发行人对业务的保密性担忧不已。此外，赔偿触发条件对巨灾损失提供"绝对"的保障，可能导致分出人放宽风险管理的谨慎程度，增加道德风险。

参数触发以一个或一个以上巨灾物理参数为依据，例如地震的震级、台风的风速或降雨量等。其基本原理与指数类型的保险类似。依据的物理参数一般为巨灾发生的地理位置与强度，须能够相当好地反映出巨灾事件的状态。物理参数的数据由具有公信力的机构发布，如地震局或气象局等，且数据具有一定长度的年份时间序列，质量与透明度都有所保障，道德风险较低。对发行方而言，参数型触发对发行巨灾债券所需的前期数据准备相对较少，无须透露自身的业务数据。但是，该触发机制不考虑巨灾事件导致的实际损失，因此可能会产生较大的基差风险，即发生巨灾事件导致巨灾债券被触发后的实际损失与赔偿数额之间的差距。与基于损失赔偿的传统再保险相比，发起人需要通过合理选择触发机制和触发参数来控制基差风险。发起人既不希望发生巨额损失的时候没有赔付，也不希望损失不大的时候获得了巨额赔付，因为从长远来看，前一种情况会使得发行债券的意义受到质疑，而后一种情况则会引起投资人的不满，从而增加未来购买再保险或者是发行巨灾债券的成本。

指数触发可以看作发行人与投资人在信息披露与基差风险之间的一种权衡与妥协。指数触发以巨灾损失行业指数为依据，使用全行业针对实际事件的损失为触发指标，代表整体行业的损失情况，从而降低了对于分出人本身数据披露的要求，避免了披露发起人自己的业务信息。指数触发型采用非人为可更改的行业指数，增加了数据的透明度，进而提高投资人的购买意愿及债券的流动性。然而分出人仍然面临着一定的实际损失与从巨灾债券所能获得资金之间不匹配的基差风险，尽管指数编制方法不断完善，分出人仍无法完全排除这样的风险。参数指数触发型是参数触发型的修正，是对物理参数更精细划分并赋予不同权重，通过更加精细的编制，进一步提升参数反映巨灾损失情况的准确性。参数指数触发型虽无法完全消除基差风险，但较参数触发与指数触发已大幅降低，且同样具备道德风险低、流动性较高等优点。

模型触发以保险公司风险标的为基础，以第三方模型公司设定的模型为依据计算损失，进而决定是否触发。风险分出人于发行前可决定模型设计所采用的风险组合数据库，以更贴近分出人本身的风险暴露。同样地，无论模型如何完善，依旧无法百分之百反映巨灾损失，因此基差风险仍无法避免。采用第三方模型公司的模型虽能够提高透明度，但道德风险的疑虑不一定因此消除。

6.3.4 到期

在合同到期后，如果保险期间未触发事件，即巨灾事件没有发生，SPR 将本金偿还给投资者并支付较高的利息。如果发生触发事件，SPR 会延迟支付或者不支付部分或全部本金和利息，同时根据再保险合同向保险公司赔偿损失，保险公司根据保险合同对投保人进行赔偿。

[案例 6-1] 巨灾债券典型案例

(1)USAA 巨灾债券

1997 年 7 月，美国一家大型财产与汽车保险公司(United Services Automobile Association，USAA)通过发行债券筹集资本。该债券的利息和本金偿还与 USAA 是否遭受飓风灾难相关联。

具体来说，USAA 在开曼群岛注册了一家全资再保险子公司，该公司发行了价值 4.77 亿美元的债券。以债券发行的收入为资本，再保险子公司与 USAA 签订了一年期巨灾再保险合同，该合同为由于墨西哥湾或东海岸飓风单独造成的 10 亿～15 亿美元的承保损失提供 80％的保险，即再保险子公司赔付的最大额是 4 亿美元。

债券分为两份进行发行。第一份价值为 1.638 亿美元，投资者只可能损失债券的利息而不损失本金。即若飓风发生了，投资者得到的债券利息将少于原来的约定，但不会损失本金；若未发生飓风，则按原约定支付本金和利息。第二份债券价值为 3.132 亿美元，如果大型飓风发生，投资者可能损失利息也可能损失本金。作为承担利息和本金损失风险的回报者，投资者得到的利率比绝大多数债券都要高，第一份债券的利率是 LIBOR 加上 2.82 个百分点，第二份债券的利率是 LIBOR 加上 5.75 个百分点。

为了保证 10 年后对第一份 1.638 亿美元债务的偿还，USAA 将债券发行筹集资本中的 0.77 亿美元投资到了 10 年期政府债券，10 年后将有 1.638 亿美元的回报保证。同时，USAA 与保险公司签订再保险合同，如果合同约定风险不发生，再保险费用用来支付债券利息；如果风险发生，再保险费与债券筹集的部分资金一起作为再保险赔偿。

(2)瑞士再保险公司加州地震巨灾债券

1997 年，瑞士再保险公司发行了一年期的地震风险巨灾债券，利率分为三个等级：A 级为 LIBOR 加上 2.5 个百分点，如果损失超过违约标准至少可以得到 40％的本金；B 级和 C 级分别为 LIBOR 加上 10.5 个和 12 个百分点，如果损失超过违约标准，则投资者损失全部本金和利息。对于 A、B 两级，如果加州地震使得瑞士再保险公司的损失大于 185 亿美元且小于 210 亿美元，则投资者将失去违约损失的 33％；如果损失大于 210 亿美元且小于 240 亿美元，投资者失去违约损失的 66％；如果损失大于 240 亿美元，投资者将失去全部违约损失。对于 C 级，如果加州地震使瑞士再保险的损失大于 120 亿美元，投资者将失去全部违约损失。世界上最早出现的两只巨灾债券对比如表 6-1 所示。

表 6-1　世界上最早出现的两只巨灾债券对比

发行者	USAA	瑞士再保险
发行数量/亿美元	A：1.64 B：3.13	A：0.62 B：0.60 C：0.15
范围	美国东海岸、得克萨斯和墨西哥湾沿岸	加利福尼亚州
巨灾类型	飓风	地震
期限	一年	两年
利息	A：LIBOR＋2.82％ B：LIBOR＋5.75％	A：LIBOTR＋2.5％ B：10.5％ C：12％
违约损失	A：利息 B：全部本金和利息	A：60％的本金和利息 B：全部本金和利息 C：全部本金和利息
违约标准（亿美元）	A：10 B：10	A：185，210，240 B：185，210，240 C：120

(3)墨西哥地震巨灾债券

墨西哥地震巨灾债券是一款由政府主导的巨灾债券，通过设立灾害基金，运用证券化手段，成功将巨灾在金融市场上进行分散。这款债券于 2006 年 5 月发起，总共募集资金 1.6 亿美元。它的触发指标为震级，属于纯参数触发型。该债券期限为 3 年，覆盖包括开曼群岛在内的三个区域。如果在这三个区域发生了达到触发震级的地震灾害，则该巨灾债券将进行赔偿。

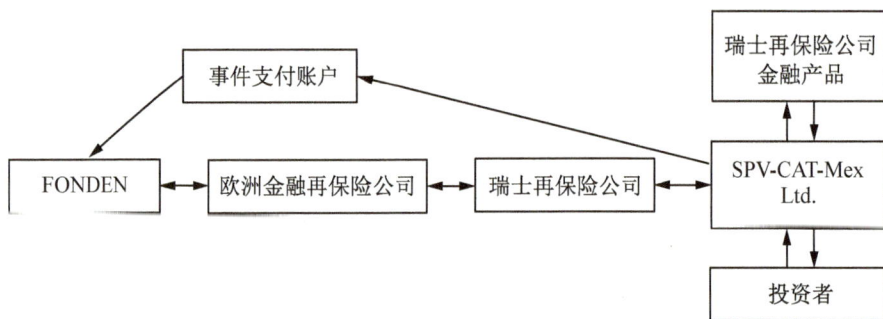

图 6-9　墨西哥 2006 年地震巨灾债券现金流

图 6-9 显示了这款地震巨灾债券的现金流。图中现金流的起点是自然灾害基金（Fondo de Desastres Naturales，FONDEN）。FONDEN 是由墨西哥政府专门设立的灾害基金，用于在发生重大自然灾害时为其进行融资。FONDEN 首先和欧洲金融再保险公司签订价值 4.5 亿美元的地震保险合约，欧洲金融再保险公司和瑞士再保险公司签订价值

4.5亿美元的再保险合约将其转给瑞士再保险公司，然后瑞士再保险公司作为巨灾债券的发起人，和设立的SPV-CAT-Mex Ltd.签订1.6亿美元的金融合约，该SPV通过投资瑞士再保险公司的金融产品获得投资收益。同时，投资者向SPV-CAT-Mex Ltd.支付债券本金并获得巨灾债券的投资收益。

当约定的区域发生触发阈值及以上的地震灾害时，政府停止支付再保险费，瑞士再保险公司将按照约定赔偿给FONDEN，巨灾损失获得补偿。同时，投资者将会损失他们的利息和本金。

（4）中国大陆巨灾债券

2015年7月，中国再保险（集团）股份有限公司（以下简称"中再集团"）成功配售2015—1系列A号本金不确定型浮动利率债券Panda Re，募集金额为5 000万美元，到期日为2018年7月9日。该债券由中再集团旗下全资子公司中再产险作为发起人，发行主体为设在百慕大的特殊目的机构Panda Re。这是第一只为中国大陆保险公司和再保险公司提供保障的巨灾债券。这款巨灾债券采用的是损失赔偿型触发，触发点基于每次事故的损失，预计损失率为2.12%，并为预期损失支付4.2%的风险溢价。息票率对预计损失率的倍数为1.93，低于前面的历年平均倍数，因此是一款收益水平相对较低的债券。但由于此债券以中国的地震灾害为标的，其风险是目前市场上没有的，投资者能够利用这款债券进行风险分散，因此对于投资者而言也具有一定的吸引力，最终得以成功募集。

2021年9月28日，原中国银保监会发布了《关于境内保险公司在香港市场发行巨灾债券有关事项的通知》，重点对五方面的内容做出了规定：一是明确巨灾债券的适用范围为转移地震、台风、洪水等自然灾害事件或突发公共卫生事件带来的巨灾风险损失；二是明确特殊目的保险公司（SPI）应经香港保险监管机构批准，并具有健全的分出保险公司保护机制；三是明确特殊目的保险公司可作为特殊保险公司进行再保险登记并接受保险公司分出的巨灾风险，豁免评级、资本金、偿付能力等相关监管要求；四是明确保险公司应严格遵守中国境内及香港地区的相关法律规定，加强法律、信用等风险管控，确保巨灾债券发行合法、合规、安全；五是明确保险公司发行巨灾债券的信息报告要求。

随后，中国财产再保险有限责任公司发起的巨灾债券在香港地区成功发行，这是香港地区发行的首只巨灾债券，开创了在港设立特殊目的保险公司进行巨灾风险证券化的先河。该债券的保障标的为国内台风风险，发行主体为设在香港地区的特殊目的机构Greater Bay Re，募集金额为3 000万美元，触发类型为损失赔偿型。该债券价格为票面金额的96.96%，这意味着息票率约为3.04%。此次巨灾债券的成功发行，有助于拓宽我国巨灾风险分散渠道，丰富保险行业管理巨灾风险的手段，推动中国巨灾保险制度建设。

参考文献

[1]Engel C，Frankel J，Froot K A，et al. Tests of Conditional Mean-Variance Efficiency of the U. S. Stock Market[J]. Journal of Empirical Finance，1995，2(1)：3-18.

[2]Litzenberger R H，Beaglehole D R，Reynolds C E. Assessing Catastrophe Reinsurance-Linked Securities as a New Asset Class [J]. The Journal of Portfolio Management，1996，23(5)：76-86.

［3］Froot K A. The Evolving Market for Catastrophic Event Risk［J］. Risk Management and Insurance Review，1999，2(3)：1-28.

［4］Cummins J D. CAT Bonds and Other Risk-Linked Securities：State of the Market and Recent Developments［J］. Risk Management and Insurance Review，2008，11(1)：23-47.